江苏省重点高校建设项目

“扬泰文化与两个率先”重点学科课题成果

扬泰文库

社会文化系列

百年理论难题的破解和完善

刘诚 徐之顺 等◇著

社会科学文献出版社
SOCIAL SCIENCES ACADEMIC PRESS(CHINA)

图书在版编目（CIP）数据

百年理论难题的破解与完善/刘诚等著. －北京：社会科学文献出版社，2007.10

（扬泰文库·社会文化系列）

ISBN 978－7－80230－847－3

Ⅰ.百… Ⅱ.刘… Ⅲ.党和国家领导人－社会主义经济：市场经济－经济理论－研究－中国 Ⅳ.F123.9

中国版本图书馆 CIP 数据核字（2007）第 154934 号

教育部重点人文社科基地项目

《扬泰文库》总序

在历史上，扬州、泰州地区曾是蜚声遐迩的东南重镇，具有襟带淮泗、控引江南的地理优势，利尽四海、民生所系的经济地位，磅礴郁积、精光勃发的文化积淀。以扬州、泰州为中心的苏中、江淮地区，也是全国的经济、文化发展的要津。山川形胜，人文氤氲，孕育了灿烂的古代文化，在商业文化、政治文化、管理文化、伦理文化、宗教文化、法制文化、学术文化、审美文化、语言文化、科技文化等方面都有辉煌的建树，对于当地及周边的经济活动和社会生活产生了深刻的影响，这种影响力赓续至今而经久不衰。

今天，在全面建设小康社会和基本实现现代化的伟大进程中，江苏省肩负着“两个率先”的神圣使命。在2003年全国“两会”期间，胡锦涛总书记和江泽民同志先后到江苏代表团作了重要讲话，要求江苏“率先全面建成小康社会，率先基本实现现代化”，为全国的发展做出更大的贡献。“两个率先”，这是党中央从贯彻“三个代表”重要思想和十六大战略部署的高度对江苏作出的明确要求，也是根据科学发展观和建立和谐社会的构想对江苏提出的殷切希望。而扬州、泰州地区的经济建设、社会发展在江苏全省实现“两个率先”的整体目标中起着纽带和传导的关键作用。

经济建设、社会发展终究需要上升到文化的层面，同时也必须得到文化的凝聚和引领，才能进入良性循环；需要在开发物质资源、经济资源之外开发本地区的文化资源，借助文化的巨大凝聚力和吸引力来获得经济社会发展的后劲和潜力。经济强省最终必须建成文化强省，经济发达地区最终势必成为文化发达地区。在这一点上，正如江泽民同志题词："把扬州建设成为古代文化与现代文明交相辉映的名城"，扬州、泰州地区的优秀文化传统得以发扬光大，无疑是促进本地区经济社会发展的强大动力，也是提升本地区文化品位必不可少的前提和背景，这种促进和提升的作用和意义甚至超出了本区域的范围而具有更为广阔的辐射空间，从而成为江苏省实现"两个率先"这一宏伟目标的重要方面。

扬州大学作为扬州、泰州地区惟一的省属重点综合性大学，借全国高校体制改革之东风，逐步形成了学科门类齐全、多学科交叉融合的显著特点，深感有责任也有义务集中人文社科多学科的精干力量，发挥融通互补、协同作战的优势，对底蕴深厚、内涵丰富的扬、泰文化进行综合研究，挖掘、整理其丰厚资源并赋予新的时代精神，阐扬其独特蕴涵并寻找与当前经济建设、社会发展、文化变革相结合的生长点，对于地方乃至全省的经济社会发展做出积极的贡献。

江苏省人民政府在"九五"对扬州大学进行重点投资建设的基础上，于"十五"期间继续予以重点资助，主要培植能够充分体现学科交融、具有明显生长性且预期产生良好经济、社会效益的五大重点学科，其中从人文社科诸学科中凝练而成的就是酝酿已久的《扬、泰文化与"两个率先"》重点学科。这一重点学科的凝成体现了将扬、泰地区优秀的古代文化与灿烂的现代文明有机交融，相得益彰，交相辉映，发扬光大的理念，也符合扬州大学人文社科诸学科以往的专业背景、研究基础和今后的学术追求、学科发展。该重点学科包括了扬州、泰州地区审美文化研究，扬州学派研究，扬、泰及苏中区域经济社会文化的协调发展研究，扬、泰社会文化形态研究等4个研究方向。

《扬、泰文化与“两个率先”》重点学科建设的一个标志性成果就是形成一套《扬泰文库》，其中包括4个系列80种学术专著，共计2000万字。这是一项规模宏大、影响深远，功在当代、利在千秋的大型文化工程，它汇集了众多学者的智慧和学识，体现了社会各方面的关心和支持。可以期待，这套文库的出版，将对当前物质文明、精神文明、政治文明“三个文明”建设以及和谐社会的构建起到积极有力的推动作用。

在《扬泰文库》出版之际，我们要向始终支持和关心《扬、泰文化与“两个率先”》重点学科建设的各位领导和专家表示衷心的感谢，要向负责审定书稿的中国社会科学院各位专家学者致以崇高的敬意，向筹划编辑出版的社会科学文献出版社的领导和编辑表示诚挚的谢意！他们所给予的指导和帮助，付出的智虑和辛劳，是这套文库得以问世不可或缺的前提和保证。

《扬泰文库》编辑委员会

2005年4月18日

目　录

引 论

人民利益：中国共产党理论创新的不竭源泉

十三届四中全会以来，中国共产党始终坚持把马克思主义和中国实际相结合，不断进行理论创新，取得了丰硕的成果，尤其是社会主义市场经济理论的形成，为马克思主义经济理论的发展作出了杰出的贡献。理论来源于实践，千百万人民的生动实践，为党的理论创新提供了丰富的材料，而不断满足人民日益提高的经济、政治、文化利益需求，则是中国共产党理论创新的不竭源泉。

一

坚持马克思主义的人民利益观，是中国共产党和一切剥削阶级政党的根本区别

江泽民在纪念建党80周年讲话中深刻指出："全心全意为人民服务，立党为公、执政为民，是我们党同一切剥削阶级政党的根本区别。"① 这是对马克思主义人民利益观在新的历史条件下的新发展。

① 江泽民：《论"三个代表"》，中央文献出版社，2001，第161页。

早在150多年前，马克思、恩格斯就在《共产党宣言》中庄严地宣告："过去的一切运动都是少数人的或者为少数人谋利益的运动。无产阶级的运动是绝大多数人的、为绝大多数人谋利益的独立的运动。"[①] 共产党人"没有任何同整个无产阶级的利益不同的利益"[②]。"共产党人为工人阶级的最近的目的和利益而斗争，但是他们在当前的运动中同时代表运动的未来"[③]。这些精辟的论述，深刻地阐述了共产党的根本性质和唯一宗旨是为整个无产阶级的根本利益、为最广大人民的根本利益而奋斗。毛泽东、邓小平坚持了马克思主义人民利益观，一贯强调必须把我们党建设成全心全意为人民谋利益的无产阶级政党。江泽民在新的历史条件下，总结了国内外政党，特别是苏东各国共产党失去执政地位的惨痛教训，把我们党坚持马克思主义人民利益观的着重点放在"立党为公"和"执政为民"的基点之上，努力解决提高党的执政能力和领导水平，提高拒腐防变和抵御风险能力两大历史课题，全面推进党的建设的伟大工程。

一切剥削阶级政党为夺取政权而斗争时，总是标榜自己代表人民利益，并在一定程度上能满足人民的某些利益要求，而一旦获得政权，成为执政党以后，其为某一阶级政党谋私利的本质就暴露无遗。中国国民党就是这样一个党，它在大陆的失败和在台湾执政地位的丧失就是最好的注脚。而原本是无产阶级政党的苏联和东欧各国共产党，在执政以后，未能始终如一地解决好立党为公和执政为民的问题，在党内形成了一个既得利益集团，使党成为少数领导集团谋取私利的工具，背弃了代表本国人民根本利益的初衷，最终失去民心、失去执政地位也就不足为奇了。因

① 《马克思恩格斯选集》第1卷，人民出版社，1995，第283页。

② 《马克思恩格斯选集》第1卷，第285页。

③ 《马克思恩格斯选集》第1卷，第306页。

此，在执政条件下的无产阶级政党，要坚持马克思主义的人民利益观，关键是要解决好“立党为公”和“执政为民”的问题，使“所有的党员干部必须真正代表人民掌好权、用好权，而绝不允许以权谋私，绝不允许形成既得利益集团”[①]。

江泽民深刻阐述了执政的无产阶级政党坚持马克思主义人民利益观还必须做到三个一致性，即必须坚持尊重社会发展规律与尊重人民历史主体地位的一致性，坚持为崇高理想奋斗与为最广大人民谋利益的一致性，坚持完成党的各项工作与实现人民利益的一致性。[②] 这就和一切剥削阶级政党总是把人民群众当作其实现自身目的的工具，总是企图维持资本主义的政治制度，总是千方百计地谋取自己政党的私利，彻底划清了界限。

坚持尊重社会发展规律与尊重人民历史主体地位的一致性，是历史唯物主义基本观点的重要体现。江泽民在“七一”讲话中重申：“人民是历史的真正创造者。”[③]“人民群众是先进生产力和先进文化的创造主体，也是实现自身利益的根本力量”[④]。今天，我们正在建设有中国特色社会主义，这是人民群众创造自己新生活的伟大事业。我们党只有始终坚持群众路线，充分调动人民群众的积极性、主动性，不断从人民群众中汲取智慧和力量，才能推动社会不断向前发展。

共产党人的崇高理想是实现共产主义。但共产主义的实现必须经过若干阶段的努力，不能超越现阶段的实际而“跑步进入共产主义”。这方面我们党有过沉痛的教训。江泽民在“七一”讲话中强调“我们是最低纲领与最高纲领的统一论者”[⑤]，即我

---

① 江泽民：《论“三个代表”》，第162页。
② 江泽民：《论“三个代表”》，第161页。
③ 江泽民：《论“三个代表”》，第150页。
④ 江泽民：《论“三个代表”》，第163页。
⑤ 江泽民：《论“三个代表”》，第177页。

们既要坚持崇高理想，同时又要在革命、建设和改革的各个历史阶段确立代表每个阶段广大人民群众利益的基本纲领，无论是崇高理想还是具体的目标任务，都是为最广大人民群众谋利益的。“忘记远大理想而只顾眼前，就会失去前进方向；离开现实工作而空谈远大理想，就会脱离实际”①。因此，坚持为崇高理想奋斗与为最广大人民谋利益的一致性，就是坚持党的最高纲领与最低纲领的一致性，就是坚持共产党人的理想追求与为人民服务的统一。

坚持完成党的各项工作与实现人民利益的一致性，就是要把最广大人民的根本利益作为党的工作的最高标准，坚持人民的利益高于一切。

执政的中国共产党在新的历史条件下坚持马克思主义的人民利益观，还必须不断深化对共产党执政的规律、对社会主义建设的规律、对人类社会发展的规律的认识，才能不断提高党的领导水平和执政水平，不断推动党的事业向前发展，跳出剥削阶级政党难以逾越的“人亡政息”周期率的怪圈，为中国人民不断谋取更大的利益。

二

在市场经济利益多元化格局下，中国共产党必须始终坚持为最大多数人谋利益

江泽民科学分析了市场经济条件下利益多元化的客观必然性。20 世纪 90 年代，中国改革开放进入攻坚阶段，特别是随着社会主义市场经济体制的建立，中国社会全面步入转型时期，社会利益群体与阶层利益矛盾日趋明朗，利益的调整势在必行。江

① 江泽民：《论“三个代表”》，第 178 页。

泽民深刻指出："随着改革的深化和市场经济的发展，物质利益的多样化是不可避免的，群众产生不同的利益要求也是不可避免的。"[①] 我们党只有因势利导，制定正确的方针和政策，才能更好地保证和满足群众实现自己利益的合理要求。

人民的利益首先是与一定的经济关系相联系的，即"每一既定社会的经济关系首先表现为利益"[②]。马克思主义对于社会主义时期人民利益的阐述是建立在单一公有制和完全按劳分配的前提之下的，这种状况下的人民利益具有较高的一致性和一元性。但是，改革开放以来，随着多种经济成分的迅速发展，打破了过去单一公有制的格局，分配制度也相应发生了变化，虽然人民的根本利益即实现中国的现代化是基本一致的，但人民内部的具体利益却呈现出多元化的趋势，这是马克思生前所未曾预料到的新情况。江泽民在党的十五大报告中，根据我国所有制发生的新变化，科学地阐述了现阶段我国的基本经济制度是社会主义公有制为主体、多种所有制经济共同发展。这一科学界定，使多种经济成分由过去的补充地位跻于基本经济制度的范畴，使这个阶层的人们消除了"另册"心理，从事经济活动有了更高的积极性。基本经济制度决定分配制度，现阶段我国的分配制度是坚持按劳分配为主体、多种分配方式并存的制度，即把按劳分配和按生产要素分配结合起来，坚持效率优先、兼顾公平。江泽民对我国现阶段基本经济制度和分配制度的科学论述，既使工人、农民、知识分子等绝大部分人的合法利益得到保障，也兼顾了其他社会阶层的合法利益，为正确处理我国各阶层人民的利益关系提供了科学的依据。

人们的利益关系又是与其政治地位密切相关的。我国工人、

---

① 江泽民：《论"三个代表"》，第10页。

② 《马克思恩格斯选集》第3卷，人民出版社，1995，第209页。

农民、知识分子和其他劳动者是国家的主人，但是对改革开放以来，特别是在市场经济体制下出现的其他社会阶层人士，却长期没有明确的界定。社会上有人把他们列入中产阶级的范畴，受长期以来“以阶级斗争为纲”“左”的思维定式的影响，人们对他们正当合法的利益所得常有非议，极大地影响了这部分人的生产积极性。江泽民在“七一”讲话中明确指出：“改革开放以来，我国的社会阶层构成发生了新的变化，出现了民营科技企业的创业人员和技术人员、受聘于外资企业的管理技术人员、个体户、私营企业主、中介组织的从业人员、自由职业人员等社会阶层。”在党的路线方针政策指引下，这些新的社会阶层中的广大人员，“与工人、农民、知识分子、干部和解放军指战员团结在一起，他们也是有中国特色社会主义事业的建设者。”①把新的社会阶层人士界定为社会主义事业的建设者，这是江泽民从我国改革开放的实际出发、从建设有中国特色社会主义伟大事业的客观需要出发得出的重要结论。江泽民还进一步从科学认识社会主义社会劳动和劳动价值理论的角度出发，对正确认识这部分人所从事的生产经营活动、利益所得及政治态度作了令人信服的阐述，消除了过去人们在这个问题上的认识误区，对于调动这部分人建设社会主义的积极性，维护他们的合法正当利益，具有重要意义。

中国共产党是工人阶级的先锋队，是全心全意为人民服务的党，在市场经济利益多元化的格局下，党在处理各种利益关系时，既要认真考虑和兼顾不同阶层、不同方面群众的利益，又必须首先考虑并满足最大多数人的利益要求。在“七一”讲话中，江泽民提出了“最大多数人的利益是最紧要和最具有决定性的因素”的重要论断，这既是我们党80年奋斗经验的历史总结，

① 江泽民：《论“三个代表”》，第169页。

也是指导我们今后实践的理论原则。在处理各种利益关系时，首先考虑并满足最大多数人的利益要求，这始终关系党的执政的全局，关系国家经济政治文化发展的全局，关系全国各族人民的团结和社会安定的全局。我们讲最大多数人，最基本的就是工人、农民、知识分子和其他群众。着眼于大多数群众，是马克思主义的世界观和方法论，是我们党的性质所决定的，是社会主义本质所决定的。毛泽东说过，共产党员绝不可脱离群众的多数，置多数人的情况于不顾，必须善于照顾全局，善于照顾多数，这是我们的基本出发点。我国正处在社会主义初级阶段，经过二十多年的改革开放，尽管社会总体富裕程度有很大提高，一部分人率先富裕起来，但收入处于中低水平的仍占大多数。我们要为最广大群众谋利益，就必须从这个基本民情出发，把着眼于中低收入大多数群众的重要原则，贯穿于想问题、定政策、办事情的全过程，把大多数群众是否赞成、是否受益作为决策的重要依据，在整个改革开放和现代化建设过程中，都要努力使最大多数人，使工人、农民、知识分子和其他群众共同享受到经济和社会发展的成果。这一条做好了，就能赢得人心，赢得全局，使改革和建设获得最广泛最可靠的群众基础和力量源泉，我们就能无往而不胜。

三

不断探索实现好、维护好和发展好人民利益的有效途径

中国共产党是中国最广大人民根本利益的忠实代表者，全心全意为人民服务是党的唯一宗旨，但党要始终代表好人民利益，不断实现好、维护好和发展好人民利益却不是仅有良好的愿望就能达到目的的，党要代表好人民利益，必须努力把握好人民利益的正确内涵，准确表达人民的利益，积极探寻实现人民利益的有

效途径，党才能从理论上和实践上成为人民利益的忠实代表者。

江泽民以邓小平理论为指导，坚持实事求是的思想路线，准确把握社会主义初级阶段我国最广大人民的最根本的利益是实现社会主义现代化，即建设富强、民主、文明的社会主义现代化强国，并在“七一”讲话中具体化为“使人民群众不断获得切实的经济、政治、文化利益”[①]，这是我们党经历了多次挫折以后得出的符合实际的对人民利益的准确表达。

我们党过去在对人民利益的认识和表达上曾有过严重失误。一是错误地认为人民的利益在于阶级斗争，只要解决了无产阶级和资产阶级谁战胜谁的问题，就是维护了广大人民群众的利益，只要解决了反修防修的问题，“党不变质国不变色”，人民的利益就得到了保证。二是错误地认为人民的利益在于坚持某种固定的社会主义模式，只要坚持“公有制 + 按劳分配 + 计划经济 - 商品生产”的公式，就能给人民带来幸福，任何违背这一公式的主张和做法都被认为是对人民利益的背叛，从而又为阶级斗争提供了理论依据。这种对人民利益内涵认识的偏差，导致了多年来我国经济社会发展的迟缓，人民过着共同贫穷的社会主义生活，人民利益实现的程度较低。十一届三中全会以来，党重新恢复了实事求是的思想路线，在邓小平的努力下，我们党终于把握了社会主义初级阶段人民根本利益的准确内涵，制定了“一心一意搞四个现代化”的政治路线，以江泽民为核心的党中央进一步完善了这条政治路线，制定了党在社会主义初级阶段的经济、政治和文化纲领。党在社会主义初级阶段的基本纲领既体现了党的最高纲领的本质要求，又把人民的理想追求与他们现实的切身利益密切联系。党通过制定与现阶段生产力发展要求相适应，与广大人民的现实利益和觉悟水平相符合的基本纲领，把广

① 江泽民：《论“三个代表”》，第161页。

大人民和一切社会积极力量团结起来，为实现自身的根本利益而努力奋斗。

党对人民利益的准确表达，仅仅是实现人民利益的必要前提，并不能必然提供真正实现人民利益的有效保证。这就需要寻找人民利益实现的正确途径。早在60多年前毛泽东就谆谆教导我们："我们不但要提出任务，而且要解决完成任务的方法问题。""不解决方法问题，任务也只是瞎说一顿。"[①] 在这个问题上，我们党也是有深刻教训的，即不是把人民利益的实现看做是人民自己的事业，应由人民自主自立来完成，而是由上级包办代替。高度集中的计划经济体制和高度集中的政治体制割断了人民群众的实践活动与其自身利益的关系，这必然抹杀了人民群众的积极性、主动性和创造性，并导致干部作风的官僚主义和瞎指挥，"大跃进"运动和人民公社化运动就是沉痛的教训，这最终导致了人民利益的落空。十一届三中全会以后，邓小平对人民利益的实现途径做了积极的探索，即"政治上发展民主"，"经济上进行改革"，"同时相应地进行社会其他领域的改革"[②]。改革的目的就是调动人民群众的积极性。人民群众是历史的创造者。"人们奋斗所争取的一切，都同他们的利益有关"[③]。从直接性上看，人民群众是依据自己的利益，尤其是物质利益去进行创造历史活动的。割断了人民群众的生产工作与其自身利益的联系，就必然会使人民群众普遍努力的积极性大大丧失。因此我们党必须努力探寻人民群众创造历史的活动和自身利益的实现达到完全统一的有效途径。江泽民继承和发展了邓小平经济体制改革的思想，并把经济体制改革的目标明确定位为"建立社会主义市场

① 《毛泽东选集》第1卷，人民出版社，1991，第139页。
② 《邓小平文选》第3卷，人民出版社，1993，第116页。
③ 《马克思恩格斯全集》第1卷，人民出版社，1956，第82页。

经济体制”。他又发展了邓小平关于发展社会主义民主的思想，确立了“依法治国”的方略，最终找到了实现人民经济利益和政治利益的正确途径。

社会主义市场经济体制所要求的自主经营、自负盈亏、自我约束、自我发展，最大限度地调动了人民群众的积极性，使人民群众在自己的生产经营活动中实现自身的利益。人民公社体制下按照上级指示进行生产活动的农民，主动性发挥受限，而在实行了联产承包责任制后，他们的生产积极性空前高涨，在较短的时期内实现了多年未实现的愿望，达到温饱并向小康生活迈进，自主自立的农民正在努力向农业产业化、商品化、社会化方向发展，努力使农业融入社会主义市场经济的运作中去，不断实现自身的利益。

社会主义国家是人民当家做主的国家，人民享受广泛的民主是题中应有之义。但人民实现民主的途径却是在经过多年探索以后才找到的，这就是江泽民在党的十五大报告中提出的依法治国方略，他指出：“依法治国，就是广大人民群众在党的领导下，依照宪法和法律规定，通过各种途径和形式管理国家事务，管理经济文化事业，管理社会事务”[①]，充分行使人民的民主权利。依法治国是中国民主政治发展的新境界，只有充分发展社会主义民主政治，真正实行民主选举、民主决策、民主管理和民主监督，才能发扬人民群众在国家和社会生活的广泛领域中的参与精神、负责精神和主动精神，这既是人民群众充分表达自身利益的基础，又是人民群众有效实现政治利益的切实保证。江泽民还积极推进政治体制的改革，加强基层民主政治建设，保证人民群众直接行使民主权利，依法管理自己的事情，创造自己的幸福

① 中共中央文献研究室编《十五大以来重要文献选编》上，人民出版社，2000，第30～31页。

生活。

江泽民在“七一”讲话中还首次提出了实现人民的文化利益问题，并以加强社会主义精神文明建设和科教兴国战略的实施作为实现人民文化利益的有效途径。

一定的文化（当作观念形态的文化），是一定社会的政治和经济的反映。在人类历史的长河中，社会经济和政治总是不断发展的，文化也必然随之发展，人们在追求经济利益、政治利益的同时，必然渴求文化利益的实现。党的第三代领导集体以加强社会主义精神文明建设和科教兴国战略的实施，使人人都有受教育的机会和享受文化成果的充分权利。江泽民在“七一”讲话中特别强调，不断提高全体人民的思想道德素质和科学文化素质，提高他们的劳动技能和创造才能，充分发挥他们的积极性、主动性，始终是我们党代表中国先进生产力发展要求必须履行的第一要务。同时，不断发展健康向上丰富多彩的、具有中国风格中国特色的社会主义文化，满足人民群众日益增长的精神文化需求，实现人民的文化利益。

人民的经济、政治、文化利益的实现是一个永无止境的过程，中国共产党的任务就是要始终坚持实事求是的思想路线，使党的理论、路线、纲领、方针、政策和各项工作，能够为不断实现好、维护好和发展好最广大人民的利益服务，不断完善有效实现人民利益的方法和途径，切实保障人民利益的实现。

以胡锦涛为总书记的新一届党中央领导集体，在改革进一步深入，各种矛盾凸显的情况下，坚持以最广大人民根本利益为最高标准，提出了以人为本的科学发展观，从而在新的历史条件下进一步发展了江泽民的人民利益观。2004 年 3 月 10 日，胡锦涛总书记在中央人口资源环境工作座谈会上发表的讲话中指出，“坚持以人为本，就是要以实现人的全面发展为目标，从人民群众的根本利益出发谋发展、促发展，不断满足人民群众日益增长的物质文化需要，切实保障人民群众的经济、政治和文化权益，让发展的成果惠及全体人民。”① 2004 年 2 月 21 日，温家宝总理在省部级主要领导干部“树立和落实科学发展观”专题研讨班结业式上的讲话中，明确指出了以人为本的基本内涵，即，以人为本，就是要把人民的利益作为一切工作的出发点和落脚点，不断满足人们的多方面需求和促进人的全面发展。“具体地说，就是在经济发展的基础上，不断提高人民群众物质文化生活水平和健康水平；就是要尊重和保障人权，包括公民的政治、经济、文化权利；就是要不断提高人们的思想道德素质、科学文化素质和健康素质；就是要创造人们平等发展、充分发挥聪明才智的社会环境。”② 温家宝总理对以人为本的具体内涵的揭示，言简意赅，集中体现了新一届党中央领导集体的人民利益观。

新一届党中央执政以来，把实现最广大人民根本利益内化为党执政的根本理念。从胡锦涛倡导的权为民所用、情为民所系、利为民所谋到温家宝提出并身体力行的“穷人的经济学”，到建设社会主义新农村；从胡锦涛提出的“群众利益无小事”、“就业是民生之本”到温家宝为农民工追讨工资，到全国人大决定取消农业税；从胡锦涛高度关注安全生产，提出“人的生命是最宝贵的”重要论断到温家宝提出“实行新型合作医疗制度，逐步解决农民看病难看病贵问题”，到国务院决定把农村合作医疗制度在 2008 年覆盖全体农民，真正体现了我们党“让发展的成果惠及全体人民”的价值取向，集中体现了我们党主张的发展不是为了少数人的利益、而是为了全体人民的利益。党的十六届五中全会进一步提出了要更加注重社会公平问题，体现了我们

① 中共中央文献研究室编《十六大以来重要文献选编》上，中央文献出版社，2005，第 850 页。

② 中共中央文献研究室编《十六大以来重要文献选编》上，第 768 页。

党历来坚持公平正义、坚持效率和公平的辩证统一的鲜明政治立场，体现了我们党立党为公、执政为民的政治本色。

新一届党中央的以人为本的执政理念也充分体现在人大的立法工作和国务院的政策法规的制定上。针对农民工权益普遍遭受侵犯的情况，全国人大常委会于2006年3月21日公布了《中华人民共和国劳动合同法》（草案），3月27日新华社受权发布了《国务院关于解决农民工问题的若干意见》，从法律和法规上保障了数以千万计的农民工的合法权益，彰显出新一届中央领导集体以人为本的价值观，是江泽民人民利益观的新发展。

第一章　社会主义市场经济理论

党的十六大报告指出："在社会主义条件下发展市场经济，是前无古人的伟大创举，是中国共产党人对马克思主义发展作出的历史性贡献，体现了我们党坚持理论创新、与时俱进的巨大勇气。"① 社会主义市场经济理论的形成，党的三代领导集体都作出了重要贡献，毛泽东关于社会主义社会应该发展商品经济的精辟见解是这一理论形成的奠基之石，邓小平关于社会主义社会也可以搞市场经济的论断是这一理论形成的重要前提和思想指导，而把中国经济体制改革的目标定位于建立社会主义市场经济体制，并构建了社会主义市场经济理论的完整体系，以江泽民为核心的党的第三代领导集体为此作出了杰出的贡献，这是我们党一系列理论创新中最辉煌的一章。

一　社会主义市场经济理论的形成

江泽民多次强调指出，创新是一个民族进步的灵魂，是一个国家兴旺发达的不竭动力，也是一个政党永葆生机的源泉。创新

---

① 中共中央文献研究室编《十六大以来重要文献选编》上，第5页。

就要不断解放思想、实事求是、与时俱进。实践没有止境，创新也没有止境，我们要适应实践的发展，以实践来检验一切，自觉地把思想认识从那些不合时宜的观念、做法和体制的束缚中解放出来。正是由于有了这样的创新思维，才有社会主义市场经济理论的创新。

从国际共产主义运动史的视角审视，社会主义市场经济理论的形成历经了一个漫长的过程，这中间的艰难曲折和反复切磋，关键是涉及几个重要问题难以达成共识：第一，马克思恩格斯是在什么语境下论述商品经济的消亡的？与我们今天现实的社会主义社会是否是一回事？第二，建立在落后生产力基础上的现实的社会主义社会是否还需要发展商品经济？第三，市场经济是资本主义的本质属性还是资源配置的方式？第四，社会主义经济体制改革的目标是什么？这一系列问题的破解，既是第三代领导集体对马克思主义的深刻把握，也是第三代领导集体对毛泽东思想邓小平理论的继承发展，同时它还吸取了国内外学界对此问题探讨的有益成果，在及时总结我国改革开放以来的实践经验基础上集此大成，创立了社会主义市场经济理论。这一理论是第三代领导集体创新思维和创新实践的丰硕成就。

（一）准确把握马克思主义关于商品经济消亡的社会条件

在社会主义国家建立市场经济体制是前无古人的事业，因此，既要坚持马克思主义的基本原理，又要有不断总结新的实践，进行理论创新的勇气。根据实践，不断发展马克思主义，这既体现了马克思主义与时俱进的理论品质，同时也是对马克思主义的最好坚持。

传统的社会主义经济理论认为，一个国家完成社会主义改造，生产资料公有制成为社会唯一的经济基础，商品货币关系就消亡了，整个社会变成一个大工厂，市场就没有发生作用的余地了。这样的观点是否符合马克思恩格斯思想的原意呢？

马克思恩格斯根据人类社会的发展规律揭示了人类社会实现共产主义的最终发展目标。共产主义社会不仅建立在高度发达的生产力和世界交往水平基础之上，而且将不断解放生产力，在新的生产关系下，不断加速发展生产力和增加社会财富的生产能力。共产主义社会最基本的特征是实行全社会的生产资料公有制，而当社会一旦占有了生产资料，商品生产将被消除，在生产资料公有制的条件下，生产是直接为了社会消费的生产，因而不再具有商品的形式。因此，马克思恩格斯认为，未来共产主义社会将是一个没有商品、货币和市场的社会。马克思曾指出：在未来共产主义社会，在人实现了全面发展的自由人的联合体的社会里，"劳动时间的社会的有计划的分配，调节着各种劳动职能同各种需要的适当的比例。另一方面，劳动时间又是计量生产者个人在共同劳动中所占份额的尺度，因而也是计量生产者个人在共同产品的个人消费部分中所占份额的尺度。"① 恩格斯更直接指出："一旦社会占有了生产资料，商品生产就将被消除，而产品对生产者的统治也将随之消除。社会生产内部的无政府状态将为有计划的自觉的组织所代替。"②

马克思和恩格斯的这两段话经常被引用来证明他们是否认社会主义社会存在商品货币关系的经典，作为科学社会主义创始人的继承者，从倍倍尔、卢森堡到列宁是这样理解的，他们还进一步提出"一个国家——一个工厂"的社会主义经济模式，主张无产阶级取得国家政权后，立即实行对全部经济生活的直接控制和对经济资源的实物分配，使商品货币关系归于消亡。在《国家与革命》中，列宁提出社会主义经济是一个"国家辛迪加"

---

① 《马克思恩格斯全集》第23卷，人民出版社，1972，第96页。

② 《马克思恩格斯全集》第19卷，人民出版社，1963，第245页。

的著名论断，指出：在社会主义社会里，“全体公民都成了国家（武装工人）雇用的雇员。全体公民都成了一个全民的、国家的‘辛迪加’的职员和工人。全部问题在于要他们在正确遵守劳动标准的条件下同等地劳动，同等地领取报酬。”这样，“整个社会将成为一个管理处，成为一个劳动平等和报酬平等的工厂。”①但是实践证明是他们误读了马克思恩格斯关于社会发展阶段的语境而曲解了他们的原意，并作为了一个错误结论的主要支撑点。列宁在实行战时共产主义政策遭遇困境之后，转而实行新经济政策，决定恢复商品交换、商品买卖，发挥市场配置社会资源的作用，思想发生了质的飞跃，即列宁已经认识到社会主义社会不能消亡商品经济，但对其原因未能作出说明。但是对列宁晚年实行的新经济政策的本质，斯大林未能准确把握，在1920年代末即终止了新经济政策，对马克思恩格斯关于商品经济消亡条件的理解又回到了原点，认为社会主义就是要实行公有制、计划经济和消灭商品经济。但事实迫使他对这个问题重新加以思考。因此，他在晚年认识到在社会主义社会存在商品生产和商品交换，因为社会主义社会还存在全民所有制和集体所有制两种所有制，因此，商品生产和商品交换在全民所有制和集体所有制之间进行。

毛泽东在总结1958年“大跃进”和人民公社化运动中严重存在着要消灭商品生产之势，不懂得在社会主义条件下利用商品生产的作用的重要性，以及“共产风”等问题时，提出了一系列关于商品生产、商品流通和价值规律问题的重要思想。毛泽东认为：“没有分清社会主义商品生产和资本主义商品生产的区别，不懂得在社会主义条件下利用商品生产的作用的重要性。这是不承认客观法则的表现，是不认识五亿农民的问题。在社会主

① 《列宁全集》第31卷，人民出版社，1985，第96~97页。

义时期，应当利用商品生产来团结几亿农民。"[①] 并且认为不要商业的做法，是违背客观法则的，突出了商品生产在社会主义社会的重要性。毛泽东还根据我国国情谈到了必须发展商品生产。他提出："每个公社在生产粮食以外还要发展能卖钱的东西，发展社会主义的商品生产和商品交换。必须肯定社会主义的商品生产和商品交换还有积极作用。"[②] 因而，中国还需要一个发展商品生产的阶段。人民公社不仅要进行自给性生产还要进行商品性生产，通过商品交换满足人民日益增长的物质文化生活的需要。对于商品经济消亡的条件，毛泽东曾有过精辟的论述，他在引用了恩格斯上述经典的论断后，明确指出："现在我们的全民所有是一小部分，只占有生产资料和社会产品的一小部分。只有把一切生产资料都占有了，才能废除商业。我们的经济学家似乎没有懂得这一点。"[③] 这里毛泽东准确地把握了马克思恩格斯论述的商品经济消亡的前提是社会在占有全部生产资料以后而不是以前，抓住了问题的本质所在，对社会主义市场经济理论的形成作出了重要的贡献。

（二）落后国家建设社会主义必须发展商品经济

落后国家建设社会主义必须发展商品经济，是列宁总结了战时共产主义政策的教训后得出的结论。列宁在实践中认识到，在生产力比较落后的基础上建立的社会主义不能取消商品经济，这是对马克思主义的坚持和发展。

列宁是马克思和恩格斯关于社会主义经济理论的第一个实践者。从理论设想到实践这一理论是一个巨大的飞跃。这一飞跃就

---

① 中共中央文献研究室编《毛泽东文集》第7卷，人民出版社，1999，第437页。

② 中共中央文献研究室编《毛泽东文集》第7卷，第436页。

③ 中共中央文献研究室编《毛泽东文集》第7卷，第438页。

其内涵来说包含着这样两个方面：一是经过实践可以检验原有理论是否正确和可行；一是经过实践才有资格对理论做出新的判断，从而去丰富和发展理论。列宁作为一个伟大的革命家和实践家，通过实践不断地修正自己的看法和认识，不断地提出新的看法和认识，从而使马克思主义关于社会主义的经济理论在实践中不断地得到丰富和发展。

十月革命胜利后，列宁根据马克思恩格斯关于未来社会主义经济特征的描述，第一次使用“计划经济”的概念来描述社会主义经济实践，他认为，社会主义就是要消灭商品生产、消灭货币，实行计划经济。早在1906年6月1日发表的《土地问题和争取自由的斗争》一文中，列宁就写道：“只要还存在着市场经济，只要还保持着货币权力和资本力量，世界上任何法律都无法消灭不平等和剥削。只有建立起大规模的社会化的计划经济，一切土地、工厂、工具都转归工人阶级所有，才可能消灭一切剥削。”[①] 因此，列宁把“消灭商品经济”作为无产阶级革命所应当要达到的基本目标，并把计划经济作为社会主义的显著特征。他在十月革命前夕写成的《国家与革命》、《大难临头，出路何在》以及《布尔什维克能保持国家政权吗》等一系列著作中，根据资本主义发展到帝国主义阶段以后出现的许多新的情况指出，垄断资本主义造成的生产的高度社会化、垄断组织和金融资本的巨大增长是社会主义必然到来的物质基础。“社会主义现在已经在现代资本主义的一切窗口中出现，在这个最新资本主义的基础上前进一步的每项重大措施中，社会主义已经直接地、实际地显现出来了。”[②] 按照列宁这一时期的构想，社会主义要在生产资料公有制的基础上，把整个社会组成一个全民的、国家的

① 《列宁全集》第13卷，人民出版社，1987，第124页。

② 《列宁全集》第32卷，人民出版社，1985，第219页。

“辛迪加”或“托拉斯”，成为一个管理中心，成为一个劳动平等和报酬平等的工厂。由此列宁提出了银行和垄断组织国有化、把全部土地收归国有、强制中小企业辛迪加化等一系列措施，认为这些是适合俄国走向社会主义的过渡措施。“战时共产主义”政策集中体现了以列宁为代表的马克思主义者当时对于社会主义的认识。当然，“战时共产主义”的统制经济政策的出台受到当时苏维埃政权所面临的特殊条件的制约，是形势所迫；但是更重要的是，这种政策也是出于对马克思主义关于商品经济消亡社会条件的误读。他认为只有消灭了商品货币和市场，才能实现社会主义。经过二年多的实践的检验，证明了战时共产主义政策不是建设社会主义经济的正确道路。在这种情况下，列宁很快认识到战时共产主义政策的问题之所在，他说：“现实生活说明我们错了。为了作好向共产主义过渡的准备（通过多年的工作来准备），需要经过国家资本主义和社会主义这些过渡阶段。不能直接凭热情，而要借助于伟大革命所产生的热情，靠个人利益，靠同个人利益的结合，靠经济核算，在这个小农国家里先建立起牢固的桥梁，通过国家资本主义走向社会主义；否则你们就不能到达共产主义，否则你们就不能把千百万人引导到共产主义。”[①]一旦认识到像俄国这样落后的国家不可能在全国范围内统一组织生产、统一分配个人消费品，认识到向纯社会主义的“直接过渡”行不通，列宁不是把自己的思想禁锢起来，而是根据实践的需要毫不犹豫地对理论或原理加以扬弃或修正。他非常果断地抛弃了向社会主义直接过渡的旧途径和旧方法，作出了停止实行战时共产主义政策、转而实行新经济政策的重大决策，开始从理论上和实践上解决社会主义建设的许多复杂问题。列宁认识到在俄国当时的经济条件下，恢复和发展经济，必须发展商品生产。

① 《列宁全集》第42卷，人民出版社，1987，第176页。

列宁认为应当承认商业的作用，他把商业看做是俄国“经济生活的试金石”，看做是千百万小农与大工业之间唯一可能的经济联系。只有重视商业的作用，才能建立巩固的工农联盟，才能为将来建设社会主义经济关系奠定基础。列宁要求社会主义企业要“按商业化原则办事”，实行经济核算。他号召共产党员“学会经商”，学习由国家来调节商业关系，学会做经济工作，“必须向这门科学进军，向这门艰难、严峻、有时甚至是残酷无情的科学进军，否则就没有出路”。[①] 在《论合作社》这篇文章中，列宁更加明确地指出，在建设社会主义的过程中，不但不能够取消商品货币关系的发展，相反，还必须使广大农民学会从“按亚洲方式做买卖”转变到“按欧洲方式做买卖”，“要做到这一点，还需要整整一个时代”。[②]

从列宁的上述论述中可以看到，经过“战时共产主义”和“新经济政策”的实践，列宁对社会主义与商品经济的关系问题已经有了明确的认识，这就是，在小农占人口大多数的经济文化落后的社会主义国家中，要在实践上取消商品货币关系是不能实现社会主义经济发展的。因此，现实的社会主义必须要通过商品货币关系，才能向共产主义过渡。但是由于列宁的社会主义实践只有短短的几年时间，社会主义经济发展的各种问题还没有充分地暴露出来，对社会主义经济发展的客观规律也不可能有充分的认识，因而列宁也不可能从理论上解决社会主义经济发展中的所有问题，特别是对于社会主义与商品经济的关系问题，列宁只是论述了在俄国当时的具体条件下消灭商品货币关系是行不通的，因此，在实践上必须保留和发展商品、货币关系，而没有在理论上真正解决社会主义与商品经济的关系问题。

---

① 《列宁全集》第42卷，第193页。

② 《列宁全集》第43卷，人民出版社，1987，第364页。

从20世纪20年代到50年代初，斯大林通过社会主义经济建设和发展近30年的实践，对社会主义经济发展的规律有了更深刻的认识。在这中间，关于社会主义与商品经济关系的理论，是斯大林最重要的理论贡献。同时，限于时代发展以及其他方面的限制，斯大林对社会主义商品经济的认识也存在不少误区，这又使苏联和其他社会主义国家的实践走了一段弯路。

斯大林提出的关于社会主义与商品生产关系的理论，是对马克思主义社会主义经济理论的最重要的贡献。这是因为斯大林第一次从理论上论证了商品生产和商品交换在社会主义现实经济条件下具有存在和发展的客观必然性，从而使马克思主义关于社会主义的经济理论向前发展了一大步。

斯大林的理论发展首先修改了马克思关于商品经济存在和发展的两个条件，即社会分工和私有制。斯大林认为，商品生产和商品交换的存在并不一定与私有制联系在一起，它也可以与公有制经济联系在一起。不能把商品生产看做是某种不依赖周围经济条件而独立存在的东西，商品生产比资本主义生产有着更长的历史。那种认为在生产资料公有制的统治地位已经确立，雇佣劳动制度和剥削制度已经被消灭以后，就应该消除商品生产的看法是错误的。斯大林指出，在现今的苏联，商品生产有它存在的客观经济条件，这一经济条件就是存在着社会主义生产资料的两种公有制，即全民所有制和集体所有制，这两种公有制是不同的经济主体，它们分别对自己生产的产品具有所有权，它们之间的交换发生了所有权的转变，因此，这是一种商品生产和商品交换关系。斯大林从社会主义存在两种公有制经济这一实际出发，论证了商品生产在社会主义条件下具有存在的客观性。从客观经济条件这一层次说明了社会主义经济和商品生产是可以共同存在的，这实际上已经在理论上论证了以两种公有制取代私有制作为商品经济存在的条件。这样，商品经济的存在就可以与公有制联系在一起，可以与社会主义联系在一起。斯大林提出的这一思想，无疑是对马克思主义关于社会主义经济理论的一个重大发展，这一发展在很大程度上解决了长期困扰社会主义经济发展的一个重大的基本问题，这就是在社会主义经济发展过程中如何看待商品经济的问题，也在很大程度上解决了关于商品经济在社会主义经济理论与实践上存在的矛盾。但斯大林认为，在全民所有制之间交换的产品不是商品，因为它们之间的交换不涉及产品所有权的转移，因而在本质上就不是商品，但由于又要采取商品的形式，要核算、要计价，所以在实际中是采用了商品的“外壳”。斯大林的这一“商品外壳论”思想，在相当长的一段时间里，对社会主义的经济发展产生着直接的影响，尤其是对全民所有制经济中生产的生产资料影响更大。斯大林关于社会主义条件下商品生产的理论，包含着这样两重性：一是对马克思主义经济学的一个重大发展，在理论上不再把商品生产和商品交换看做是与社会主义相对立的；一是这一理论发展又是不彻底的，他没有从理论上解决社会主义经济是否属于商品经济的问题，这又使社会主义实践中所遇到的各种矛盾不能从根本上加以解决。

新中国建立以后，是否要实行商品生产和商品交换，这在建国初期并不成为什么问题，因为在当时的条件下，社会上多种所有制成分并存，公有制经济也没有占主体地位，从整个社会来看必须按照商品生产和经济规律的要求来处理社会经济关系。但是，随着高度集中的计划经济体制的建立以及“三大改造”的完成，整个社会的经济条件和体制状况都发生了重大的变化，在这新的经济条件下如何用马克思主义的基本理论来认识在中国社会主义经济建设过程中的商品生产问题就成为当时必须从理论上搞清楚的一个重要问题。同时高度集中的计划经济体制，经过几年的运行在实践中也暴露出了不少的问题，如何解决这一体制存在的问题，也需要从理论上加以阐释。

毛泽东对此进行了探讨，经过对建国初期和大跃进运动正反两方面经验教训的总结，他对落后国家建设社会主义必须发展商品经济有了较深的认识，并在理论上作出了贡献。体现在以下几个主要方面：第一，关于商品经济存在于社会主义社会的客观必然性。毛泽东在继承斯大林思想的基础上，进一步提出“只要存在两种所有制，商品生产和商品交换就是极其必要、极其有用的”[①]，并深入分析了商品经济产生的经济基础。他说：“两种所有制存在，是商品生产的主要前提。但商品生产的命运，最终和社会生产力的水平有密切关系。因此，即使是过渡到了单一的社会主义全民所有制，如果产品还不很丰富，某些范围内的商品生产和商品交换仍然有可能存在。”[②] 毛泽东能从生产力水平的角度去论证商品经济存在的原因，较之斯大林是一个进步，是对马克思主义的一个发展。第二，关于商品经济在社会主义社会的作用。毛泽东提出，价值规律“是一个伟大的学校”[③]，这充分肯定了价值规律在社会主义经济建设中的作用。毛泽东还针对我国经济落后的现实指出：“我国是商品生产很不发达的国家……需要有一个发展商品生产的阶段。”[④]“有些人……企图过早地取消商品生产和商品交换，过早地否定商品、价值、货币、价格的积极作用，这种想法是对于发展社会主义建设不利的，因而是不正确的。”[⑤] 可见毛泽东对商品经济在社会主义社会的作用是充分肯定的。第三，关于商品经济的范围。毛泽东明确指出，价值规

① 《毛泽东文集》第7卷，第440页。

② 中共中央文献研究室编《毛泽东著作专题摘编》上，中央文献出版社，2003，第977页。

③ 中共中央文献研究室编《建国以来毛泽东文稿》第8册，中央文献出版社，1993，第172页。

④ 《毛泽东文集》第7卷，第435~436页。

⑤ 中共中央文献研究室编《建国以来重要文献选编》第11册，中央文献出版社，1995，第611页。

律不仅在流通领域中起作用，而且在生产领域中也起作用。在我国，有些生产资料，例如拖拉机等生产资料是属于商品的。“要多搞商品生产，要尽可能多地生产能够交换的东西，向全省、全国、全世界交换”①。可见，毛泽东在商品经济范围问题上对斯大林的观点有所发展。第四，关于发展商品经济是否会导致资本主义的问题。有人认为，发展商品经济可能会导致资本主义。毛泽东对此批评说，搞商品经济“不会引导到资本主义，因为已经没有了资本主义的经济基础，商品生产可以乖乖地为社会主义服务”②。所以，那种认为发展商品经济会导致资本主义的观点是完全错误的。这一点斯大林已提到，但毛泽东阐述得更为具体。但毛泽东对社会主义商品经济的正确观点未能始终如一地加以坚持，晚年他对自己正确的商品经济思想逐步发生动摇，到“文化大革命”后期，毛泽东把商品经济同新资产阶级的产生联系在一起，把商品经济看成了复辟资本主义的经济基础。这又走向他前述发展商品经济不会导致资本主义观点的反面。

1978 年以党的十一届三中全会为标志，中国走上了改革开放的道路。改革要解决的问题就是要打破高度集中的计划经济体制，这必然要涉及的一个基本的理论问题还是关于社会主义与商品经济的关系问题。

以邓小平为核心的中国共产党第二代领导集体，坚持把马克思主义的基本原理同中国的实际相结合，探索一条有中国特色社会主义发展道路，首先在理论上解决的就是社会主义与商品经济的关系问题。1984 年 10 月，党的十二届三中全会通过的《中共中央关于经济体制改革的决定》，确立了社会主义有计划商品经济的理论。这一理论对马克思主义经济学的重要发展主要体现在

① 中共中央文献研究室编《毛泽东著作专题摘编》上，第 975 页。
② 《毛泽东文集》第 7 卷，第 440 页。

以下两个方面：第一，论证了商品经济是社会主义经济发展不可逾越的阶段。马恩认为，社会主义经济是建立在资本主义商品经济充分发展的基础之上的，因而社会主义经济的发展可以直接进入产品经济阶段。然而，无论是中国还是其他社会主义国家都是在没有经过商品经济充分发展的基础之上建设社会主义经济的，因而否定商品经济，推崇产品经济的做法是不能实现社会主义经济发展目标的。社会主义商品经济理论的确立，从根本上改变了认为社会主义可以直接进入产品经济发展阶段的传统看法，使人们对社会主义经济特征的认识回到了现实中。商品经济是人类社会经济发展的基本经济形态之一，也是社会主义经济发展不可逾越的阶段。社会主义只有通过商品经济这一形式才能实现自身的发展目标，社会主义必须大力发展商品经济。第二，论证了社会主义与商品经济是内在统一的。在以往的社会主义实践中，虽然商品生产和商品交换从来没有退出经济活动领域，但是，从苏联的模式到中国的体制，在理论上都是把商品经济看做是与社会主义经济相对立的，社会主义是在不得已的情况下才保留商品生产和商品交换的。社会主义商品经济理论的确立，从理论上论证了在现实社会主义条件下商品经济这一形式的存在是具有客观必然性的，是内在于社会主义经济之中的。商品经济作为一种经济形态，它本身是中性的，可以与不同的社会经济制度相结合，社会主义的经济性质完全可以与商品经济这一形态结合在一起，实行商品经济绝不会影响社会主义的经济性质。1987 年 10 月，党的十三大报告指出，社会主义有计划商品经济的体制，应该是计划与市场内在统一的体制，强调社会主义商品经济与资本主义商品经济的本质区别，在于所有制基础不同。指出计划和市场的作用范围都是覆盖全社会的。新的经济运行机制，总体上来说应当是“国家调节市场，市场引导企业”的机制，提出要加快建立和培育开放、竞争的社会主义市场体系。这里实际上已经把计划和市场都看成是调节手段，并强调市场机制、价值规律的作用，蕴含着从商品经济向国家调控的市场经济转变的思想。江泽民在总结以上理论创新的基础上深刻指出："商品经济的充分发展是实现社会经济高度发达不可逾越的阶段。"[①] 揭示了落后国家建设社会主义必须大力发展商品经济的历史必然性。

（三）破解市场经济等于资本主义的思维定式

市场经济作为人类社会经济形态发展的一种基本形式和运作方式，是历史的必然。由于市场经济与资本主义生产方式在历史上的"天然耦合"，使人们在很长一段历史时期把二者的关系等同起来，有意无意地混淆了市场经济与资本主义之间的区别，从而得出市场经济是资本主义生产方式所固有的产物，社会主义生产方式与市场经济是水火不相容的结论。其实，马克思在探讨人类社会发展道路的过程中，通过研究市场经济在人类社会经济形态发展过程中的地位和作用，揭示了资本主义生产方式发生、发展和必然为更高的社会主义社会形态所替代的客观规律，认为经济文化落后国家必须实行市场经济以到达社会主义社会。

在1875年的《哥达纲领批判》一文中，马克思从人类社会演进的总体进程出发，认为建立在社会生产力高度发达和交往普遍发展等基础上的共产主义高级阶段，市场经济必将消亡并被产品经济所取代。但是，他也指出，由于生产力、物质交换以及人的能力等发展水平的差异，刚刚从资本主义社会中产生出来的共产主义第一阶段，在经济、道德和精神方面都还带有它脱胎出来的那个旧社会的痕迹，市场经济还会有一定的发展空间。他说，在这个阶段，虽然生产资料已归社会所有，消除了占有生产资料方面的不平等，但在产品的分配方面通行的是调节商品交换

① 江泽民：《论社会主义市场经济》，中央文献出版社，2006，第1页。

（就它的等价的交换而言）的原则仍然是“资产阶级权利”，因为这些权利决不能超出社会的经济结构以及由经济结构制约的社会的文化发展。因此，旧社会的“这些弊病，在经过长久阵痛刚刚从资本主义社会产生出来的共产主义社会第一阶段，是不可避免的”①。也就是说，由于惯性运动的影响，社会主义社会开始时期还不能一下子消灭市场经济，市场经济在这个时期的存在是历史发展过程中的必然现象。

对经济文化落后国家革命成功以后怎样进行社会主义建设这一当今的时代课题，马克思也进行过大胆的理论探索。马克思1881年在给查苏利奇的信中，就俄国农村公社的发展前途指出：第一，借助于世界市场，建立发达的物质交换系统以吸纳资本主义创造的高度发达的生产力。“如果俄国资本主义制度的崇拜者要否认这种进化的理论上的可能性，那我要问他们：俄国为了采用机器、轮船、铁路等等，难道一定要像西方那样，先经过一段很长的机器生产发展的孕育期吗？”② 第二，扩大交往范围，克服地域上的狭隘性，建立大规模的集体生产和合作劳动。因为社会主义是建立在生产力的普遍发展和与此相关的世界交往基础上的，地域性的社会主义“会依然处于家庭的、笼罩着迷信气氛的‘境地’”，“交往的任何扩大都会消灭地域性的共产主义”③。第三，保存公有制经济并实现公有制与市场经济的联结。“如果说土地公有制是俄国‘农村公社’的集体占有制的基础，那么，它的历史环境，即它和资本主义生产的同时存在，则为它提供了大规模地进行共同劳动的现成的物质条件”，因此，它“不必自杀就能开始获得新的生命”。④ 虽然马克思没有就俄国公社在跨

① 《马克思恩格斯选集》第3卷，第305页。
② 《马克思恩格斯全集》第19卷，第431页。
③ 《马克思恩格斯全集》第3卷，人民出版社，1960，第39页。
④ 《马克思恩格斯选集》第3卷，第770页。

越卡夫丁峡谷后是否应当实行市场经济作出明确回答，但从他的一贯主张来看，既然在共产主义第一阶段市场经济还会存在一段时间，那么，经济文化落后国家在世界历史背景下可能建立起来的社会主义制度，当然应该利用市场经济而不能立即取消这种方式。因为一个社会完全用产品经济替代市场经济不是轻而易举的事情，“这需要有一定的社会物质基础或一系列物质生存条件，而这些条件本身又是长期的、痛苦的历史发展的自然产物”①。

20世纪建立起来的社会主义各国，对马克思的《哥达纲领批判》一文的理解，只注重了他关于共产主义社会不存在市场经济的论断，把经济文化落后国家由于特定的世界历史条件下诞生的社会主义等同于马克思在《哥达纲领批判》中所称的发达资本主义的直接替代物的共产主义，由此导致把计划和计划经济直接等同于现实社会主义的经济运作方式，把市场和市场经济直接等同于现实资本主义的经济运作方式的错误认识。列宁、斯大林虽然都承认社会主义社会存在商品经济，但是未能破解社会主义与市场经济关系的理论难题。

我们党内最早探索这一问题的是陈云。1956年，他在党的八大上提出了“三个主体、三个补充”的社会主义经济体制的新思路。他认为，“我们的社会主义经济的情况将是这样：在工商业经营方面，国家经营和集体经营是工商业的主体，但是附有一定数量的个体经营。这种个体经营是国家经营和集体经营的补充”；“生产计划方面，全国工农业产品的主要部分是按照计划生产的，但是同时有一部分产品是按照市场变化而在国家计划许可范围内自由生产的。计划生产是工农业生产的主体，按照市场变化而在国家计划许可范围内的自由生产是计划生产的补充”；“在社会主义的统一市场里，国家市场是它的主体，但是附有一

① 《马克思恩格斯全集》第23卷，第97页。

定范围内国家领导的自由市场。这种自由市场，是在国家领导之下，作为国家市场的补充，因此它是社会主义统一市场的组成部分”。[①] 陈云的这一意见得到八大的肯定。八大有关决议明确指出：“社会主义经济的主体是实行集中经营的，但是也需要有一定范围的分散经营作为补充。”[②] 从“三个主体、三个补充”的著名论断可以看出，陈云已经突破了以否定和限制商品货币关系为特征的苏联计划经济模式，他在试图解决如何将计划经济同商品经济结合起来，或者说，如何在计划经济的框架内利用商品货币关系发展社会主义经济的问题。这是陈云对计划与市场关系的最初理解和看法。1979 年 3 月 8 日陈云提出了著名的《计划和市场问题》提纲，总结了 1917 年后苏联计划经济和 1949 年后中国计划经济的经验和教训。他认为，苏联和中国的计划工作制度的主要缺点是只有“有计划按比例”这一条，没有在社会主义制度下还必须有市场调节这一条。现在的计划太死，包括的东西太多，结果必然出现缺少市场自动调节的部分。陈云对市场调节作了明确解释：“所谓市场调节，就是按价值规律调节，在经济生活的某些方面可以用‘无政府’、‘盲目’生产的办法来加以调节。”[③] 陈云从两个方面说明了忽视市场调节的后果：一个后果是，因为市场调节受到限制，而计划又只能对大路货、主要品种作出计划数字，因此生产不能丰富多彩，人民所需日用品十分单调；另一个后果是，忽视价值规律，思想上没有利润这个概念。这是大少爷办经济，不是企业家办经济。在这个著名提纲中，陈云论述了社会主义社会计划经济和市场调节的关系：“整个社会主义时期必须有两种经济：（1）计划经济部分（有计划

① 《陈云文选》第 3 卷，人民出版社，1995，第 13 页。

② 中共中央文献研究室编《建国以来重要文献选编》第 9 册，中央文献出版社，1994，第 346 页。

③ 《陈云文选》第 3 卷，第 245 页。

按比例的部分）；（2）市场调节部分（即不作计划，只根据市场供求的变化进行生产，即带有盲目性调节的部分）。第一部分是基本的主要的；第二部分是从属的次要的，但又是必需的。”①陈云的著名提纲在社会主义史和马克思主义史上具有十分重要的意义。第一，提纲全面地论述了计划和市场的作用，第一次明确地提出，除了计划经济，“社会主义制度下还必须有市场调节”。社会主义计划经济可以与市场调节相结合，而且必须与市场调节相结合。第二，提纲指出计划经济和市场调节二者同时并存于整个社会主义时期，而不是只同时并存于向社会主义过渡时期，也不是只同时并存于社会主义初级阶段。第三，提纲指出，在计划经济与市场调节二者的关系上，计划经济为主、市场调节为辅。第四，提纲预言，在经济体制改革过程中，计划经济和市场调节两种经济的比例的调整居重要地位。但二者的绝对数额都将增加。总之，陈云把计划与市场关系的理论提到了一个新的高度，既指出了两种经济同时并存的必然性和必要性，又指出了这两种经济在不同部门应占不同的比例。

党的十一届三中全会以来，邓小平坚持用马克思主义的宽广眼界观察世界，在正确分析和总结当今时代特征和世界上其他社会主义国家的兴衰成败经验、吸收我们党已有正确认识成果的基础上，抓住“什么是社会主义，怎样建设社会主义”这个基本问题，科学回答了经济文化落后国家社会主义可以而且应当实行市场经济这一重大的理论和实际问题。

1979 年 11 月，邓小平首次提出：“说市场经济只存在于资本主义社会，只有资本主义的市场经济，这肯定是不正确的。社会主义为什么不可以搞市场经济，这个不能说是资本主义。”② 他

① 《陈云文选》第 3 卷，第 245 页。

② 《邓小平文选》第 2 卷，人民出版社，1994，第 236 页。

说，市场经济在封建社会就有了萌芽，社会主义可以“利用这种方法来发展社会生产力。把这当作方法，不会影响整个社会主义，不会重新回到资本主义。”[①] 这样，他就把市场经济与资本主义生产方式区别开来，为社会主义可以搞市场经济奠定了理论基础。1985 年 10 月，邓小平对市场经济和社会主义的关系作了进一步的阐释：“社会主义和市场经济之间不存在根本矛盾。问题是用什么方法才能更有力地发展社会生产力。我们过去一直搞计划经济，但多年的实践证明，在某种意义上说，只搞计划经济会束缚生产力的发展。把计划经济和市场经济结合起来，就更能解放生产力，加速经济发展。”[②] 虽然邓小平已经把市场经济看成是发展社会生产力的一种经营管理方法，但因受传统惯性的影响，直到 1987 年 2 月，仍然把计划经济作为社会主义的主要经济运作方式，党内一般的提法仍然坚持社会主义是计划经济为主、市场调节为辅。

1987 年 2 月，为了准备十三大，邓小平在同几位中央负责同志谈话时说：“我们以前是学苏联的，搞计划经济，后来又讲计划经济为主，现在不要再讲这个了。”因此十三大报告没有再提以计划经济为主，而是提“计划与市场内在统一的体制”，“善于运用计划调节和市场调节这两种形式和手段”，“计划和市场的作用范围都是覆盖全社会的”。会议还强调要加快建立和培育社会主义市场体系。同时，邓小平再次明确了计划和市场都是方法的观点。他说：“为什么一谈市场就说是资本主义，只有计划才是社会主义呢？计划和市场都是方法嘛。只要对发展生产力有好处，就可以利用。它为社会主义服务，就是社会主义的；为资本主义服务，就是资本主义的。”[③] 显然，在邓小平看来，市

① 《邓小平文选》第 2 卷，第 236 页。

② 《邓小平文选》第 3 卷，第 148 ~ 149 页。

③ 《邓小平文选》第 3 卷，第 203 页。

场经济本身是中性的，判断其好坏的标准是看它在什么样的社会内运行，是否有助于推动该社会的生产力发展。1989 年政治风波前后，邓小平以一个伟大的马克思主义者特有的理论坚定性和敏锐洞察力，坚决排除“左”的和右的错误思想的干扰，坚定不移地坚持社会主义也可以搞市场经济的论断。他说：“我们要继续坚持计划经济与市场调节相结合，这个不能改。”① 这一时期，虽然我们党对市场经济的认识在进一步提高，邓小平也从总体上说明了市场经济和社会主义之间不存在根本矛盾，市场经济可以促进社会主义生产力的发展，但仍然没有解决关于计划与市场究竟是不是区别资本主义和社会主义本质的问题。

到 20 世纪 90 年代初，计划经济等于社会主义、市场经济等于资本主义的偏见仍然禁锢着许多人的头脑，甚至有些人认为搞市场经济实质上就是搞资本主义，这样搞中国社会必然会回到资本主义社会去。针对这种理论认识上的模糊，邓小平多次论述了计划和市场不是社会主义和资本主义的本质区别。“我们必须从理论上搞懂，资本主义与社会主义的区分不在于是计划还是市场这样的问题。社会主义也有市场经济，资本主义也有计划控制”②。“不要以为，一说计划经济就是社会主义，一说市场经济就是资本主义，不是那么回事，两者都是手段，市场也可以为社会主义服务”③。在 1992 年视察南方谈话中，他进一步对上述两点作了完整概括。他说：“计划多一点还是市场多一点，不是社会主义与资本主义的本质区别。计划经济不等于社会主义，资本主义也有计划；市场经济不等于资本主义，社会主义也有市场。计划和市场都是经济手段。”④ 这就从根本上解除了把计划经济

① 《邓小平文选》第 3 卷，第 306 页。
② 《邓小平文选》第 3 卷，第 364 页。
③ 《邓小平文选》第 3 卷，第 367 页。
④ 《邓小平文选》第 3 卷，第 373 页。

和市场经济视为社会基本制度范畴的思想束缚，最终打破了长期形成的关于市场经济是资本主义的基本特征、计划经济是社会主义的基本特征的传统观点，使我们对计划和市场关系问题的认识从理论和实际的结合上取得了重大突破，给改革开放和社会主义现代化注入了新的生机和活力，为后来我国确立社会主义市场经济体制的改革方向奠定了极为重要的思想和理论基础。江泽民继承了邓小平的社会主义市场经济思想，并把它确立为我国经济体制改革的目标模式。

（四）经济体制改革的目标是建立社会主义市场经济体制

邓小平对社会主义经济理论的重要贡献是确认社会主义社会应该而且可以搞市场经济，江泽民在此基础上又有突破，把建立社会主义市场经济体制确立为我国经济体制改革的目标，这是对我国自十一届三中全会以来启动的经济体制改革目标的最终确认，也是对我国十一届三中全会以来经济体制改革实践的理论总结，同时也是对社会主义经济理论百年争论的总结。

1. 社会主义市场经济体制的建立

1992年6月9日，江泽民在中央党校省部级干部进修班的讲话中指出："加快经济体制改革的根本任务，就是要尽快建立社会主义的新经济体制。而建立新经济体制的一个关键问题，是要正确认识计划与市场问题及其相互关系，就是要在国家宏观调控下，更加重视和发挥市场在资源配置上的作用。"① 对当时社会上关于新经济体制的几种说法，江泽民则表示："我个人的看法，比较倾向于使用'社会主义市场经济体制'这个提法。"②并建议党的十四大把建立"社会主义市场经济体制"作为经济

① 江泽民：《论社会主义市场经济》，第1页。

② 江泽民：《论社会主义市场经济》，第6页。

体制改革的目标模式。1992 年 10 月，党的十四大报告采纳了这一建议，并明确指出，“经济体制改革的目标，是在坚持公有制和按劳分配为主体、其他经济成分和分配方式为补充的基础上，建立和完善社会主义市场经济体制。”这一目标后来又写进了党章和宪法。这样，经过长期的艰苦的探索，党的十四大终于把社会主义市场经济体制确立为我国经济体制改革的目标。这个目标的确认，为建立和发展社会主义市场经济进一步奠定了思想基础，标志着以江泽民为核心的党的第三代领导集体对计划和市场关系的理解和认识达到了一个更新的境界，标志着我国的经济体制改革进入目标更加明确、行动更加自觉的新阶段。这个目标的确认，解决了关系整个社会主义现代化建设全局的重大问题，是我们党对社会主义经济理论的又一新发展和新贡献。这个目标的确立，是多年改革实践的经验总结，更是改革开放和现代化建设事业发展的客观要求，是江泽民长期思考“三个代表”重要思想的重要组成部分。后来，江泽民在党的十四届三中全会上把党的十四大确立的经济体制改革的目标和基本原则加以系统化和具体化，进一步勾画了建立社会主义市场经济体制的蓝图：坚持以公有制为主体、多种所有制经济共同发展的方针，进一步转换国有企业经营机制，建立全国统一开放的市场体系，实现城乡市场紧密结合，国内市场与国际市场相互衔接，促进资源的优化配置；转变政府管理经济的职能，建立以经济手段为主的完善的宏观调控体系，保证国民经济的健康运行；建立以按劳分配为主体、多种分配方式并存的分配制度，效率优先，兼顾公平，鼓励一部分地区一部分人通过合法经营和诚实劳动先富起来，走共同富裕的道路；建立多层次的社会保障制度，为城乡居民提供同我国国情相适应的社会保障体系，促进经济发展和社会稳定。这五个相互联系和相互制约的环节构成了社会主义市场经济体制的基本框架。这样，把建立社会主义市场经济体制具体化、规范化，说明了建立社会主义市场经济体制是要体现不断推动社会生产力的解放和发展的要求，尤其要体现推动先进生产力发展的要求，通过发展生产力不断提高人民群众的生活水平。党的十六大把进一步完善社会主义市场经济体制作为21世纪头20年经济建设和改革的主要任务，作为21世纪全面建设小康社会的重要任务，为解放生产力、发展生产力作出了新的贡献。

2. 建立社会主义市场经济体制，是对我国经济体制改革实践的总结

理论来源于实践，党的十一届三中全会以来丰富的经济体制改革实践，推动了理论的创新。1978年12月，中国共产党召开了十一届三中全会，拉开了中国经济改革的序幕。随后近6年的时间里，改革的重点在农村。家庭联产承包责任制逐步取代人民公社制，大大调动了农民发展商品生产的积极性，粮食产量大幅度增加。乡镇企业异军突起，大量农民进城务工，在实践上推动了市场经济的发展。因此，中国农民对发展商品生产和市场经济是有重要贡献的。在城市，主要进行了企业改革试点，扩大企业经营自主权。同时，创建经济特区，开放14个沿海港口城市，开始用引进外资的办法，加快开发中国的劳动资源。市场经济得到进一步发展。1984年10月，中共十二届三中全会通过《中共中央关于经济体制改革的决定》，标志着改革的重点从农村转向城市。国有企业是整个改革的中心环节，价格改革是关键，培育和壮大市场是突破口。进行了承包经营、租赁经营、股份制等多种形式的试点，设法使国有企业成为真正的市场主体。个体经济、私营经济和外资企业等非国有经济，在整个国民经济中的比重越来越高。改革从经济领域扩展到科技、教育等社会各个领域。对外开放进一步扩大，开放了珠江三角洲、长江三角洲和闽南三角地带。但是，中国的经济改革毕竟是在探索中前进的。新的经济体制，从摸索到试点、调整、完善，不可能一帆风顺。20世纪80年代末，国民经济的高速增长引发了通货膨胀和经济秩序混乱。1989年后，东欧剧变，国际共产主义运动处于低潮。国内市场疲软，经济增长速度放慢，国际上一些国家对中国制裁，这在一定程度上增加了改革的困难。第三代领导集体沉着应对，一方面，对宏观经济进行治理整顿；另一方而继续对经济改革进行大胆探索和尝试，终于取得了突破性理论成果。

3. 建立社会主义市场经济体制，是对社会主义经济理论百年争论的总结

社会主义市场经济是社会主义国家人民的历史选择，尤其是中国人民的历史选择，这是一个历史过程。传统的马克思主义经济理论否认在社会主义社会中存在市场经济，即否认在社会主义社会中存在商品和货币的关系；而现实向人们一再证明在社会主义社会中，不但不能消灭市场经济，不能消灭商品和货币的关系，反而要依靠发展市场经济，依靠发展商品和货币的关系来发展社会主义经济。这向人们昭示，走社会主义市场经济发展之路是历史的选择。

20世纪人类社会的最伟大的探索之一，是对社会主义社会中的市场经济的探索，是对社会主义社会中的商品和货币关系的探索。正是在这个伟大的探索中形成和发展了社会主义市场经济理论。而在这个探索过程中，苏联和东欧国家的经济学家与中国经济学家都对此作出了贡献。

1924年列宁逝世以后，苏联围绕新经济政策和市场、商品关系问题，在党内展开了激烈的争论。布哈林提出，“过去我们认为，我们可以一举消灭市场关系。而实际情况表明，我们恰恰要通过市场关系走向社会主义。”① 在1925年之前，斯大林对发

① 《布哈林文选》上，人民出版社，1981，第441页。

挥市场、商品的作用持支持的态度。但是，1925 年底联共（布）第 14 次代表大会提出工业化的口号以后，他对市场机制在社会主义经济中作用的态度开始发生变化，认为布哈林在新经济政策上犯了右的错误。基于这样的指导思想，市场在经济生活中的作用被削弱，国家集中统一决策、行政手段在经济生活中的作用越来越加强，到 1929 年，新经济政策实际上就结束了，高度集中的计划经济体制便逐渐建立起来。苏联高度集中计划体制的建立，对社会主义是个什么“样子”的问题，便给出了一个“定型模式”，这个“模式”影响了包括中国在内的所有社会主义国家几十年的实践。

20 世纪中叶，东欧国家的经济学家对社会主义市场经济理论进行了深入的探讨，对社会主义市场经济理论的形成与发展作出了重要的贡献。早在 1936 ~ 1937 年，时在美国任教的波兰籍经济学家兰格撰文论证用“试错法”即“模拟市场”来实现资源的合理配置，确信这样可以达到和通过市场来配置资源同样好的效果。1938 年他出版了题为《社会主义经济理论》的著作，提出在社会主义经济中可以通过模拟市场经济的价格决定的方法为企业确定必须遵循的基础价格，这种基础价格可能不能完全反映真实的市场供求关系，政府可以随时根据市场供求关系的变化对其所确定的基础价格作出修改。这是一个不断进行试验、错误、修改的过程。因此，被称作“试验错误”方法。当时被称为“市场解决派”的代表，他实际上是第一个突破社会主义经济和市场价格机制不能兼容的观念，确认社会主义经济需要市场机制，并论证了社会主义经济如何有效地应用市场机制问题，是最早提出“市场社会主义模式”的人，对社会主义市场经济理论的形成与发展作出了非常重要的贡献。但是，他的主张也存在着一些根本性的缺陷，不仅由于信息的收集与处理极其繁杂，技术上难以行得通，更由于他所讲的“市场”并非真正意义上的市场，而是人造的由中央计划机构操纵的“模拟市场”。这就不可避免地会导致中央计划机构对企业进行微观干预，而企业亦只能是“推一推动一动”，没有自主权益、没有活力的单位。因此，他的理论遭到了哈耶克等人的批评。①

继兰格之后，波兰经济学家布鲁斯也对社会主义市场经济理论进行了探讨。20 世纪 50 年代后期，布鲁斯针对斯大林中央高度集权模式的弊端，提出了包含有受到管制的市场机制的计划经济模式——“分权模式”（即中央负责制定宏观决策，企业负责制定常规决策，家庭作出个人消费者决策）。他的观点，虽然现在看来还有很大的缺陷或不足，例如，仍然肯定社会主义社会实行计划经济，市场机制只是国家宏观调节的一种手段；国家仍然直接管理企业；市场只是指“受管制”的商品市场而不包括其他市场等，但他在社会主义经济要引入市场机制、要分权而不是要集权方面，显然比他的前辈们前进了一大步。②

曾任捷克副总理的经济学家奥塔·锡克着重从经济利益方面进一步论述了社会主义引入市场机制的必要性。他认为，在社会主义条件下，人们各自的具体耗费的劳动同社会必要劳动时间存在着矛盾，具体劳动要转化为抽象劳动并取得报酬，必须通过市场。中央的决策主要是在宏观方面，尤其是在总量分配方面；企业的决策，不仅是短期决策而且包括长期决策，应由企业自己根据市场情况制定；至于企业的经营管理更应由企业自己作出决定，中央不应也不可能把所有决策都包揽起来。③

在社会主义国家中，南斯拉夫是最早冲破“斯大林模式”

① 参见杨玉生《社会主义市场经济理论史》，山东人民出版社，1999，第 17 ~ 29 页。

② 参见杨玉生《社会主义市场经济理论史》，第 40 ~ 42 页。

③ 参见杨玉生《社会主义市场经济理论史》，第 46 ~ 50 页。

建立具有独特的工人自治制度的国家，在实践上为社会主义市场经济理论的形成与发展积累了现实的经验。南斯拉夫的工人自治制度是建立在自治和市场联系基础上的社会主义体制。南斯拉夫工人自治制度的建立，第一次向全世界证明，“斯大林模式”并不是社会主义的唯一模式，除了“斯大林模式”，还有南斯拉夫工人自治模式；社会主义经济也不仅仅和集中计划的制度相联系，它也可以和市场经济体制相联系。[①]

以上这些探讨，虽然在东欧国家没有修成正果，但为我国理论界提供了重要的参考。我国著名经济学家孙冶方在20世纪60年代就强调价值规律在社会主义经济中的作用，强调要使价格符合价值，按照生产中的实际劳动消耗，即根据价值，由企业进行独立的经济核算。特别是强调企业作为经济细胞的相对独立性，并把整个经济机体健康建筑在每个作为经济细胞的企业的健康的基础上。在集中的计划经济体制居于绝对的统治地位的条件下，能够提出这样一些与众不同的理论观点，是十分难能可贵的。与孙冶方同时期的经济学家顾准对社会主义条件下的商品生产和价值规律也进行了深入的探讨，提出了一系列重要观点。改革开放以来，我国经济学界更为活跃，对涉及社会主义市场经济理论的各个层面的问题进行了广泛而深入的探讨，取得了丰硕的成果，为社会主义市场经济理论的形成作出了重要贡献。

中国的社会主义市场经济理论，还吸取了西方经济学家的一些有用的经济理论。社会主义市场经济作为一种市场经济，具有一般市场经济的共性。西方经济学家对于西方国家市场经济的科学分析，无疑对我们有重要的参考价值，诸如对市场经济运行的分析，生产者和消费者经济行为的分析，产量和价格决定的分析，投入—产出的分析，国民收入决定的分析，经济增长的分

---

① 参见杨玉生《社会主义市场经济理论史》，第50~53页。

析，产权理论、经济制度变迁的分析等等理论，都对我们形成和发展社会主义市场经济理论起了重要的参考作用。从这个意义上说，我们的社会主义市场经济理论，是吸收了人类创造的共同的精神财富的结果，因而它是有生命力的。当然，对社会主义市场经济理论，持不同意见的也大有人在，如美国学者科兹即是。他坚持把市场经济和资本主义完全等同起来，认为市场经济的唯一作用就是使一部分人先富起来，从而产生一个新的资产阶级。这一争论还会继续下去。但社会主义市场经济理论的生命力是顽强的，不仅会经受住实践的检验，还会在实践中继续发展。正如江泽民所深刻总结的那样："在社会主义条件下搞市场经济，世界上还没有先例，这是一个伟大的试验和艰辛的创造，许多规律性的东西我们还不熟悉。西方发达国家发展市场经济的那些合乎市场一般规律的成功经验和合理做法，我们正在积极学习和借鉴。但从根本上说，中国建立社会主义市场经济体制，还是要坚持从中国实际出发，在实践中不断探索，走出一条自己的路。"① 我们相信，在以胡锦涛为总书记的党中央领导下，在科学发展观的统领下，全国人民将在社会主义市场经济体制的建立和完善的过程中，研究新问题，总结新经验，不断探索，不断前进。我们要充分发挥市场的作用，合理配置资源，促进生产力的发展，增加社会财富，最终实现人民的共同富裕。

二　中国社会主义市场经济的主要特点

邓小平以他的政治智慧坚定不移地确认社会主义可以搞市场经济，党的第三代领导集体坚持和发展了邓小平理论，在党的十

① 中共中央文献研究室编《江泽民论有中国特色社会主义（专题摘编）》，中央文献出版社，2002，第66页。

四人确立了中国经济体制改革的目标是建立社会主义市场经济体制，解决了如何搞社会主义市场经济问题，并以制度和体制的创新构建了科学的社会主义市场经济体系，具有鲜明的中国特色。

（一）坚持市场经济的社会主义的价值取向

中国共产党成立伊始，即以实现社会主义、共产主义为其奋斗目标，几十年如一日，始终没有动摇过，搞社会主义市场经济的根本目的就是为了寻找一条成功建设社会主义的道路。

1. 坚持市场经济的社会主义价值取向，是由中国共产党的性质和宗旨所决定的

是不是把实现社会主义、共产主义作为最终的奋斗目标，这是区分工人阶级政党和资产阶级政党的重要界限，也是区分马克思主义革命政党和社会改良主义政党的重要界限。国际共产主义运动的历史告诉我们，工人阶级政党一旦放弃了共产主义的理想，它就有可能蜕化变质，成为社会改良主义的政党，实际上也就成为资产阶级类型的政党。第二国际后期各国的社会党、社会民主党，东欧剧变后由一些国家的共产党改称的社会党、社会民主党，就是这样。只有始终坚持共产主义理想，我们党才能在纷纭复杂的国际环境中保持清醒的头脑，即使犯了错误也能得到及时纠正，因为党坚持的总方向是正确的；如果放弃了共产主义的奋斗目标，前进的总方向不明确了，其结果必定是“和平演变”。值得注意的是，资产阶级的政治力量乃至西方敌视中国的势力从来就是期待、劝诱乃至压迫我们党放弃共产主义的奋斗目标的。他们曾经不止一次地要求我们党改变名称，放弃共产主义，不再把自己称作共产党。20 世纪八、九十年代，东欧国家的许多共产党纷纷改名为社会党或社民党，与此相适应，它们把自己的纲领和奋斗目标也改了，其结果就是使自己蜕变成了资产

阶级性质的社会改良党。但是，中国共产党始终不渝地坚持共产主义的旗帜，决不屈服于资产阶级、屈服于西方敌对势力的压力。邓小平旗帜鲜明地指出："现在我们搞四个现代化，是搞社会主义的四个现代化，不是搞别的现代化。"[①] "我们马克思主义者过去闹革命，就是为社会主义、共产主义崇高理想而奋斗。现在我们搞经济改革，仍然要坚持社会主义道路，坚持共产主义的远大理想，年轻一代尤其要懂得这一点。"[②] 1992 年 7 月，江泽民在接见济南军区和北海舰队部分师以上领导干部讲话时说："我们要搞的市场经济是社会主义市场经济，社会主义这几个字不能去掉。"[③] "我们要搞的市场经济是同我们的社会主义制度紧密联系并结合在一起的，因而具有自身的本质特征，所以我们把它叫做社会主义市场经济。"[④] 1994 年 12 月 9 ~ 14 日，江泽民在天津考察工作时又说："我们搞的市场经济，是同社会主义基本制度紧密结合在一起的。如果离开了社会主义基本制度，就会走向资本主义。中国如果走向资本主义是个什么结局呢？不但发展不起来、富强不起来，而且连国家和民族的独立也保不住，势必变成帝国主义的附庸，变成发达资本主义国家的附庸，没有什么独立自主权。这一点，邓小平同志早就讲清楚了。有些人老是提出这样的问题，你们搞市场经济好啊，可是为什么还要在前面加上'社会主义'几个字。他们认为，'社会主义'几个字是多余的，总是感到有点不顺眼、不舒服。国外一些人提这种问题、有这种看法，并不奇怪，因为他们看惯了西方的市场经济，也希望

① 《邓小平文选》第 3 卷，第 110 页。

② 《邓小平文选》第 3 卷，第 116 页。

③ 中共中央文献研究室编《江泽民论有中国特色社会主义（专题摘编）》，第 68 页。

④ 中共中央文献研究室编《江泽民论有中国特色社会主义（专题摘编）》，第 68 页。

中国完全照他们那个样子去搞。我对西方国家一些来访的人说，我们搞的是社会主义市场经济，‘社会主义’这几个字是不能没有的，这并非多余，并非画蛇添足，而恰恰相反，这是画龙点睛。所谓‘点睛’，就是点明我们的市场经济的性质。西方市场经济符合社会化大生产、符合市场一般规律的东西，毫无疑义，我们要积极学习和借鉴，这是共同点；但西方市场经济是在资本主义制度下搞的，我们的市场经济是在社会主义制度下搞的，这是不同点，而我们的创造性和特色也就体现在这里。”[①] 实践证明，建立社会主义市场经济体制要取得成功，必须把社会主义市场经济体制同社会主义基本制度有机地结合起来，必须把社会主义基本制度的优势同市场的优势结合起来，充分利用市场对各种经济信号反应比较灵敏等优点，发挥市场在资源配置中的基础性作用，同时通过宏观调控克服市场经济的盲目性、自发性等弱点和消极方面，使我国社会主义制度的优越性更加充分地发挥出来。

2. 坚持社会主义的价值取向与坚持社会主义的本质论的内在一致性

1992 年邓小平在著名的视察南方的谈话中，他在系统论述社会主义市场经济的同时，完整地提出了社会主义本质论。邓小平将社会主义市场经济同社会主义本质论同时提出，不是偶然的，是他始终坚持中国市场经济的社会主义价值取向的必然，也是他一贯坚持的社会主义是目的而市场经济是方法的经典表述。

历史经验证明：仅从社会制度上认识与把握社会主义的本质特征，极为容易离开生产力的性质和发展水平，或以想象的精神生产力代替现实的物质生产力，从而误认为是可以通过生产关系的不断变革和意识形态的不断革命来促进生产力的迅速发展而完

① 江泽民：《论社会主义市场经济》，第 202 ~ 203 页。

成社会形态的更替（即穷过渡），这就会导致社会主义基本制度的僵化乃至变形。

邓小平从第二次世界大战后高科技革命的时代特征出发，依据历史唯物主义基本原理，深刻总结历史的经验教训，创造性地提出要从社会主义的根本任务和发展目的上认识与把握社会主义的本质特征，即“社会主义的本质，是解放生产力，发展生产力，消灭剥削，消除两极分化，最终达到共同富裕”[①]。这是一个认识与把握社会主义本质特征的正确思路：第一，它始终坚持以历史唯物主义关于生产力与生产关系、经济基础与上层建筑的关系的基本原理看待社会主义社会的矛盾运动，从而以生产力的标准来衡量社会主义基本制度建立的规模和程度，防止它的僵化和变形；第二，它特别强调由于社会主义社会历史地建立在资本主义经济相对落后的国家，因而对于生产力是先解放后发展的问题，即可以超越资本主义发展阶段，但却不能超越市场经济的发展阶段；第三，社会主义制度的优越性之根本表现，就是它能够解放和发展资本主义制度所不能解放和发展的社会生产力，创造高于资本主义的劳动生产率，因而社会主义意识形态也要为这一根本目的服务；第四，依据生产力的标准而进行的社会主义基本体制的变革，其革命的含义不仅在于它是社会主义制度的自我变革和自我完善，而且在于它是社会主义基本体制的现代化和科学化，这是社会主义建设的唯一的指导方针。显然，这一思路能够全面系统深刻地认识与把握社会主义的本质特征。根据这一思路，社会主义社会向共产主义社会过渡的客观规律是：从社会生产力的性质和发展水平出发，通过社会主义基本体制的变革，以不断地解放和发展生产力，从而在社会生产力水平高度发达的基础之上，逐步消灭剥削与消除两极分化，最终实现共同富裕的共

① 《邓小平文选》第 3 卷，第 373 页。

产主义理想社会。依据社会主义本质特征的思想，建立解放生产力与发展生产力的最佳经济体制即社会主义市场经济体制。因此，建立社会主义市场经济体制，是为实现社会主义的目的服务的。

3. 坚持社会主义的价值取向必须坚持四项基本原则

社会主义市场经济与一般市场经济的区别，就在于市场机制与社会主义制度相结合。邓小平说："社会主义市场经济的优越性在哪里？就在四个坚持，即坚持社会主义道路，坚持人民民主专政，坚持共产党的领导，坚持马克思主义。"他还把"四个坚持"比喻为"成套设备"，说明"四个坚持"是一个有机的整体，并特别强调："四个坚持，集中表现在党的领导"，"没有党的领导，干什么事情也搞不好"。邓小平将社会主义市场经济的优越性归结为"四个坚持"，并视为"成套设备"，因为这个"成套设备"是包含着经济制度、政治制度和主导意识形态的有机整体，体现着经济关系的本质内涵，规定着这个市场经济的社会主义方向，而党的领导是"四个坚持"的集中表现。

江泽民对此也有深刻的论述。他指出："我们要搞的市场经济是社会主义市场经济，社会主义这几个字不能去掉。为什么呢？因为我们是社会主义国家，政治上坚持四项基本原则，坚持共产党的领导，绝不能搞多党制；坚持实行人民代表大会制度，绝不能把西方议会民主搬到我们这里来。经济上坚持公有制为主体的多种形式的所有制结构，绝不能搞私有化；坚持按劳分配为主体的多种分配形式，通过一部分人先富起来，最终达到共同富裕。这是我们的基本制度和基本政策。我们要搞的市场经济是同我们的社会主义制度紧密联系并结合在一起的，因而具有自身的本质特征，所以我们把它叫做社会主义市场经济。"①

① 中共中央文献研究室编《江泽民论有中国特色社会主义（专题摘编）》，第68页。

（二）坚持市场经济和社会主义基本经济制度的统一

1. 搞市场经济，必须坚持公有制经济的主体地位

江泽民在 1992 年 6 月 9 日的讲话中，在提出建立社会主义市场经济体制的同时，归纳了新经济体制的主要特征，他指出："一是在所有制结构上，坚持以公有制经济为主体，个体经济、私营经济和其他经济成分为补充，多种成分共同发展；二是在分配制度上，坚持以按劳分配为主体，其他分配方式为补充，允许和鼓励一部分地区一部分人先富起来，逐步实现共同富裕，防止两极分化；三是在经济运行机制上，把市场经济和计划经济的长处有机结合起来，充分发挥各自的优势作用，促进资源的优化配置，合理调节社会分配。"① 在中国，搞市场经济，必须坚持公有制经济的主体地位，这是确保市场经济的社会主义性质的根本措施。传统的计划经济把所有制关系社会化和消除商品货币关系相提并论，不承认社会主义经济具有商品属性，否定或排斥市场在社会资源配置中的作用，没有市场波动。资本主义市场经济以私有制为基础，私有制与市场经济的结合是历史形成的，市场在社会资源配置中发挥作用的过程就是社会贫富两极分化的过程，市场波动是资本主义生产关系与生产力不相适应状况在经济运行中的必然表现。而中国特色社会主义市场经济则是经过改革建立的，既能实现公有制为主体、多种所有制经济共同发展，又能充分发挥市场在社会资源配置中的基础性作用，解放和发展生产力，优化社会资源配置，防止贫富两极分化，最终达到共同富裕。所以，江泽民指出：坚持公有制经济的主体地位，是我国社会主义市场经济的基本标志。

坚持公有制经济的主体地位，是坚持我国社会主义基本经济

① 江泽民：《论社会主义市场经济》，第 6 页。

制度的根本保证。马克思认为，在社会经济结构中，在多种生产关系中，必有一种生产关系占据统治地位。正是这种占据统治地位的生产关系才决定了社会经济结构的本质特征。马克思指出："在一切社会形式中都有一种一定的生产决定其他一切生产的地位和影响，因而它的关系也决定其他一切关系的地位和影响。这是一种普照的光，它掩盖了一切其他色彩，改变着它们的特点。"① 在社会主义初级阶段，只要公有制经济占主体地位，社会主义的本质就不会改变。

2. 坚持市场经济和社会主义基本经济制度的统一

市场经济作为一种经济机制，它的基本要求，就是通过运行的自主性、平等性和有效性来配置资源，是不受社会制度规定的，可以为资本主义经济服务，也可以为社会主义经济服务。市场经济作为一种经济体制，除了具体运行机制的一般要求以外，还有与社会经济制度相结合的特殊性质，即在市场基础、经济目标、运行结果等方面，与不同的社会经济制度相联系，就具有不同的性质。江泽民在党的十五大报告中指出："公有制为主体、多种所有制经济共同发展，是我国社会主义初级阶段的一项基本经济制度。这一制度的确立，是由社会主义性质和初级阶段国情决定的：第一，我国是社会主义国家，必须坚持公有制作为社会主义经济制度的基础；第二，我国处在社会主义初级阶段，需要在公有制为主体的条件下发展多种所有制经济；第三，一切符合'三个有利于'的所有制形式都可以而且应该用来为社会主义服务。"② 在十六大报告中，他又进一步强调：要"坚持和完善公有制为主体、多种所有制经济共同发展的基本经济制度。"所以，一方面，中国无论怎样改

① 《马克思恩格斯选集》第2卷，人民出版社，1995，第24页。

② 江泽民：《论社会主义市场经济》，第345～346页。

革，公有制为主体、国有经济为主导这个基本点不会丢，也不能丢。另一方面，市场经济是社会化大生产的内在要求，是各国经济发展的必由之路。中国不搞市场经济没有出路。这一点也是不能否定的。因此坚持社会主义初级阶段的基本经济制度，这是社会主义市场经济的制度基础。坚持公有制的主体地位，是坚持社会主义方向的根本保证。生产资料为谁所有，谁就可以支配财富为谁的利益生产。恩格斯说：在阶级对立的社会里，“如果说财富包含了对人的支配，那它主要地、几乎完全地是依靠和通过对物的支配来进行对人的支配的。”① 可见，生产资料所有制是社会生产关系的重要基础。当然，在现阶段，“公有制为主体”要摒弃越大越公越纯就越好的观念。公有制经济不仅包括国有经济、集体经济，还包括混合经济中的公有成分等等；公有制经济的主体地位，不仅体现在数量上，而更重要的是质量上具有竞争力、控制力和影响力。

在公有制为主体的前提下，非公有制经济也是社会主义市场经济的重要组成部分。在社会主义初级阶段，生产力发展水平低，发展又很不平衡，客观上要求多种所有制经济共同发展。而且非公有制经济与市场经济有着天然的联系，如产权清晰、机制灵活、适应性强，能在经济发展中发挥重要作用。因此，必须鼓励支持和引导非公经济更大更健康地发展，使非公经济在社会主义建设中发挥更大的作用。当然也不能因此淡化公有制经济。如果没有了公有制为主体，非公经济就与社会主义没有关系。与以公有制为主体、多种所有制经济共同发展相适应，分配关系方面，实行以按劳分配为主、多种分配形式相结合，即各种生产要素都参与收入分配。分配的依据是各种要素的实际贡献，但劳动力（包括体力劳动、科技劳动和管理劳动）是决定性的生产要素。

---

① 《马克思恩格斯选集》第3卷，第529页。

（三）社会主义市场经济是法治经济

在市场经济与法治的相互依赖和相互作用中就形成了法治经济，它是市场经济高度发展的产物，也是人类对法治社会不断追求的结果。我国的市场经济是从自然经济和产品经济发展而来，但与它们有很大的不同。自然经济主要依赖的调整手段是伦理，它又称伦理经济；产品经济主要依赖的调整手段是行政，又称为行政经济；市场经济的调整手段主要是法律，又称法治经济。其实，每一种经济体制都有它自身的特点，在一定的社会环境之中，都会导致一些在其他经济体制中不会产生或难以产生的社会问题。市场经济也会带来一些不同于自然经济和计划经济的社会问题。经济的市场化，以及市场经济的形成，必然导致经济活动比历史上任何时代都更加纷繁。交易规模扩大、交易频率加快，各种经济纠纷会纷至沓来。面对不断激增的经济矛盾与纠葛，模糊的伦理手段已无济于事，机械的行政手段又有碍发展，只有法律手段才可能为其提供既有严格规则又有自由活力的现实道路。于是，法律开始对市场经济的主体予以确认，对市场经济的运行予以调整，对市场经济的发展予以保护。在市场经济活动中法律具有至上的权威并得到切实而充分实现，具体地说，法律对市场经济主体的成立条件、法律资格、权利义务都予以具体规定。法在市场经济中的主要任务就是如何保障市场经济的正常运行。市场生产要素的流动，主要不是由政府计划、配额、分配，而是在市场中自由地进行。法为市场提供完备的运行规则，确保纷繁的市场能有序地运转。市场经济中的各项权利须依法行使，各项义务须依法履行。市场经济中的各种越轨行为都由法予以界定，予以处罚。当然这并不是说，市场经济就不需要道德和行政的手段，相反它是对道德和行政手段的更充分利用。因为，法治中的法首先是建立在道德的基础上的，而对行政手段的运用也是必须有法律依据的。可以说高度发展的市场经济，兼收了自然经济和产品经济的优点。

在我国建立比较完善的社会主义市场经济体制，保证社会主义市场经济的有序运行，关键的前提是确立社会主义市场经济是法治经济的观念。所谓法治经济，即依法管理经济活动。其内涵包括：第一，要求有调整各种市场行为的比较完备的法律体系，而且这些法律必须尽可能地符合和表达社会主义市场经济规律的要求。第二，要求法在市场经济活动中具有崇高的权威，市场经济必须是法律占统治地位的经济、严格依法办事的经济。这两方面的有机结合构成了法治经济的完整内涵。

建立与社会主义市场经济相适应的法律体系是一项开创性的工程。应如何实施这一宏大的工程，党的第三代领导集体认为，制定社会主义市场经济方面的法律，是一项全新的课题：首先，我们应当对社会主义市场经济法律体系进行总体上、法理上的研究。"适应社会主义市场经济发展的要求，究竟需要制定哪些法律？当前急需制定的又是哪些法律？要有通盘考虑，合理部署"①。我们制定的法律，要力求符合经济发展的客观要求，有利于解放和发展生产力。其次，起草的法律体现市场经济公平、公正、公开、效率的原则，有利于形成全国统一的开放的市场体系。"起草法律，要从大局出发，从人民的根本利益着眼，避免从部门的利益出发"②。第三，要进一步完善立法体制，加快法律的起草工作。要加强立法的计划性和主动性。第四，人类社会的一切文明成果，包括西方发达国家的立法经验，都要结合我国

① 中共中央文献研究室编《十四大以来重要文献选编》上，人民出版社，1996，第252页。

② 中共中央文献研究室编《十四大以来重要文献选编》上，第253页。

实际加以改造、吸收，为我所用。“要大胆吸收和借鉴国外立法经验”①。

社会主义市场经济法律体系的法律框架，内容非常广泛，需要制定的法律很多。而需要首先出台的有以下几方面的法律：第一，“是规范市场主体的法律”②。必须用法律来保障和明确市场主体的权利和义务，确保它们能够自主经营、自负盈亏、自我发展、自我约束。第二，“是调整市场主体关系、维护公平竞争的法律”③。市场交换关系，必须遵循自愿、公平、等价有偿、诚实信用的原则。这就需要规范市场主体的竞争行为，维护市场秩序。第三，“是改善和加强宏观调控、促进经济协调发展方面的法律”④。市场有其自身的弱点和消极方面，必须通过立法改善和加强国家对市场经济的宏观调控。

（四）加强国家对市场经济的宏观调控

坚持国家对市场经济的宏观调控，是江泽民继承邓小平正确处理计划与市场的关系、陈云综合平衡思想的基础上，结合市场经济的新情况提出的重要思想，是社会主义市场经济理论的重要组成部分。

1. 坚持国家对市场经济的宏观调控是社会主义市场经济体制的本质要求

江泽民系统总结了中外现代化进程中市场经济的经验教训，深刻指出：“建立社会主义市场经济体制，就是要使市场在国家宏观调控下对资源配置起基础性作用。”“在当今世界，没有哪一个国家的市场经济是不受政府调控的。我国是社会主义国家，

① 中共中央文献研究室编《十四大以来重要文献选编》上，第253页。

② 中共中央文献研究室编《十四大以来重要文献选编》上，第338页。

③ 中共中央文献研究室编《十四大以来重要文献选编》上，第339页。

④ 中共中央文献研究室编《十四大以来重要文献选编》上，第339页。

应该而且也更有条件搞好宏观调控。”①

西方的市场经济是从古典政治经济学时代开始的，当时资本主义还处在初创阶段，为了适应资本主义经济发展的需要，亚当·斯密提出了“自由放任”的经济政策，主张通过市场机制这只“看不见的手”实现个人利益和社会利益的和谐统一，有效地实行资源的最佳配制。他反对政府的干预，认为政府是市场机制的否定力量或异己因素，要求尽量压缩政府活动的范围，把政府的角色限定为一个“守夜人”。也就是说在市场经济下资源的配置、经济的发展和社会的和谐完全由市场来完成，不需要政府操心。但是随着19世纪一二十年代新的产业革命的开始，政府干预在市场经济的发展中越来越受到人们的重视，很多经济学家对市场有效性提出了质疑。德国的经济学家为此创立了“历史学派”，搜集资料以作为国家担负新保护主义和干涉主义任务的依据。新古典经济学大师庇古还否定了市场自发力量能达到资源最优配置的定论，提出了边际私人净产品与边际社会净产品相等的新标准，又根据帕累托最优理论确定了社会福利最大化的原则，指出在市场经济下私人是不愿意承担公共工程的生产费用的，政府有责任承担起这个重任。1914年第一次世界大战爆发后，西方各资本主义发达国家经济增长停滞，危机不断出现。特别是20世纪30年代，主要市场经济国家都陷入了前所未有的经济危机之中，工业生产急剧下降，失业人口成倍增加，市场经济倒退到20世纪初甚至19世纪末的水平。严酷的事实宣告了“自由放任”政策的彻底破产，西方经济学家对政府职能的认识作出了根本性的转变。凯恩斯提出市场不可能实现充分就业，不可能实现资源最佳配置，国民经济的波动的主要原因是社会有效需

① 中共中央文献研究室编《江泽民论有中国特色社会主义（专题摘编）》，第73页。

求不足，政府应该积极干预，不能再做消极的保护者。这种观点成为当时经济学界的主旋律，很快成为资本主义国家干预经济的政策基础，在很大程度上缓解了引发经济危机的社会矛盾。政府这只“看得见的手”在这一时期的市场经济中可谓大显身手，充分显示了政府干预的必要性。政府和市场之间逐渐形成相辅相成、不可分割、同生共伴的关系。70 年代以来，西方市场经济出现了通胀加剧和失业增加的“滞胀”现象，供给学派、货币学派等又提出了与凯恩斯相反的“政府失效”的观点，呼吁减少政府的干预，主张修复“看不见的手”，加强市场的作用。然而，新自由主义学派也同样无法完全否定政府干预的必要性。因为不论在市场经济的初建阶段还是在其成熟时期，“看得见的手”和“看不见的手”都是缺一不可的。直到现在，西方市场经济的发展运行仍然是建立在政府适当干预的基础之上的，没有哪一个是完全靠市场机制来调节的。因此，各国政府为了应付复杂多变的经济形势，对市场经济的调控还有强化的趋势。关于这个问题，发展中国家的经验教训对我们很有启发。进入 80 年代以来，整个发展中国家的经济表现出较强的自由化、市场化、分权化的趋势，但同时大大削弱了国家对经济的调控和管理。最普遍的一个现象是：经济过热后便进入持续的经济滞胀，从而在宏观管理上陷入积重难返、进退两难的困境，引起一系列棘手的社会矛盾和问题。针对此情况，一些研究发展中国家经济的西方经济学家明智地指出：发展中国家在经济自由化的过程中，应当注意将“看不见的手”与“看得见的手”结合起来，才可能减少这一过程中所付出的代价。

我国是一个社会主义国家，这就决定了我国的社会主义市场经济是以生产资料公有制为基础的。在这种条件下，国家不仅是全社会的管理者，而且是国有资产所有者的代表。因此，国家就要从社会管理者出发，对市场机制调节不好和无法调节的领域与空白给予矫正，尽可能减少社会资源的浪费；以国有资产所有者的代表身份，探索资产运营的形式，以保证这部分资产在社会主义市场经济发展中起到骨干和导向作用，探索国家投资的适当范围和提高效率的途径，以巩固生产资料公有制。社会主义的基本经济制度决定了社会主义国家必须肩负起繁重的组织、干预经济活动的职责。我国社会主义市场经济体制还处在不完善的阶段，特别是企业刚刚步入市场，机制的转换远没达标；各种生产要素市场虽然形成，但不完善和规范，通过市场竞争实现资源的有效配置的作用还未能充分发挥，因此在这种情况下，政府调控经济的作用还相当重要。强化政府的经济调节是建立和完善市场体系的要求，是促进市场机制充分发挥功能的必要条件。

2. 健全国家宏观调控体系

在社会主义市场经济中，我国宏观调控的主要任务是，“保持经济总量平衡，抑制通货膨胀，促进重大经济结构优化，实现经济稳定增长”①。实现宏观调控任务的关键在于建立一个科学、高效、灵活的宏观调控体系。因此，加强和改善宏观调控的重要内容是加快健全和完善符合市场经济发展要求的新的宏观调控体系。

首先，要从我国国情出发，建立由国家导向的市场经济调控模式。我国的经济体制改革从坚持市场取向到明确提出建立市场经济体制，经历了一个艰苦的探索过程，与此相适应，宏观调控的思路逐步明确：国家不再直接管理企业，而是把市场作为调控的直接对象，使市场在国家宏观调控下对资源配置起基础性的作用。国家通过制定社会发展目标和经济发展目标发挥其经济职能，“建立以间接手段为主的完善的宏观调控体系”②，“主要运

① 中共中央文献研究室编《江泽民论有中国特色社会主义（专题摘编）》，第76页。

② 中共中央文献研究室编《江泽民论有中国特色社会主义（专题摘编）》，第67页。

用经济、法律的手段，并辅之必要的行政手段”① 进行调控。当然，选择建立国家导向的调控模式必须要有相应的微观经济基础，这一点非常重要。否则，市场对宏观调控的反应是不可能为企业所接受而自觉调整自己的行为，以与宏观调控目标相一致。

其次，完善宏观调控体系的重点是，建立计划、金融、财政之间相互配合和制约，能够综合协调宏观经济政策和正确运用经济杠杆的宏观调控机制。“国家计划是宏观调控的重要手段之一”②，计划要根据经济社会发展需要和社会财力、物力可能，合理确定经济社会发展战略和宏观调控目标，并通过实施产业政策及投资政策，促进经济结构的优化。宏观调控除计划手段外，还有金融、财政，财政里面包括税收。中央银行要通过实施货币政策和加强对金融业的监管，运用各种货币政策工具，调节货币供应量，保持币值稳定，并以此促进经济增长。财政要通过实施财政政策，运用预算、税收手段和预算内外的综合财力，并按照中央和地方事权划分，建立起比较规范的财政转移支付制度，着重调节收入分配结构和地区分配结构。各种调节手段和措施要组成一个“政策工具箱”，供政府宏观调控时相机抉择。为完善各种调控手段，增强宏观调控能力，我国的计划体制、财政体制和金融体制应按照市场经济宏观调控的要求进一步深化改革。

最后，健全和完善宏观调控体系还必须妥善处理中央和地方的关系，科学划分各自的权限职能，建立以中央政府为调控主体的宏观调控系统。宏观调控是一种政府行为，就一个国家而言，其行为主体是政府系统中的中央政府，因而“必须有中央的强

① 中共中央文献研究室编《江泽民论有中国特色社会主义（专题摘编）》，第75页。

② 中共中央文献研究室编《江泽民论有中国特色社会主义（专题摘编）》，第77页。

有力的统一领导，必须集中宏观经济调控权”①，由中央政府从国民经济的总体要求出发进行调控。地方政府对经济的管理必须是在国家宏观调控的大政策下进行。但同时还要看到，我们国家大、人口多、地区之间发展水平不平衡的实际情况，以及经济体制转换时期和经济增长方式转换时期国民经济呈现的复杂特点，中央政府在进行宏观调控时，也要充分考虑到地方特点和合理的利益及要求，赋予地方政府必要的经济调节权，让地方在中央的统一调控下，从本地区实际出发办更多的事情，以发挥地区优势，充分调动地方发展经济的积极性。总之，既要保持和维护中央政府的宏观调控权威，又要赋予地方政府以必要的权力，才能保证整个经济既充满生机活力又协调有序地发展。

现代意义的宏观调控与市场经济密不可分，可以说，没有完善的社会主义市场经济体制，就不可能建立真正有效规范的宏观经济调控体系。健全现代市场体系，加强和完善宏观调控，是党的十六大提出的21世纪头20年全面建设小康社会的重要经济任务，也是完善社会主义市场经济体制的重要环节。没有一个健全的市场体系，市场机制就不可能充分发挥其在资源配置中的基础性调节作用。同时，我们的市场经济是社会主义市场经济，市场机制必须在国家宏观调控指导下发挥其作用；否则，单纯的市场调节必然是盲目性的，其消极乃至破坏作用将是很大的。所以，应该从市场机制与宏观调控的密切关系出发，来发挥各自的调节作用。总之，当前我国正处在市场经济体制建立和完善的过程之中，市场主体的成长、市场体系的发育和市场环境的完善要经历一个相当长的时期。政府的宏观调控不仅是十分重要的，而且宏观调控必须充分考虑我国现有社会与经济制度的特点，建立适合

① 中共中央文献研究室编《江泽民论有中国特色社会主义（专题摘编）》，第74页。

我国国情特色的宏观调控体系。值得注意的是，体制转轨与市场的发育完善是一个较长时期的动态过程，在这一过程的不同时期，体制与环境的特点差异较大，不能照搬西方国家的宏观调控经验，要充分考虑到自身环境的特点及其变化，政府进行宏观调控的方式也要随之调整和变化，必须继续进行艰苦的探索。

第二章　劳动价值理论的新发展

正确认识马克思的劳动和劳动价值理论是现阶段马克思主义经济学家的一项重要任务。江泽民在纪念中国共产党成立 80 周年大会上讲话强调指出："马克思主义经典作家关于资本主义社会的劳动和劳动价值的理论，揭示了当时资本主义生产方式的运行特点和基本矛盾。现在，我们发展社会主义市场经济，与马克思主义创始人当时所面对和研究的情况有很大不同。我们应该结合新的实际，深化对社会主义社会劳动和劳动价值理论的研究和认识。"① 因此，我们应当遵循这一精神，深入全面地研究马克思的劳动和劳动价值理论，既要研究资本主义在科技革命条件下的劳动价值理论的变化，又要研究在社会主义制度条件下如何坚持和发展马克思的劳动和劳动价值理论。这是时代赋予我们的神圣职责。

一　劳动价值理论研究的意义

从 1867 年《资本论》第一卷出版直至今日，马克思劳动价值论始终是人们关注和争论的焦点。究其原因主要有两点，一是劳动价值论是马克思学说的理论基础之一，是马克思主义政治经济

① 《江泽民文选》第 3 卷，人民出版社，2006，第 286 ~ 287 页。

学和科学社会主义理论的源头，关注马克思主义和研究马克思的学说，必然会关注和研究劳动价值论，谁想要批驳、否定它，就必须首先能驳倒劳动价值理论；二是劳动价值论具有十分重大的实际指导意义，它不仅是认识资本主义经济关系矛盾及其规律的最重要的思想武器，是理解资本主义经济运行及其基本特点的基础理论，而且也是社会主义初级阶段我们党如何代表先进生产力的发展要求，如何整合不同社会阶层的利益，调动各阶层人们的积极性，为把我国建设成为社会主义现代化强国作出贡献的重大实践问题。

（一）社会主义初级阶段劳动价值论研究的理论意义

从理论上说，深化对劳动和劳动价值理论的认识，一方面会促进劳动价值理论本身的发展；另一方面，也将会推动整个马克思主义理论的发展。

首先，深化对劳动和劳动价值理论的认识，会促进劳动价值理论本身的发展，使之更加具有鲜明的时代品格。马克思主义本身就是时代的精华，就是时代的产物。一个半世纪以前，资本主义处于大机器工业时代，马克思的劳动和劳动价值理论就是对当时的资本主义生产方式的本质特征的科学描述。现在我们所处的时代，无论是资本主义经济关系还是社会主义经济关系，都发生了深刻的变化。因此，马克思的劳动价值理论，必然要有新的发展。比如在进入知识经济时代的今天，具有创新特性的知识型劳动成为经济发展的关键因素，马克思着重于分析简单生产过程和一般人类劳动作用的劳动与劳动价值理论就表现出了某些局限性。再比如，马克思得出了劳动创造价值、价值是凝结在商品中的一般人类劳动等科学结论，但对影响劳动创造的价值量的因素（如科学技术、经营管理等），以及这些因素是通过什么途径影响价值量的创造等一系列问题并没有作深入、系统的研究。因此，根据新时代的新情况、新特点，深化对劳动和劳动价值论的认识，科学地揭示知识经济时代财富创造和价值创造、财富和价值形成的条件、机制和特征等，无疑是对马克思主义的劳动理论和价值理论的完善、丰富和发展。

其次，深化对劳动和劳动价值理论的认识，会使我们认识到，在资本主义经济关系发展的不同时期，马克思主义经典作家都根据当时的实际，不断地发展和完善劳动价值理论，并以此揭示不同时期资本主义经济运行的特点和基本矛盾。比如，马克思在《资本论》第一卷中对劳动价值理论作了科学的、系统的论述之后，并没有终结对它的研究；相反，在《资本论》第二卷和第三卷的部分手稿中，他对劳动价值理论又展开作了进一步的论述。1883 年马克思去世后，恩格斯在整理出版《资本论》第二卷和第三卷的过程中，根据资本主义经济关系发展的新情况和经济科学发展的新材料，对劳动价值理论也作出了新的发展。20 世纪初，列宁根据自由资本主义向垄断资本主义过渡的新变化、新情况和新特点，对劳动价值理论作出了新阐述，特别是对垄断价格和价值规律的新作用等进行了创造性研究，拓宽了对垄断资本主义经济关系及其规律的认识视野。

再次，深化对劳动和劳动价值理论的认识，会使我们更加坚信，与时俱进是马克思主义的理论品质。马克思主义是开放的体系、发展的理论，它随着时间、地点和条件的变化而变化。从马克思主义发展史，我们可以看出，马克思和恩格斯从不满足于自己既成的理论成果，总是注意观察并敏锐把握社会历史发展进程中出现的一切新变化，并根据这些新变化不断地修正、完善和发展自己的理论。恩格斯曾经指出："马克思的整个世界观不是教义，而是方法。它提供的不是现成的教条，而是进一步研究的出发点和供这种研究使用的方法。"① 因此，我们深化对劳动和劳

① 《马克思恩格斯选集》第 4 卷，人民出版社，1995，第 742～743 页。

动价值理论的认识和研究，就是深化对马克思主义理论的认识和研究，就是推动整个马克思主义理论的丰富和发展。

（二）社会主义初级阶段劳动价值论研究的现实意义

从现实来说，深化对劳动和劳动价值论的认识，一方面在政治上有利于不断增强党的阶级基础、有利于扩大党的群众基础；另一方面在经济上有利于社会主义市场经济体制的建立与完善，有利于全面建设小康社会。

江泽民在2001年“七一”讲话中明确指出：“贯彻‘三个代表’要求，我们必须坚持党的工人阶级先锋队性质，始终保持党的先进性，同时要根据经济发展和社会进步的实际，不断增强党的阶级基础和扩大党的群众基础，不断提高党的社会影响力。”① 深化对劳动和劳动价值论的认识，拓宽“劳动”、“生产劳动者”等概念的内涵与外延，更新价值创造观念，能够使我们科学地认识和把握在我国实行公有制为主体、多种所有制经济共同发展的基本经济制度下，在发展社会主义市场经济，推进经济结构调整、转换和升级的过程中，我国工人阶级结构和社会阶层构成所发生的新变化，在始终坚持工人阶级先锋队性质，坚持党员条件的前提下，把承认党的纲领和章程、自觉为党的路线和纲领而奋斗，经过长期考验的社会各方面的优秀分子吸收到党内来，从而不断增强我们党在全社会的影响力和凝聚力。

目前，新世纪的宏伟蓝图已经描绘，全国人民都在埋头苦干，全面建设小康社会，努力实现“十一五”规划目标。在此形势下，强调对社会主义初级阶段劳动和劳动价值论的认识和研究，有着特别重要的现实意义。

一是有利于进一步完善我国收入分配制度，切实把按劳分配

① 《江泽民文选》第3卷，第284页。

与按生产要素分配结合起来。在现阶段，无论从各种生产要素在价值和财富创造中的实际贡献来看，还是从我国以公有制为主体、多种所有制经济共同发展的所有制结构来看，都应鼓励和保障劳动、技术、管理、资本等生产要素参与收益分配。技术、管理、资本乃至信息等生产要素之所以应参与收益分配，是因为它们参与了社会财富的创造，并在其中发挥了作用，甚至是重要的作用。作为要素的所有者有权获得收益，这既是生产要素所有权在经济利益上的实现形式，又是对生产要素在社会财富创造过程中发挥作用的回报。这就要求我们深化收入分配制度改革，把按劳分配与按生产要素分配很好地结合起来，坚持“效率优先，兼顾公平”的原则，鼓励各种生产要素对生产过程的投入。在目前，我们特别要加快生产要素市场的发展，因为没有完善的要素市场就不能形成合理的生产要素价格，按要素分配也就不能有效地进行。

二是有利于突出科技和教育劳动的重要性，推动“科教兴国”战略的落实。与马克思所处的时代相比，当今个人总劳动和社会总劳动中智力劳动所占的比重都明显增大，社会各部门中以智力劳动为主的部门所占的比重也明显增大。因而，有必要充分肯定并深入探讨科技劳动和教育劳动如何创造巨大价值的内在机理与多种变量，为“科技是第一生产力”奠定经济学上的劳动价值论基础。

三是有利于纠正文化劳动不创造价值的传统观点，大力发展社会主义先进文化。当今物质产业的文化含量急剧提升，独立的文化产业也急剧扩大。先进文化观念的创造与传播，先进文化技术和物质设施的创造与使用，先进文化商品（比如许多高雅文艺和健康的大众文艺作品）的创造与交换，均离不开活劳动创造价值或实现价值这一基本原理。可是，以往中外社会主义政治经济学是不承认文化劳动创造价值的，现在需要除旧布新。

四是有利于重新认识管理劳动的巨大作用，加强社会主义各项经济管理。过去，在人们的思想中，似乎创造价值的是企业内直接操作人员，厂长、经理等管理者好像仅仅是指挥、协调，并不创造价值。现在可以明确，不仅公有制生产性企业，而且私有制生产性企业，凡是直接从事具体经营管理的劳动都是创造价值的生产性劳动。也就是说，私营企业的具体经营管理者所获得的正常薪金是自己创造价值的货币表现，非剥削所得。传统社会主义政治经济学因不适当地强调阶级性而不敢承认这一点，并非马克思的原意，随着时代的发展则必须确认。

总之，深化对社会主义初级阶段劳动与劳动价值理论的研究，不断丰富、发展与中国具体实际相结合的马克思主义劳动价值理论，指导新的实践，不仅已是政治、经济、社会、文化发展中一个绕不开的“坎儿”，而且也已经成为坚持马克思主义的中国共产党理论建设的一项重要而迫切的任务。

二 马克思劳动价值理论的科学思想

马克思的劳动价值论是马克思主义经济理论的核心，也是政治经济学最重要的基础理论之一，它是在吸取资产阶级古典经济学派亚当·斯密、大卫·李嘉图的价值理论积极成果基础上创立的科学的劳动价值论，是对经济学说的重大贡献。

但是，马克思的劳动价值论创立100多年来，一直存在着多方面的争议。其中包括是否只有劳动才创造价值？是否物质生产要素不创造价值？等等。特别是近年来，随着现代科学技术的发展，生产自动化、电子化甚至电脑化的出现，生产中需要投入的活劳动要素相对减少，而需要大量资金投入的包括机器、设备、新工艺、新产品在内的资本要素，即物化劳动要素却急剧增多，很多产品似乎不需要人的活劳动参与就能生产出来。那么，该如何看待这些问题？又该如何看待劳动价值论呢？我们认为，研究和探讨马克思的劳动价值论，最重要的是必须首先搞清楚马克思的劳动和劳动价值理论的基本含义和基本内容。

（一）劳动价值论的基本内容

马克思从市场纷繁复杂的经济现象中抽象出商品，从商品中抽象出价值，又从价值中抽象出劳动，从19世纪40年代初开始，历经近20年，创立了科学的劳动价值论。

1. 商品是价值理论研究的出发点

马克思沿着《政治经济学批判（1857~1858年草稿）》的"货币章"关于这一问题研究的思路，以商品为研究的出发点，展开了对交换价值、价值、价值量、价值形式等问题的分析，构建了劳动价值理论的科学体系乃至整个政治经济学的理论体系。

2. 价值是商品的因素

马克思认为，商品除了具有使用价值这一因素外，价值是它的不可缺少的另一个因素。一个物如果只有使用价值而没有价值，这个物就不是商品。价值是商品的本质属性，这是马克思劳动价值理论建立的基本前提。

3. 价值是商品的社会属性，是商品经济的规定

马克思认为，价值是交换价值的基础，交换价值是价值的表现形式。在商品交换关系中，价值尽管看不见摸不着，但却是一种客观实在，它说明的是商品交换关系中表现出来的共同的东西，反映的是商品生产者之间交换劳动的社会关系。

4. 价值实体是抽象的人类的一般劳动

马克思指出："使用价值或财物具有价值，只是因为有抽象人类劳动体现或物化在里面。"[①] 如果撇开商品体的使用价值属

① 《马克思恩格斯全集》第23卷，第51页。

性，“剩下的只是同一的幽灵般的对象性，只是无差别的人类劳动的单纯凝结，即不管以哪种形式进行的人类劳动力耗费的单纯凝结。这些物现在只是表示，在它们的生产上耗费了人类劳动力，积累了人类劳动。”[①] 因此，商品价值的实体就在于它体现的是人类劳动本身，是一般人类劳动的耗费。

5. 劳动二重性理论是价值理论的枢纽

在马克思的经济学说中，劳动价值论是最基本最重要的理论原理，称为政治经济学体系中的“硬核”，而劳动本体论和劳动二重性原理又是劳动价值论的“硬核”，因而成为研究经济理论解决经济实践重大课题的基础和出发点。马克思本人也对此作了很高的评价，指出：“商品中包含的劳动的这种二重性，是首先由我批判地证明了的。这一点是理解政治经济学的枢纽。”[②]

马克思认为，生产商品的同一劳动具有二重性，一方面是具体劳动，它创造商品的使用价值。具体劳动是指生产不同商品的具体形式的劳动，种地的劳动不同于织布的劳动，织布的劳动不同于制造机器的劳动，在这些不同的劳动中人们支出的体力和脑力的形式各不相同，因而创造了不同的使用价值；另一方面是抽象劳动，它创造商品的价值。抽象劳动是指抛开劳动具体形式的无差别的一般人类劳动。抽象劳动是从各种具体劳动形式中概括出来的，是劳动的共性，这就是在劳动过程中耗费的劳动力，包括体力和脑力。这种抽象劳动的凝结就是商品的价值。凝结在商品中的抽象劳动正是价值的质的规定性。抽象劳动是价值的唯一源泉。

6. 价值量由社会必要劳动时间决定

由于生产条件、技术熟练程度和劳动强度不一样，生产同一种商品的个别劳动时间就不一样。商品的价值量显然不能由个别

---

① 《马克思恩格斯全集》第 23 卷，第 51 页。

② 《马克思恩格斯全集》第 23 卷，第 55 页。

劳动时间决定，只能由社会必要劳动时间决定。所谓社会必要劳动时间就是在现有的社会正常生产条件下，在社会平均的劳动熟练程度和劳动强度下制造某种使用价值所需要的劳动时间。需要强调指出，具体劳动体现了人和自然的关系，是劳动的自然属性；抽象劳动体现了人和人的关系，是劳动的社会属性。劳动的自然属性和社会属性同时决定了商品的自然属性和社会属性。劳动产品即使用价值是任何时代、任何个人都可以生产的，但产品转化为商品，只有雇主和雇员、卖者和买者通过交换才能实现。商品生产和商品交换从现象看是物与物的关系，从本质看却是人和人的关系。这种人和人的关系在私有制的资本主义社会中，就是通过商品生产和交换的剥削和被剥削关系。

7. 价值形式及其发展

马克思运用历史与逻辑统一的方法，系统地论述了价值形式发展的全部理论问题。在对价值形式从简单的偶然的价值形式到扩大的总和的价值形式，再到一般的价值形式，最后到货币形式的发展过程，马克思科学地揭示了货币的起源和本质。价值形式发展的事实，进一步使商品二因素理论、劳动二重性理论在商品经济发展的历史序列中得到了证实，从而使劳动价值论的内在结构具有高度的统一性。

总之，价值是凝结在商品中的人类抽象劳动，抽象劳动是价值的唯一源泉。价值量由生产商品的社会必要劳动时间决定，价值的实质是商品生产者互相交换劳动的社会经济关系。马克思通过正确地剖析商品的二重性、劳动的二重性以及价值实体、价值源泉、价值量和价值的社会本质等重要范畴及其运动规律，从而建立起科学的劳动价值理论。在此基础上，马克思创立了剩余价值学说，阐述了资本主义经济运行的机理和它的基本矛盾，从而揭示出资本主义制度产生、发展、灭亡的客观规律。剩余价值理论是马克思主义理论大厦的基石。离开劳动价值论，就无法理解剩余价值学说；离开剩余价值学说，就无法理解马克思主义理论的科学体系。否认马克思劳动价值论，就是否认马克思主义的科学性。因此，必须旗帜鲜明地坚持马克思劳动价值论的研究方法和基本原理。

（二）劳动价值论的核心思想：劳动是价值创造的惟一源泉

劳动价值论就是劳动创造价值的理论，也可以说，劳动是一切价值的源泉，只有劳动才创造价值，而且是活劳动，不是物化劳动。没有活劳动，即使生产要素再多再丰富，也还是生产不出价值来的，正如马克思所强调的："只有劳动才是我们在任何时候都能够用来估计和比较各种商品价值的最后的和现实的唯一尺度。"[①] 恩格斯也指出："劳动时间，从而劳动本身，都有一种价值。但是劳动是一切价值的创造者。"[②] 恩格斯甚至认为共产主义社会保留计量劳动，正是"政治经济学的价值概念在共产主义社会中所能余留的全部东西"[③]。可见，即使到了共产主义社会，劳动价值论也仍然有其存在的价值。我们仍处在社会主义的初级阶段，那种轻言放弃劳动价值论、劳动价值论过时显然是毫无理由的。

科学、正确、全面理解"劳动是价值创造的惟一源泉"这一论断，在当前，我们必须着重认清以下几个问题：

1. 应把价值创造与价值形成区分开来

只有劳动才创造价值，不等于只要有劳动就能创造价值。前者说的是价值源泉问题，后者讲的是价值形成问题。如果不了解

---

① 《马克思恩格斯全集》第23卷，第60页。

② 《马克思恩格斯全集》第20卷，人民出版社，1971，第217页。

③ 《马克思恩格斯选集》第3卷，第661页。

两者的区别，就可能错将“价值源泉”等同于“价值形成”，从而否定价值形成过程中非劳动生产要素的重要作用，得出“只要有劳动就能创造价值”的片面结论；或者错将“价值形成”等同于“价值源泉”，从而否定价值源泉的唯一性，得出“机器设备等物质生产要素也能创造价值和剩余价值”的错误结论。

从价值源泉的角度来说，劳动是商品价值的唯一源泉，这是无条件的；从价值形成的角度来说，劳动要形成或凝结成价值，是有条件的。在谈到价值形成时，马克思指出，劳动要成为价值实体，必须是有效劳动。“如果物没有用，那末其中包含的劳动也就没有用，不能算作劳动，因此不形成价值。”[①] 劳动要成为有用劳动，形成价值，光靠劳动自身还不行。劳动要创造价值，首先要生产商品。商品是价值和使用价值的统一体。俗话说：“巧妇难为无米之炊。”人们如果只有劳动而不具有诸如土地、机器、原材料等物质生产要素，无论如何是生产不出商品来的。没有商品，自然也无价值可言。反之亦然。总之，承认物质生产要素在生产商品价值中的作用，并不否定劳动是价值唯一源泉这个劳动价值论的基本观点。这是因为：第一，前者说明的是商品价值形成的条件，没有这些条件，一个价值“分子”也不能创造；后者说明的是商品价值形成的源泉，没有劳动这个唯一源泉，无论物质生产要素多么先进，多么丰富，同样创造不出商品价值。第二，物质生产要素对商品价值的作用是通过劳动为媒介而实现的，它并不改变劳动量是衡量商品价值量的唯一尺度这个劳动价值论的基本观点。

2. 应把价值创造与财富创造区分开来

在有关劳动价值论的讨论中，价值创造和财富创造常常也被混淆。有人在谈论价值创造时，实际上是在谈论财富的创造，把

① 《马克思恩格斯全集》第23卷，第54页。

两者等同起来。因此，在理论上我们应该澄清价值创造和财富创造是不同的两个问题。

价值是由劳动创造的，活劳动是价值的本源，物化劳动不创造任何一个价值分子，其他生产要素只不过是影响商品价值变动的因素；财富则是由所有生产要素共同创造的，在财富创造中，劳动、资本、土地、技术等都是不可或缺的，离开任何一项，社会物质财富都是难于形成的。

区分价值创造和财富创造，首先要区分“价值”和“财富”这两个概念。对于这个问题，马克思运用劳动二重性理论已经作了明确的论述：抽象劳动创造价值，具体劳动创造使用价值。马克思认为，价值是无差别的人类劳动的凝结，劳动是价值创造的最本质的东西；“不管财富的社会形式如何，使用价值总是构成财富的物质内容。”[①] 从这个角度来看，财富就是指使用价值本身。因此，运用劳动二重性理论来认识“价值”与“财富”，我们可以看到，价值的创造与抽象劳动联系在一起，而财富的创造则与具体劳动相关联。

实际上，马克思很早就对混淆价值创造与财富创造的观点作过严厉批判。1875 年 4 月，德国社会民主工党的《哥达纲领》提出了“劳动是一切财富和一切文化的源泉”的错误观点，并以此作为价值分配原则的前提。马克思首先对德国社会民主工党的《哥达纲领》作为一个社会主义的纲领所犯的错误作了批判，认为这一错误是“给劳动加上一种超自然的创造力”。同时，马克思明确指出：“劳动不是一切财富的源泉。自然界同劳动一样也是使用价值……的源泉，劳动本身不过是一种自然力即人的劳动力的表现。”[②]

① 《马克思恩格斯全集》第 23 卷，第 48 页。

② 《马克思恩格斯选集》第 3 卷，第 298 页。

因此，现在我们在重视研究财富创造时，不能用财富创造的研究取代价值创造的研究，两者是有区别的，不能混为一谈。

3. 应把价值创造与价值分配区分开来

近年来，在理论界有一种观点颇为流行，认为我国在社会主义初级阶段以按劳分配为主体、多种分配方式并存的分配制度所形成的理论依据就是马克思的劳动价值论。具体说，他们认为，现在提出按劳分配与按生产要素分配相结合，就必然要肯定要素价值论，即各种要素都创造价值；按要素分配的价值基础就是因为各种生产要素在价值创造中作了贡献。并认为，只有认定物化劳动创造剩余价值，才能使按资本、按技术要素分配有根有据。

我们认为，这种观点不仅影响着人们对马克思劳动价值论的准确把握，也影响着人们对社会主义初级阶段采取的分配制度的正确理解。上述观点的错误主要在于混淆了价值创造与价值分配的不同意义，把劳动创造价值的原理与分配制度形成的原因混为一谈。

实际上，劳动创造价值与分配制度是属于不同领域的两个问题。劳动创造价值讲价值创造，讲的是商品价值决定的本源问题；而分配制度讲的则是对已生产出的价值量进行分配的问题，即商品价值被创造出来以后如何在社会各阶层、各成员中分配、分配比例的大小等问题，这些问题是劳动创造价值无法说明的。

那么，分配制度的依据到底是什么呢？马克思主义认为，一定社会条件下的分配制度的形成，同这个社会的所有制性质直接有关，即由生产资料所有制的性质及其形式和水平决定。所有制决定分配关系的原理，是从各种不同的社会经济制度中总结出来的共同规律，不会随社会制度的变化而失效。尽管从古希腊的奴隶制到资本主义制度，历史经历了几千年，技术、生产力以及社会、经济、政治关系都发生过极大的变化，但分配关系总是由所有制决定的基本规律，在这些不同的社会里则无一例外。我国实行按劳分配为主体、按劳分配与按要素分配相结合的分配方式，是以公有制为主体、多种所有制经济共同发展的基本经济制度为依据的。不能借口时代的变迁，否定所有制及其实现形式对分配的基本决定作用。

那么，按生产要素分配的依据又是什么呢？在马克思看来，社会中之所以会有“按要素分配”，个人之所以会得到资本的利润、土地的地租等非劳动收入，是因为有这些非劳动生产要素的私人所有制。马克思指出，在“资本主义生产”中，生产资料“首先表现为资本家的私有财产。这些资本家是资产阶级社会的受托人，但是他们会把从这种委托中得到的全部果实装进私囊。”[①] 这样就产生了利润收入。而地租收入之所以产生，是因为“土地所有权”，“把已经生产出来的剩余价值的一部分，从资本的口袋里转移到它自己的口袋里”。[②]

因此，按生产要素分配的实质和依据就是按生产要素的所有权分配，而不是因为各种要素都创造价值。即劳动力所有者凭借劳动力所有权参与分配，获得工资；资本所有者凭借资本所有权参与分配，获得利润；土地所有者凭借土地所有权参与分配，获得地租；等等。那种把由分配形成的收入颠倒为价值的真正源泉，把收入的形成等同于价值的决定的观点，混淆了创造使用价值的要素与创造价值的要素。

总之，目前提出生产要素可以参与收益分配，既不是对劳动价值论的否定，也不是对劳动价值论的简单引申。因为社会主义实行按劳分配不是以劳动价值论为依据的，实行按生产要素分配也不是以要素价值论为依据的。价值的创造和价值的分配并不都是一致的，分配方式或分配制度的选择与确定，不是由价值理论

---

① 《马克思恩格斯全集》第25卷上，第296页。

② 《马克思恩格斯全集》25卷下，第928页。

决定的。分配制度是由生产资料所有制决定的。

综上所述，劳动是价值的唯一源泉，这是马克思劳动价值理论的根本命题。虽然劳动、劳动资料和劳动对象等生产要素构成物质财富的源泉，但是只有劳动才构成价值的源泉。认为非劳动生产要素也创造价值，不是对劳动价值理论认识的深化，而是对劳动价值论认识的退化，是退化到马克思以前。创造价值的劳动是劳动者的活劳动，而不是作为活劳动结晶的物化劳动。创造价值的抽象劳动不会随着时代的发展而发生变化。尽管人类生产劳动出现了新的情况、新的特点，但这只是创造使用价值的具体劳动的构成和形式的变化，就创造价值的抽象劳动而言，既不会随着生产力的发展而发生变化，也不会因为社会制度的不同而有差异。

三 现阶段劳动价值理论的新课题

马克思劳动价值论创立至今，一百多年过去了，世界面貌已经发生了翻天覆地的变化。我们现在所面临的是一个全新的国际、国内环境，我们的任务也发生了根本性的变化。经济发展中出现了许多与19世纪中叶不同的新情况与新特点。因此，我们必须突破传统经济理论的束缚，科学认识和发展马克思的劳动价值论。

（一）时代发生新变化

正如本章一开头所述，江泽民曾明确指出，我们今天与马克思创始人当时所面对和研究的情况已有很大不同，“我们应该结合新的实际，深化对社会主义社会劳动和劳动价值理论的研究”。

我们认为，结合“新的实际”主要有两条：一是全球发展变化实际；二是我国发展变化实际。这些发展变化无疑对劳动价值理论提出了一系列新的课题。

1. 从全球来看

当今世界，万象更新，日新月异，经济社会的发展变化主要体现在以下几个方面：

一是科学技术突飞猛进。从18世纪中叶在英国爆发第一次工业革命（“机械化”）开始，资本主义经济关系发展中又经历了第二次（19世纪后期，“电气化”）、第三次科技革命（20世纪50年代，“电子化、信息化”）。每一次科技革命都以迅猛的速度和力量不同程度地对资本主义的生产力和生产关系产生重要的变革作用。特别是第三次科技革命引起的资本主义经济关系的变化，是马克思在19世纪中期创立劳动价值理论时所无法预料的，这些对劳动价值理论在现代经济中的运用和发展提出了严峻的挑战。

二是生产力飞速发展。20世纪50年代以来，随着第三次科技革命的不断推进，以信息技术为中心的高科技蓬勃发展，发明创造层出不穷，极大地促进了生产力的迅速发展。具体表现在：(1) 劳动者的素质不断提高。各主要资本主义国家的熟练工人和工程技术人员的比重越来越多；(2) 劳动对象日趋多样化。一批新材料、新产品、新工艺不断涌现；(3) 劳动手段自动化程度日益提高，生产效率和效益不断增长。

三是产业结构不断升级。纵观二百多年科技发展史和经济发展史，我们可以清楚地看到，科学技术的每一次重大突破，都必然带来产业结构的重大变革。特别是第二次世界大战后发生的第三次科技革命，极大地带动了三大产业的变化，具体表现为第三产业在国内生产总值（GDP）中的比例不断上升，大量劳动力也向第三产业不断转移；传统产业日益萎缩，新兴产业蓬勃发展。如信息产业已成为当代资本主义社会经济发展中的一个增长点，成为对国民生产总值（GNP）贡献率最高的产业部门。

四是知识经济初露端倪。当前，伴随着信息技术的发展，知识经济的浪潮也迎面而来。知识经济是“以知识为基础的经济”的简称，它是指以现代科学技术为核心，建立在知识和信息的生产、存储、使用和消费之上的经济。它是继农业经济、工业经济之后的又一新阶段。信息技术的发展和全球网络化的形成，知识和资本具有的互补性，人的智力因素在知识经济中的重要作用，这些都是对经济发展新的挑战和机遇。

五是经济全球化趋势不断加强。当今世界是一个开放的世界，一国的经济活动必然会突破国界的限制，与外部世界发生越来越广泛和密切的联系，经济上的相互依赖日益增长，相互合作日益扩大，经济全球化趋势不断加强。这意味着各种经济资源愈益大量地跨越国界而在全球范围流动和配置，同时也意味着当今世界人类抽象劳动的社会化程度更高了，社会劳动越来越超越国家界限而具有国际性，价值更大量地体现为国际价值，价值规律更多地在国际范围的生产和交换中发挥作用。并且，伴随着经济全球化向纵深发展，国际市场与国内市场愈益融合，国际价值与国别价值适用范围的界限愈益淡化，那些劳动生产率较低、耗费的劳动多于世界平均必要劳动的产品不仅在国际市场上不能体现为社会价值，即使在国内市场上也越来越不被承认为社会必要劳动，不能实现其价值。这就要求我们必须积极适应劳动、价值、价值规律作用的新变化和新发展，努力提高我国的科技创新能力和生产力发展水平。

总之，马克思创立劳动价值论的时代是工业化初期的蒸汽机时代，当时创造价值的劳动主要是直接生产过程的体力劳动，资本家获取利润的主要来源是产业工人的剩余劳动。当今社会，科学技术突飞猛进，对生产力的贡献越来越大，科技发展引起生产力广泛而深刻的变革，生产越来越具有大型化、智能化、网络化、全球化的特点。与此同时，生产劳动的形式也发生了深刻的变化，科技进步、经营管理、信息咨询等在经济发展中的作用越来越明显，脑力劳动在生产劳动中所占的比例越来越大。这些都远远超过了马克思所处时代的生产力水平和所能够论及的范围。

2. 从我国来看

我国的情形和当代发达资本主义国家有很大的不同，与当年马克思提出的劳动价值论的时代特点也有很大差别，具体体现在：

一是社会主义基本经济制度。马克思当时运用劳动价值理论主要是针对资本主义经济制度的研究，现在，劳动价值理论不仅要运用于当代资本主义经济关系的研究，而且还要运用于现实的社会主义经济关系的研究。现在我们所处的时代，无论是资本主义经济关系还是社会主义经济关系都发生了深刻的变化，与马克思所处的时代和马克思恩格斯当时所设想的社会主义经济关系都有着很大的不同。因此，社会经济制度的这些变化，对劳动价值理论提出了一系列新的课题。

二是社会主义市场经济体制。劳动价值理论不仅运用于经济关系的制度分析，而且还可以运用于经济体制分析。目前我国实行社会主义市场经济体制，由于社会主义市场经济是一项前无古人的事业，既与资本主义市场经济不同，又与高度集中的计划经济体制有着许多质的差异，包括价值规律在内的一系列市场经济规律都在社会主义条件下广泛地发挥作用，产权关系、分配关系、资源配置乃至消费行为等，都同价值发生密切的关系。因此，我们现在研究社会主义市场经济体制条件下的劳动价值理论，可以说是一个全新的课题，劳动价值理论的研究范围和作用形式必将发生重要的变化，必将形成新的理论视角。

三是社会主义初级阶段。目前我国正处在社会主义初级阶段，并需要一个相当长的历史时期。社会主义初级阶段特指我国在生产力落后、商品经济不发达条件下建设社会主义必然要经历的特定阶段，这一阶段具有很多新情况、新问题和新特点。比如：社会阶层正在不断变化之中，各种劳动者的地位、作用较之从前也不可同日而语等。因此，劳动价值理论的研究也将具有很多新的特点。

总之，从我国当前情况看，我们正在建立和完善社会主义市场经济体制，实行以公有制为主体、多种所有制经济共同发展的基本经济制度，这些与马克思主义经典作家当年提出的社会主义社会的基本特征有很大差别。在发展社会主义市场经济的实践中，出现了许多必须在理论上加以说明的问题。比如，如何看待科技工作者的劳动；如何看待企业经营管理活动；如何看待按劳分配与按生产要素分配相结合的分配制度；如何应对加入世界贸易组织后的国际经济运行规则；等等。时代的发展和生产力与生产关系的变化，对马克思劳动价值论提出了新的挑战。在这种形势下，我们要根据新的实践，在坚持马克思主义基本原理的基础上，不断地创新和发展马克思劳动价值论，使其不断吸收鲜活的时代内容，始终保持旺盛的生命力。只有这样，我们才能在创新和发展中更好地坚持马克思主义。

（二）理论发展新课题

坚持劳动价值论并不是坚持马克思《资本论》中讲的每一个观点，而是坚持最核心的东西，比如活劳动是价值的唯一源泉、劳动的二重性原理等。马克思并没有穷尽真理，所以在坚持的同时，应该结合新的实际发展劳动价值论。而要发展马克思的劳动价值理论，首先要认识和了解当代社会劳动的一些新特点和当代社会劳动价值理论所面临的新课题。

1. 当代社会劳动的一些新特点

劳动是人类为满足自身需要而进行的制造产品和提供服务的有目的的活动。随着时代的发展，劳动的内容和形式也在变化和发展。当代社会的劳动，具有以下一些鲜明特点：

（1）劳动已不仅仅是依靠消耗体力来进行，而是越来越多地使用脑力劳动和智能化的机器进行。在工业经济时代，机器及机器体系减轻了人的体力支出，在一定程度上代替了人的直接操作劳动，但仍然以体力劳动的支出为主。进入知识经济时代，由于机器的智能化特别是计算机的大规模应用，即使直接操作机器的生产工人的劳动也越来越以消耗脑力为主，正如马克思所说的，“直接劳动主要变成看管和调节的活动”，劳动者主要以生产过程监督与调节者的身份同生产过程发生关系。

（2）劳动已不仅仅是依靠简单劳动来进行，而是越来越多地依靠复杂劳动。随着生产力的高度发展和科学技术的不断进步，从事简单劳动的生产工人的比例不断下降，“知识型工人”的比例不断上升，劳动者不断地从低技能职位向高技能职位、非知识性职位向知识性职位、知识化程度低的职位向知识化程度高的职位转移。

（3）劳动已不仅仅是依靠“生产工人”来进行，而是越来越多地依靠“总体工人”来进行。随着生产社会化水平的不断提高，随着社会分工的日益多样化，一个生产过程是由许多的劳动者通过分工协作共同完成的，“有的人当经理、工程师、工艺师等等，有的人当监工，有的人当直接的体力劳动者或者做十分简单的粗工”①。因此，商品价值的创造也必然要由许多的劳动者的劳动共同完成。这个“许多的劳动者”就是马克思所说的“总体工人”。在当今时代，价值创造和效益提高越来越多地依靠“总体工人”。

（4）劳动已不仅仅是重复的、隶属于机器的、具有标准化动作的活动，而且越来越多地是特殊的、创新的、具有丰富个性的活动。在工业经济时代，从事直接劳动的工人往往一生都是在

① 《马克思恩格斯全集》第49卷，人民出版社，1979，第100~101页。

重复做同一种工作。而在知识经济时代，直接生产者越来越具有较大程度的自主，在生产过程中能够充分地发挥主动性，劳动日益成为能够发挥聪明才智的创造性的活动。

（5）劳动是否必要、是否创造价值，不仅仅由一国市场决定，而是越来越多地由世界市场来决定。在市场经济尚没有全球化的条件下，商品的价值主要是在国内市场上实现的，只要一种商品能够在一国的市场上实现为价值，生产该商品所花费的劳动就得到了社会的承认。而在经济全球化的条件下，决定商品价值的社会必要劳动时间中的“社会”是世界，一种商品只有在包括本国市场在内的世界市场上得到承认，生产该种商品的劳动才是社会所需要的。

（6）劳动不仅仅生产有形的物质产品和精神产品，而是越来越多地提供无形的服务，比如第三产业的劳动越来越被人们所重视。由于科学技术劳动在生产过程中的重要性日益增加，使得劳动产品的知识含量迅速上升，一些科技劳动的成果取得了独立的商品存在形式。知识产品可以是有形的也可以是无形的。有形的知识产品是指知识作为商品依赖于一定的物质载体而存在，如软件；无形的知识产品表现为伴随着劳动过程一起存在的知识传递，如咨询等。但即使是有形的知识产品，消费者购买的也不是有形物品本身，而是其中包含的知识和信息。例如，人们购买光盘不是消费构成光盘的材料，而是消费光盘上存储的知识与信息。随着社会生产力的发展，一些劳动过程生产的不是有形的物质产品，而是无形的服务。因此，物质产品仅能满足这些需要的一部分，另一些需要必须通过有形的精神产品和无形的服务来加以满足。另一方面，劳动分工的深化和细化，也使提供越来越多的服务成为可能。这就使得劳动成果越来越多地表现为服务。

2. 当代社会劳动价值理论的新课题

由于我们的时代发生了翻天覆地的变化，由于当代社会的劳动也出现了许多新的特点，因此，我们研究马克思的劳动价值论也面临很多新的课题。

一是必须认清社会主义初级阶段劳动价值理论的适用性问题。我们知道，马克思当时提出的劳动价值理论主要运用于对资本主义基本制度的分析和研究，马克思和恩格斯没有专门研究过社会主义经济关系中劳动价值理论的意义及其运用问题。20世纪社会主义的实践，出现了许多新情况和新特点：社会主义制度首先在经济相对落后国家建立起来；社会主义中国处于并将长期处于“社会主义初级阶段”；社会主义基本经济制度根本区别于资本主义基本经济制度，但在经济体制上又必须大力发展资本主义经济条件下已得到空前发展的市场经济；现实的社会主义中国，坚持以“解放生产力，发展生产力，消灭剥削、消除两极分化，最终达到共同富裕”作为根本任务，但在这一过程中又必须借鉴和利用在资本主义条件下发展起来的先进的科学技术成果、先进的管理体制与经验。这些都是马克思在他的那个年代研究劳动价值理论所不可能遇到的问题。

因此，在现实社会主义经济条件下，马克思的劳动价值理论是否还适用？马克思的劳动价值理论是否随着社会主义经济体制改革的发展变化而不断发展？这些都是马克思劳动价值理论在当代社会主义条件下的新的理论课题。

二是必须认清社会主义市场经济条件下劳动价值理论的新问题。1992年，中共十四大明确提出我国经济体制改革的目标就是建立社会主义市场经济体制，社会主义市场经济是一项前无古人的事业，从此，中国的改革开放进入了新的天地，开始了新的征程。

社会主义市场经济体制的发展，与社会主义经济的基本规定是紧密相关的，与资本主义市场经济有一定的区别。比如，在经济体制上，我国社会主义初级阶段的基本经济制度是以公有制为主体、多种所有制经济共同发展的所有制结构为特征；在分配制度上，以按劳分配为主体，多种分配方式并存，坚持按劳分配与按生产要素分配相结合的制度；在宏观调控上，社会主义市场经济的调控力度要大于资本主义市场经济。正由于我国在所有制和分配制度上进行了大刀阔斧的改革，为我国社会生产力的解放和发展注入了生机和活力，但同时我们也应看到，收入差距不断扩大等问题越来越突出。社会主义市场经济发展的这些新的实践，必然在理论上有所反映，必然出现一些新的理论课题，比如，按劳分配的理论依据是什么？按生产要素分配的依据又是什么？如何认识价值创造、价值分配、财富创造等问题？

三是必须拓宽劳动范畴的内涵与外延。“劳动”作为一个范畴，在马克思主义政治经济学中具有极其重要的地位。劳动，简单地说就是劳动力的使用，是一个内涵十分丰富的范畴。从社会发展的趋势看，人类的劳动分工越来越细，从事劳动的形式也越来越多样化。从外延上说，劳动不仅包括体力劳动，而且包括脑力劳动；不仅包括简单劳动，而且包括复杂劳动；不仅包括生产劳动，而且包括非生产劳动。可以说，一切劳动者在劳动过程中的体力和脑力的支出，都是劳动。因此，我们不能简单地把劳动局限于传统意义上的第一产业和第二产业的劳动这样的范围。实际上，从现代社会经济运行的角度考察，劳动包括操作性劳动、经营管理性劳动、专业技术性劳动、服务性劳动等等。在马克思所处的时代，可以仅将物质生产部门的劳动，以及为物质生产部门直接服务的运输业、商品仓储、包装、保管等服务业的劳动视为生产劳动。因为当时其他服务业在国民经济中的地位还微不足道。但随着经济和社会的发展，科技、教育、金融、信息等服务业的发展突飞猛进，并成为经济运行的关键和枢纽；不同于农业经济、工业经济的知识经济迅速生长，科技创新浪潮遍及全球，正在以前所未有的深度与广度，改变着人们的生产和生活方式。

今天，服务产业特别是现代第三产业在国民经济中的重要性和在GDP中的比重已空前提高，取得了举足轻重的地位。因此，对生产劳动与非生产劳动的界定，应进行适当调整，扩展生产劳动的范围，以充分反映现代社会创造财富和价值的劳动日益复杂化、多样化的特点。

四是必须加深对科技工作和经营管理作为劳动重要形式的认识。马克思在《资本论》第一卷第一章中，只是论述了劳动价值论的基础性理论，没有提及企业管理人员和科技工作者以及其他非直接生产者的劳动以及他们的劳动是否也形成价值的问题。但马克思考察的劳动主要是社会化的共同劳动或“总体劳动”。在总体劳动过程中，“有的人多用手工作，有的人多用脑工作，有的人当经理、工程师、工艺师等等，有的人当监工，有的人当直接体力劳动者或者做十分简单的粗工。于是劳动能力的越来越多的职能被列在生产劳动的直接概念下”[①]。可见，马克思把从事经营管理的经理和从事科技工作的工程师等脑力劳动者，也看做是总体劳动过程中的生产劳动者。

不仅如此，马克思还曾指出：“随着大工业的发展，现实财富的创造较少地取决于劳动时间和已消耗的劳动量，较多地取决于在劳动时间内所运用的动因的力量，而这种动因自身——它们的巨大效率——又和生产它们所花费的直接劳动时间不成比例，相反地却取决于一般的科学水平和技术进步，或者说取决于科学在生产上的应用。”[②] 他又说：“直接劳动在量的方面降到微不足道的比例……同一般科学劳动相比，同自然科学在工艺上的应用相比……却变成一种从属的要素。”[③] 这就是说，随着大工业的

① 《马克思恩格斯全集》第49卷，第100~101页。

② 《马克思恩格斯全集》第46卷下，人民出版社，1979，第217页。

③ 《马克思恩格斯全集》第46卷下，第212页。

发展，商品价值中来自于工厂内部直接从事生产的工人的直接劳动的部分降低到微不足道的程度，成为从属要素；相反，却主要取决于科学技术的进步及其在生产中的运用，即来自于科学劳动。

总之，科技劳动参加了商品的生产，也参加了价值的生产。不仅企业内部的脑力劳动是生产劳动，他们创造价值，即使在企业外部为企业的生产进行设计包括建筑设计、产品设计等的劳动，以及用于生产的科技发明者的劳动，也都是直接或间接为生产服务的劳动，因而都是生产物质财富和商品价值的劳动。当代世界，科学技术决定一个国家的实力和竞争力，因此，我们更应重视科技工作者劳动的重要性，他们的劳动，不但能够创造价值，而且是能够创造大量价值的非常复杂的精神劳动。

随着机器大工业的出现以及企业规模的不断扩大，经营管理的重要性愈益体现。马克思曾经说过："一个单独的提琴手是自己指挥自己，一个乐队就需要一个乐队指挥。"[①]"较多的工人在同一时间、同一空间（或者说同一劳动场所），为了生产同种商品，在同一资本家指挥下工作，这在历史上和逻辑上都是资本主义生产的起点"[②]。这种大规模生产需要进行统一的指挥管理，这也是社会化大生产的必要条件。

当今时代，市场经济越来越发达，企业内部的分工越来越细致，经济关系越来越复杂，各类企业越来越需要科学的组织与管理，同时对管理者也提出了更高的要求。实践表明，现代企业经营的好坏，与管理者是否懂得科学管理分不开，没有卓越的经营和科学的管理，科技创新成果就不会转化为现实的生产力；没有卓越的经营和科学的管理，就没有生产单位之间乃至全社会资源

① 《马克思恩格斯全集》第23卷，第367页。
② 《马克思恩格斯全集》第23卷，第358页。

配置的优化，就没有社会生产力的发展。由此可见，管理劳动已经不是一般的脑力劳动和体力劳动，而是更高级的脑力劳动，经营管理工作是劳动的一种重要形式，同样也创造价值。

五是必须客观认识私营企业和民营企业的管理工作。马克思在分析资本主义生产过程时，已经发现了资本主义企业管理具有二重性，即管理的自然属性和社会属性，前者是对社会劳动过程的管理，后者是对价值增值过程的管理。并指出，作为对社会劳动过程的管理劳动，“是一种生产劳动”，是创造价值的。

在当前，非公有制经济是我国社会主义市场经济的重要组成部分，私营企业主阶层是我国社会主义初级阶段新的社会阶层，我国私营企业主通过诚实劳动和合法经营，为发展社会主义社会生产力作出了很大贡献。他们对企业的管理劳动，既创造了社会财富，也创造了价值，他们的管理劳动是一种倍加的复杂劳动，并承担了较大的经营风险。因此，我们要承认私营企业主的管理活动是一种劳动，同样也创造价值。

总之，随着经济生活的发展和社会分工的细化，应当加强对劳动内涵和外延的探讨；随着科学技术的迅猛发展，应当充分重视现代科技劳动在社会主义经济发展中的作用；随着科技、管理、信息、知识等新生产要素的作用日趋显著，应当深入研究各种生产要素在经济生活中的地位和作用。

四 江泽民对马克思劳动价值理论的新发展

1989 年 6 月召开的党的十三届四中全会是中国共产党发展史上的一个重要里程碑，这次全会确立了以江泽民为核心的第三代中央领导集体。十多年来，第三代中央领导集体高举邓小平理论伟大旗帜，坚持解放思想、实事求是、与时俱进的思想路线，坚持用马列主义、毛泽东思想、邓小平理论研究和解决中国的现实问题，着眼于改革开放的新实践，从多方面丰富和发展了马克思主义理论，其中对劳动价值理论也有了新发展。

（一）在思想认识上坚持与时俱进的科学态度发展马克思劳动价值论

对待马克思主义，主要有两种态度：一种是用教条主义、经验主义和形而上学的态度对待马克思主义；一种是用马克思主义的科学态度，即理论同实际相结合的实事求是和与时俱进的态度对待马克思主义。

深化对劳动和劳动价值理论的研究和认识必须有科学的态度和正确的指导思想，特别是要正确处理坚持马克思主义与发展马克思主义的关系。不坚持，就不能发展马克思主义，还可能在发展的幌子下断送马克思主义；不发展，就会使理论失去活力，无法适应时代前进的需要。当前，在对待马克思劳动价值理论问题上，最突出的问题还不是"要不要"坚持的问题而是"要不要"发展以及怎样发展的问题。

马克思和恩格斯历来反对把他们的理论当作不变的教条和自我封闭的体系。恩格斯早在1887年就指出："我们的理论是发展的理论，而不是必须背得烂熟并机械地加以重复的教条。"[①] 按照这种观点，恩格斯还曾告诫说"认为人们可以到马克思的著作中去找一些不变的、现成的、永远适用的定义"，这是一种"误解"。[②] 马克思和恩格斯坚持理论来源于实践又在实践中发展的科学态度，对未来共产主义社会如何发展的问题，总是寄托于实践。对此，列宁指出："至于变革的形式、方法和手段，马克思既没有束缚自己的手脚，也没有束缚未来的社会主义革命活动

① 《马克思恩格斯全集》第36卷，人民出版社，1974，第584页。

② 《马克思恩格斯全集》第25卷上，人民出版社，1974，第17页。

家的手脚，他非常懂得在变革时会有怎样多的新问题发生，在变革进程中整个情况会怎样变化，在变革进程中整个情况会怎样频繁而剧烈地变化。”①

以毛泽东、邓小平为代表的中国共产党人，以马克思主义的巨大政治勇气和理论勇气，成功地实现了马克思主义与中国实际相结合的两次历史性飞跃，形成了毛泽东思想、邓小平理论。毛泽东曾经指出：“任何思想如果不和客观的实际的事物相联系，如果没有客观存在的需要，如果不为人民群众所掌握，即使是最好的东西，即使是马克思列宁主义，也是不起作用的。”② 邓小平也指出：“真正的马克思列宁主义者必须根据现在的情况，认识、继承和发展马克思列宁主义……不以新的思想、观点去继承、发展马克思主义，不是真正的马克思主义者。”③

以江泽民为核心的第三代中央领导集体，坚持党的解放思想、实事求是、与时俱进的思想路线，大力发扬求真务实、勇于创新的精神，在思想上、实践上不断丰富和发展马克思主义。

江泽民在建党80周年讲话中强调指出：“马克思主义的发展史充分说明：解放思想、实事求是，是引导社会前进的强大力量。社会实践是不断发展的，我们的思想认识也应不断前进，应勇于和善于根据实践的要求进行创新。要坚持实践是检验真理的唯一标准，在党的基本理论指导下，一切从实际出发，自觉地把思想认识从那些不合时宜的观念、做法和体制中解放出来，从对马克思主义的错误的和教条式的理解中解放出来，从主观主义和形而上学的桎梏中解放出来。坚持科学态度，大胆进行探索，使

① 《列宁选集》第4卷，人民出版社，1995，第511页。

② 《毛泽东选集》第4卷，人民出版社，1991，第14页。

③ 《邓小平文选》第3卷，第291~292页。

我们的思想和行动更加符合客观实际，更加符合社会主义初级阶段的国情和时代发展的要求。”①

这“三个解放出来”，充分反映了马克思主义与时俱进的理论品质，充分反映了以江泽民为核心的党中央的巨大理论勇气，充分反映了党的第三代中央领导集体勇于追求真理、开拓创新的无畏气概。江泽民“七一”重要讲话本身就是“三个解放出来”的成果，就是“三个解放出来”的典范，是党的解放思想、实事求是思想路线具体而生动的体现。

江泽民在党的十六大报告中进一步指出，贯彻“三个代表”重要思想，必须使党始终保持与时俱进的精神状态，不断开拓马克思主义理论发展的新境界。与时俱进，就是党的全部理论和工作要体现时代性，把握规律性，富于创造性。体现时代性，是与时俱进的最鲜明的标志；把握规律性，是与时俱进的最本质的要求；富于创造性，是与时俱进最生动的体现。

保持与时俱进的精神状态，最重要的是坚持理论上的与时俱进，因为从历史上来看，一种政治力量的衰落，往往首先是从思想理论上的衰落开始的。因此，要使党和国家的事业不停顿，首先理论上不能停顿，根据发展变化的实际，不断丰富和发展马克思主义。保持与时俱进的精神状态，就必须站在时代前列，勇于和善于进行创新，善于在解放思想中统一思想，用发展着的马克思主义指导新的实践，不断研究和解决新问题。

劳动价值理论作为马克思主义经济理论的重要组成部分，以江泽民为核心的第三代中央领导集体同样给予高度关注和坚持科学的态度加以认识。

江泽民在庆祝中国共产党成立八十周年大会上的讲话中强调指出：“马克思主义经典作家关于资本主义社会的劳动和劳动价

① 《江泽民文选》第3卷，第284页。

值的理论，揭示了当时资本主义生产方式的运行特点和基本矛盾。现在，我们发展社会主义市场经济，与马克思主义创始人当时所面对和研究的情况有很大不同。我们应该结合新的实际，深化对社会主义社会劳动和劳动价值理论的研究和认识。”① 这一重要论述为我们在社会主义市场经济条件下，发展马克思主义劳动价值论指明了方向，它要求我们进一步解放思想，实事求是，根据我国社会主义初级阶段的历史条件，研究社会主义市场经济和改革开放实践中出现的新情况、新特点、新问题、新经验，对马克思劳动价值论在坚持的基础上进一步运用和发展。

集中全党智慧和体现“三个代表”重要思想的中共十六大报告对劳动和劳动价值理论问题的论述，充满了新思想、新观念。

其一，拓宽了劳动范畴的内涵与外延。报告提出：要尊重和保护一切有益于人民和社会的劳动。不论是体力劳动还是脑力劳动，不论是简单劳动还是复杂劳动，一切为我国现代化建设作出贡献的劳动，都是光荣的，都应该得到承认和尊重；海内外各类投资者在我国建设中的创业活动都应该受到鼓励。

其二，充分重视科技工作和经营管理作为劳动的一种重要形式。报告提出：必须尊重劳动、尊重知识、尊重人才、尊重创造。这要作为党和国家的一项重大方针在全社会认真贯彻；在社会变革中出现的民营科技企业的创业人员和技术人员、受聘于外资企业的管理技术人员、个体户、私营企业主、中介组织的从业人员、自由职业人员等社会阶层，都是中国特色社会主义事业的建设者。对为祖国富强贡献力量的社会各阶层人们都要团结，对他们的创业精神都要鼓励，对他们的合法权益都要保护，对他们中的优秀分子都要表彰，努力形成全体人民各尽其能、各得其所

① 《江泽民文选》第3卷，第286～287页。

而又和谐相处的局面。

其三，用全新观点看待劳动价值和个人财富。报告提出：要形成与社会主义初级阶段基本经济制度相适应的思想观念和创业机制，营造鼓励人们干事业、支持人们干成事业的社会氛围，放手让一切劳动、知识、技术、管理和资本的活力竞相迸发，让一切创造社会财富的源泉充分涌流，以造福于人民；一切合法的劳动收入和合法的非劳动收入，都应该得到保护；不能简单地把有没有财产、有多少财产当作判断人们政治上先进和落后的标准，而主要应该看他们的思想政治状况和现实表现，看他们的财产是怎么得来的以及对财产怎么支配和使用，看他们以自己的劳动对中国特色社会主义事业所作的贡献。

这些新认识突破了传统劳动价值理论的局限，是对马克思主义劳动和劳动价值论的重要发展，也是重要的政策创新；充分体现了我们党作为与时俱进的马克思主义执政党，对马克思主义劳动与劳动价值理论的高度尊崇，同时对马克思主义劳动和劳动价值理论的开拓创新，标志着中国共产党在理论上更加务实、更趋成熟。

总之，以江泽民为核心的第三代中央领导集体在对待马克思劳动价值理论问题上，首先在思想认识上坚持与时俱进的科学态度发展马克思劳动价值论。

（二）在具体实践上坚持根据不断变化的社会实际发展马克思劳动价值论

如何在社会主义市场经济条件下发展马克思主义劳动价值论，既是一个经济理论问题，同时也是一个实践性很强的现实问题。

以江泽民为核心的第三代中央领导集体在对待马克思劳动价值理论问题上，不仅在思想认识上坚持与时俱进的科学态度发展马克思劳动价值论，而且在具体实践上坚持根据不断变化的社会实际发展马克思劳动价值论。

1. 充分肯定生产要素在价值形成中的作用

发展马克思主义劳动价值论，必须坚持“活劳动是创造价值的唯一源泉”这一基本原理。但是，我们在坚持马克思主义关于“劳动是创造价值的唯一源泉”这一科学原理的同时，必须充分肯定生产要素在创造价值中的巨大作用。

因为生产要素虽然不直接创造价值，但是创造价值却离不开生产要素。特别是随着科学技术的迅速发展，知识经济时代的到来，科技、知识这些生产要素在人类创造价值中发挥着越来越大的作用。在工业经济时代，土地、劳动、资本等生产要素在价值创造过程中占主导地位，起着重要作用，但在知识经济时代，上述因素在价值创造过程中的作用日益降低，而科学技术、知识、信息等要素在商品价值形成中的地位日益上升，起着至关重要的作用。马克思指出：生产力包括科学的力量。邓小平也指出：科学技术是第一生产力。世界历史发展的进程充分证明科学技术的巨大作用。过去，我们只强调活劳动是创造价值的唯一源泉，而对生产要素在创造价值中的作用强调不够。我们发展马克思主义劳动价值论，就是既要坚持马克思主义关于“活劳动是创造价值的唯一源泉”这一科学原理，同时也要充分肯定生产要素在价值形成中的作用。

以江泽民为核心的第三代中央领导集体和江泽民提出的“三个代表”重要思想在实践上发展马克思主义劳动价值论的一个重要体现就在于目前我国实行的分配制度上。

党的十五大提出：要坚持按劳分配为主体，多种分配方式并存的制度。把按劳分配与按生产要素分配结合起来，坚持效率优先、兼顾公平的原则。

党的十六大更加明确提出：确立劳动、资本、技术和管理等生产要素按贡献参与分配的原则。允许和鼓励资本、技术等生产要素参与收益分配，一切合法的劳动收入和合法的非劳动收入都应该得到保护，这是我国分配制度上的一个飞跃；从理论到实践承认按生产要素分配的合理性和科学性，这既是对我国改革开放和发展社会主义市场经济实践的理论概括，也体现了重视生产要素在参与价值创造过程中的作用。事实上，现在我们的经济结构不仅包括国有经济和集体经济，还包括混合所有制经济中的国有成分和集体成分。混合所有制经济中的不同投资者用劳动力、资本、技术、信息、房地产、设备、市场、管理、品牌等要素投入，现实中都参与了收益分配，这样的结果调动了各方面的积极性。

因此，承认多种生产要素在价值创造过程中的作用，不仅不会否定劳动是创造价值的唯一源泉，而且是对马克思主义劳动价值理论的坚持和发展，符合我国社会主义初级阶段生产力发展的客观要求。

2. 高度重视脑力劳动者包括知识分子、技术人员和管理人员在价值创造中的作用

马克思在论述创造商品价值的劳动时，认为这个劳动不仅包括体力劳动，而且包括脑力劳动。他说：创造价值的“生产劳动就是一切加入商品生产的劳动（这里所说的生产，包括商品从首要生产者到消费者所必须经过的一切行为），不管这个劳动是体力劳动还是非体力劳动（科学方面的劳动）。”① 但是，由于历史的原因，马克思虽然提到了脑力劳动、复杂劳动、总体工人等概念，但他的劳动价值理论中的“劳动”，主要还是指在生产第一线的产业工人的体力劳动。我们现在已经进入了知识经济初露端倪的时代，完全不同于马克思创立劳动价值论的那个时代。

① 《马克思恩格斯全集》第26卷第3册，人民出版社，1974，第476页。

今天，创造价值的劳动越来越依靠脑力劳动。正如江泽民所指出："人类生产及社会服务自动化、信息化、智能化水平正在不断提高，许多繁重、重复的体力劳动正在被各种自动化机械和计算机所取代，对劳动者知识和技术水平的要求越来越高。"① 这说明在知识经济时代，脑力劳动者包括知识分子、技术人员和管理人员在创造价值过程中起到越来越重要的作用。

同时，随着时代的发展和社会的进步，工人阶级队伍的状况和劳动的形态也发生了新的变化，这就要求我们党必须根据变化了的实际情况做出马克思主义的分析，对劳动创造价值理论进行创新和发展。江泽民指出："人类社会的发展，就是先进生产力不断取代落后生产力的历史进程。社会主义现代化必须建立在发达生产力的基础之上。我们为实现现代化而奋斗，最根本的就是要通过改革和发展，使我国形成发达的生产力。"② 我们要形成发达的生产力，就必须着眼于发展先进的生产力，用先进的生产力不断取代落后的生产力，而工人阶级是先进生产力的代表，因此，我们要结合新形势，对我国当前工人阶级队伍进行科学分析。在工人阶级队伍构成问题上，江泽民在党的十六大报告中明确指出："随着改革开放的深入和经济文化的发展，我国工人阶级队伍不断扩大，素质不断提高。包括知识分子在内的工人阶级，广大农民，始终是推动我国先进生产力发展和社会全面进步的根本力量。"③ 这就告诉我们，工人阶级作为一个整体概念，一方面，在我国现代化的过程中，随着社会生产力的发展，工人阶级队伍内部的构成发生了很大的变化，知识分子已经成为工人阶级的一部分，在发展社会生产力中担负着重要使命，是先进生

---

① 江泽民：《论科学技术》，中央文献出版社，2001，第58页。

② 《江泽民文选》第3卷，第274页。

③ 《江泽民文选》第3卷，第539页。

产力的开拓者。另一方面，工人阶级的知识化、技术化程度越来越高，进程明显加快，表明工人阶级队伍不断壮大，整体素质、整体优势进一步提高。

关于创造社会财富的其他劳动者队伍构成问题，江泽民在十六大报告中也明确指出："在社会变革中出现的民营科技企业的创业人员和技术人员、受聘于外资企业的管理技术人员、个体户、私营企业主、中介组织的从业人员、自由职业人员等社会阶层，都是中国特色社会主义事业的建设者。"① 改革开放以来，我国社会阶层的构成发生了新的变化，不仅出现了上述列举的各个阶层，而且，许多人在各种不同的所有制之间、不同行业之间、不同地域之间频繁流动，人们的职业、身份经常变动。在党的路线方针政策的指引下，为发展社会主义社会生产力作出了重大贡献。江泽民还把不断提高劳动者及全体人民的思想道德素质和科学文化素质，提高他们的劳动技能和创造才能，充分发挥他们的积极性主动性创造性，作为我们党代表中国先进生产力要求必须履行的第一要务。这是我党在新的历史条件下对劳动、劳动者的深刻内涵和外延的理解和概括，是对劳动价值论的发展。

因此，发展马克思主义的劳动价值论，就要尊重客观实际，摒弃只有体力劳动才是创造价值的主体的传统观念和传统理论，在创新马克思主义的劳动价值论中，确立起脑力劳动者包括知识分子、技术人员和管理人员在价值创造中的重要地位及其作用。这是我们党代表中国先进生产力发展要求的现实需要。

3. 充分重视私营企业主在价值创造中的作用

随着社会主义市场经济的不断推进和私营企业的不断发展，我国社会结构中产生了一个新的社会阶层，即私营企业主阶层。随着私营企业主阶层的形成与发展，也带来了一系列需要研究的

---

① 《江泽民文选》第3卷，第539页。

新问题，比如私营企业主是不是劳动者？私营企业主的管理劳动是不是生产劳动、是不是创造价值？

以江泽民为核心的第三代中央领导集体坚持解放思想、实事求是、与时俱进的思想路线，体现“三个代表”重要思想，以科学的态度对待非公有制经济包括私营企业，不仅肯定它的经济地位，而且还肯定它的政治地位。

首先，明确了非公有制经济的经济地位，促使非公有制经济快速发展。

改革开放以来，我国非公有制经济，包括个体私营经济的地位不断提高。改革开放之前，我国的所有制结构追求“一大、二公、三纯”，主要是公有制经济，包括国家所有和集体所有。改革开放初期，我们的提法是“公有制经济为主，其他经济成分为辅”、“公有制经济为主，其他经济成分为补充”，在当时，的确非公有制经济地位较低。后来我国提出“公有制经济为主，多种所有制经济成分并存”。到十五大提出“公有制经济为主体，多种所有制经济共同发展”，“非公有制经济是社会主义市场经济的重要组成部分”。这一科学结论消除了很多人的顾虑，给人们带来了思想大解放，第一次吹响了非公有制经济发展的号角。在中共十五大精神的指引下，我国的个体、私营等非公有制经济获得了快速发展。中共十五大之前的1996年，我国个体工商户2704万户，从业人员5017万人，注册资金2165亿元；私营企业82万户，从业人员1171万人，注册资金3752亿元。到2002上半年，我国的个体、私营经济又是一番新景象：个体工商户的户数和从业人员虽比五年前有所减少，但经济效益明显提高；私营企业增长到221.52万户，从业人员增加到2930.16万人，注册资金增加到21042.79亿元，分别比1996年增长了1.7倍、1.5倍和4.6倍。

进入新世纪，以江泽民为核心的第三代中央领导集体高瞻远瞩，更加明确而坚定地推进非公有制经济的发展。党的十六大报告进一步提出“坚持和完善公有制为主体、多种所有制经济共同发展的基本经济制度。第一，必须毫不动摇地巩固和发展公有制经济……第二，必须毫不动摇地鼓励、支持和引导非公有制经济发展……第三，坚持公有制为主体，促进非公有制经济发展，统一于社会主义现代化建设的进程中，不能把这两者对立起来。各种所有制经济完全可以在市场竞争中发挥各自优势，相互促进，共同发展。”[①]“充分发挥个体、私营等非公有制经济在促进经济增长、扩大就业和活跃市场等方面的重要作用。”[②] 这“两个毫不动摇”和一个“统一”、“一个作用”是我们党着眼于开创中国特色社会主义事业新局面在所有制理论方面的进一步深化和发展，完全符合我国社会经济发展规律，顺民意，合民心。十六大报告从制度上为非公有制经济的发展营造了良好的氛围，也增强了我们发展公有制经济的信心，各种所有制经济在市场竞争中发挥各自优势，相互促进，共同发展，为祖国的经济繁荣、社会安定、国家强大作出应有的贡献。非公有制经济迎来前所未有的发展机遇。

其次，充分肯定了非公有制经济人士的政治地位，大大激发了非公有制经济人士参政议政和建设中国特色社会主义的积极性。

改革开放之初，民间流传着这样一句口头禅：“一国有，二集体，不三不四干个体”，非公有制人士地位较低。进入新世纪，江泽民多次发表重要讲话，对新的社会阶层中的广大人员的社会属性给予了科学的定位。2000 年 12 月，江泽民在全国统战工作会议上指出：“在改革开放的过程中，在党的富民政策指引

---

① 《江泽民文选》第 3 卷，第 547 ~ 548 页。

② 《江泽民文选》第 3 卷，第 549 页。

下，通过诚实劳动和合法经营先富起来的个体劳动者和私营企业主，不仅是党和政府的政策允许的，也是光荣的。他们为建设有中国特色社会主义事业贡献了力量，应该受到社会的尊重。”①在庆祝中国共产党成立八十周年大会上的讲话中，江泽民又明确指出：“民营科技企业的创业人员和技术人员、受聘于外资企业的管理技术人员、个体户、私营企业主、中介组织的从业人员、自由职业人员等社会阶层……通过诚实劳动和工作，通过合法经营，为发展社会主义社会的生产力和其他事业作出了贡献。他们与工人、农民、知识分子、干部和解放军指战员团结在一起，他们也是有中国特色社会主义事业的建设者。”②

正由于我们党对非公有制经济人士政治地位的肯定，从十五大到十六大五年间，非公有制经济人士担任县以上各级人大代表的有 9065 名，担任县以上各级政协委员的有 32025 名，工商联会员企业中有 609 人荣获省级劳动模范光荣称号，有 4 人荣获全国“五·一”劳动奖章。尤其引人注目的是，刘思荣、沈文荣、蒋锡培等民营企业家光荣地参加了中国新世纪第一届执政党的代表大会——中共十六大，这一事实表明党已经把代表民间创造财富力量的优秀民营企业家作为一个群体，这在以前是不可思议、无法想象的。这标志着中国民营经济地位前所未有的提高，并已经从经济地位推进到政治地位中来。民营企业家政治地位显现的背后，是执政党领导思维的一次巨大进步，这集中体现在十六大报告的几段论述：“一切为我国社会主义现代化建设作出贡献的劳动，都是光荣的，都应该得到承认和尊重。海内外各类投资者在我国建设中的创业活动都应该受到鼓励。”③“对为祖国富强贡

① 《江泽民文选》第 3 卷，第 151 ~ 152 页。

② 《江泽民文选》第 3 卷，第 286 页。

③ 《江泽民文选》第 3 卷，第 540 页。

献力量的社会各阶层人们都要团结，对他们的创业精神都要鼓励，对他们的合法权益都要保护，对他们中的优秀分子都要表彰，努力形成全体人民各尽其能、各得其所而又和谐相处的局面。"①“不能简单地把有没有财产、有多少财产当作判断人们政治上先进和落后的标准，而主要应该看他们的思想政治状况和现实表现，看他们的财产是怎么得来的以及对财产怎么支配和使用，看他们以自己的劳动对中国特色社会主义事业所作的贡献。"②“要把承认党的纲领和章程、自觉为党的路线和纲领而奋斗、经过长期考验、符合党员条件的其他社会阶层的先进分子吸收到党内来，增强党在全社会的影响力和凝聚力。"③

这表明党的十六大不仅在制度上保障非公有制经济的发展，而且还在政治上确立了非公有制人士的地位，非公有制人士有了新的“身份证”，非公有制经济的发展将有更好的环境，这一切也都体现了目前全社会对所有财富的创造者的尊重，私营企业对社会主义建设的贡献得到了承认，这也是马克思主义劳动价值理论不断深化的结果。

① 《江泽民文选》第 3 卷，第 539 ~ 540 页。

② 《江泽民文选》第 3 卷，第 540 页。

③ 《江泽民文选》第 3 卷，第 572 页。

第三章　社会主义初级阶段基本经济制度的完善

党的十三届四中全会以来，江泽民在指导我国社会主义改革开放和现代化建设进程中，始终坚持邓小平制定的以公有制为主体、多种经济成分共同发展的方针，并在新的历史条件下根据实践和发展的新要求，继续推进理论创新，将这一重要方针确定为我国社会主义初级阶段必须长期坚持的基本经济制度，提出了“公有制实现形式可以而且应当多样化”的科学论断。江泽民关于所有制问题的重大理论创新，极大地丰富了马克思主义所有制理论，极大地促进我国生产关系的变革，对建立和完善社会主义市场经济体制具有重大现实意义。

一　公有制为主体、多种所有制经济共同发展

（一）这一基本制度的确立，是由我国社会主义性质和初级阶段国情决定的

马克思主义经济学认为，任何一种社会形态的生产关系都形成一个体系，生产资料所有制是这个体系的基础和核心。生产资料所有制的性质属于社会的基本经济制度，是一种社会制度区别于其他制度的根本之点在经济上的集中表现。而它的实现形式则

属于具体制度。生产资料的社会主义公有制同生产资料的资本主义私有制是两种根本不同的生产关系体系。生产资料的社会主义公有制，是全体劳动人民或部分劳动群众共同占有生产资料和劳动产品的所有制形式，是决定社会主义社会最根本的经济制度。

传统社会主义理论认为，社会主义所有制结构中只有公有制经济而没有非公有制经济。马克思通过对资本主义生产方式的批判，认为消灭私有制之后建立起来的生产资料所有制是社会所有制，但社会所有制是怎样的一种所有制结构，马克思并没有作具体论述。十月革命胜利后，列宁领导的苏联共产党曾经设想直接过渡到完全的社会主义所有制，但实践证明是行不通的。新经济政策时期，列宁从当时的生产力水平出发，设想利用资本主义作为小生产和社会主义的中间环节，提出国家资本主义是一种有利的经济形式，对新经济政策时期的所有制结构进行了非常宝贵的探索。斯大林领导苏联人民在 1936 年完成农业集体化运动，初步形成了只有全民所有制和集体农庄所有制的社会主义所有制结构。1952 年斯大林发表《苏联社会主义经济问题》，对苏联社会主义公有制的实践进行了系统总结，提出和论述了社会主义公有制的两种基本形式，即全民所有制和集体所有制，从而形成了社会主义所有制结构中只有公有制经济而没有非公有制经济的理论。

长期以来，我们党受传统社会主义所有制理论的影响，对于“什么是社会主义，怎样建设社会主义”这个基本问题没有完全搞清楚，加上对国情缺乏科学认识，造成对社会主义基本经济制度的理论认识和方针政策出现重大失误。改革开放以前，我们始终认为社会主义只能实行单一的公有制，生产资料公有制、计划经济和按劳分配是社会主义经济制度的基本内容。从 1958 年“大跃进”开始，到“文化大革命”结束，我们党在所有制问题上出现过追求“一大二公”、“纯而又纯”的公有制经济的“左”的错误，急于改变生产资料的所有制形式，把私有变成公私合营，进而把公私合营变为公有；把集体所有制看成是过渡性的，急于把小集体变成大集体，把大集体变为全民，以为通过不断提高公有化程度就能保持社会主义制度的先进性，促进生产力的跨越式发展，结果却造成严重僵化的经济体制，破坏了生产力发展。改革开放以后，我们党重新确立解放思想、实事求是的思想路线，积极推动以市场为取向的经济改革和所有制结构的调整，在社会主义所有制问题上逐步摆脱了传统社会主义理论的影响，在公有制经济与非公有制经济的相互关系上，实现了从"对立论"到"有益补充论"再到"共同发展论"的飞跃。

在所有制问题上，以邓小平为核心的党的第二代领导集体的理论和政策贡献，就是打破了单一的公有制论，确立起"以公有制经济为主体、多种经济成分共同发展"的指导方针。综观邓小平关于所有制改革的重要论述，其主要观点是：第一，以公有制为主体是社会主义的根本原则。他反复强调："一个公有制占主体，一个共同富裕，这是我们所必须坚持的社会主义的根本原则。"①"我们在改革中坚持了两条，一条是公有制经济始终占主体地位，一条是发展经济要走共同富裕的道路，始终避免两极分化。"② 邓小平反复强调以公有制为主体，这既是针对过去那种认为社会主义只能是单一公有制经济的传统观念，又是针对那种主张私有化的右的错误。邓小平认为，坚持公有制为主体，能够有效地组织社会生产，实施宏观调控，从全局利益出发，集中力量办大事，促进经济高速发展；坚持公有制为主体，还是实现共同富裕的重要前提。"只要我国经济中公有制占主体地位，就可以避免两极分化"③。邓小平强调以公有制为主体，同时也指

① 《邓小平文选》第3卷，第111页。

② 《邓小平文选》第3卷，第149页。

③ 《邓小平文选》第3卷，第149页。

出要积极探索公有制经济新的实现形式和发展途径。他就如何发展公有制经济提出了自己的设想，如公有制企业的生产经营必须符合市场经济的要求，国有经济管理中要特别注意加强责任制，根据群众的利益和意愿采取生产关系的具体形式，用经济方法管理经济等。第二，多种经济成分共同发展。1992 年视察南方谈话中，邓小平把如何对待像“傻子瓜子”这样的雇工经营问题，看做是可能影响改革全局的大问题，指出“如果处理不当，就很容易动摇我们的方针”。他还批评了那种认为“多一分外资，就多一分资本主义”的错误思想，“改革开放迈不开步子，不敢闯，说来说去就是怕资本主义的东西多了，走了资本主义道路。要害是姓‘资’还是姓‘社’的问题”。[①]

1989 年十三届四中全会后，江泽民担任党的总书记，他坚持邓小平关于以公有制经济为主体、多种经济成分共同发展的指导方针。在十三届四中全会上，他指出：“在发展多种经济成分的同时，我们要千方百计地搞好大中型国营企业。这是我们社会主义经济的骨干和基础。”[②] 1989 年 9 月 29 日他在庆祝建国 40 周年大会上的重要讲话中，着重就当时党和国家工作中需要特别注意统一认识的若干重要问题表明态度。他说，“在我国经济发展中，我们要继续坚持以公有制为主体、发展多种经济成分的方针，发挥个体经济、私营经济以及中外合资、合作企业和外资企业对社会主义经济的有益的、必要的补充作用。坚持这个方针，是为了更好地发挥社会主义的优越性，促进我国经济的更快发展，绝不是要削弱或取消公有制经济的主体地位，更不是要实行经济‘私有化’。”[③] 1991 年 9 月，中共中央就如何进一步搞好

① 《邓小平文选》第 3 卷，第 372 页。

② 中共中央文献研究室编《十三大以来重要文献选编》中，人民出版社，1991，第 550 页。

③ 中共中央文献研究室编《十三大以来重要文献选编》中，第 621 页。

国营大中型企业的问题召开工作会议。江泽民在会议上的讲话中指出："要把搞好国营大中型企业作为坚持社会主义道路的一件大事，摆到突出位置，集中精力抓下去"，"进一步搞好国营大中型企业，不仅是经济问题，而且是政治问题"。[①] 1992 年十四大明确了我国经济体制改革的目标是建立社会主义市场经济体制，同时也明确指出社会主义市场经济体制是同社会主义基本制度结合在一起的。江泽民在十四大报告中指出："在所有制结构上，以公有制包括全民所有制和集体所有制经济为主体，个体经济、私营经济、外资经济为补充，多种经济成分长期共同发展，不同经济成分还可以自愿实行多种形式的联合经营。国有企业、集体企业和其他企业都进入市场，通过平等竞争发挥国有企业的主导作用。"[②] 1993 年十四届三中全会作出《关于建立社会主义市场经济体制若干问题的决定》，在继续强调坚持以公有制为主体、多种经济成分共同发展的方针的同时，进一步提出要正确认识公有制主体地位问题。1995 年江泽民在十四届五中全会闭幕时发表了题为《正确处理社会主义现代化建设中的若干重大关系》的重要讲话，指出"在推进社会主义现代化建设的过程中，必须处理好各种关系，特别是若干带有全局性的重大关系"，其中包括"公有制经济和其他经济成分的关系"。他重点就坚持公有制的主体地位，提出许多极为深刻的重要观点。

1997 年十五大召开，标志着我们党对社会主义所有制问题认识上的一次重大突破。江泽民在十五大报告中，把公有制为主体、多种所有制经济共同发展的方针，明确升华为我国社会主义初级阶段的一项基本经济制度。这是一项重大决策，其理论与实

---

① 中共中央文献研究室编《十三大以来重要文献选编》下，人民出版社，1993，第 1700 页。

② 中共中央文献研究室编《十四大以来重要文献选编》上，第 19 页。

践意义重大。第一，社会主义基本经济制度这一概念的提出，进一步明确了我国社会制度的性质，否定了那种主张社会主义没有独立的经济制度、社会主义是一种以追求公平和社会福利为目标的价值观和经济政策、公有制是手段而不是目的等错误认识，同时从所有制结构这个具有决定意义的核心环节上，将社会主义市场经济与资本主义市场经济区别开来。第二，明确把非公有制经济由公有制经济“必要而有益的补充”，上升为社会主义基本经济制度的重要组成部分，使非公有制经济从基本制度之外融入基本制度之内，并确认其至少在初级阶段存在、发展的历史必然性，这就为调整经济结构，大力发展非公有制经济，并实现多种所有制经济相互融合、共同发展奠定理论基础。第三，用“基本制度”取代“指导方针”，大大深化了我国经济体制改革的内涵。基本经济制度是宪法制度，是制定规则的规则，它决定了社会主义初级阶段中的生产、分配、交换关系的性质。用“基本制度”取代“指导方针”，进一步深化了对我国经济体制改革的认识。这表明，我国经济体制改革既涉及基本制度的实现形式，又涉及基本制度本身的创新；不仅包括工业制度、农业制度、教育制度、财税制度等一系列具体制度及运行机制的改革创新，同样包括派生出这些具体制度的基本制度的改革创新。

江泽民在十五大报告中，从三个基本方面阐述了实行这一基本经济制度的必要性。

第一，“我国是社会主义国家，必须坚持公有制作为社会主义经济制度的基础”。他说，“社会主义是共产主义的初级阶段，而中国又处在社会主义的初级阶段，就是不发达的阶段。在我们这样的东方大国，经过新民主主义走上社会主义道路，这是伟大的胜利。”① 社会主义初级阶段有两层含义：一是就其社会性质

① 中共中央文献研究室编《十五大以来重要文献选编》上，第20页、第15页。

而言，我国已经进入了社会主义社会，走社会主义道路不仅是不容置疑的事实，而且是不可动摇的原则；二是就其社会发展程度而言，我国还是一个经济社会很不发达的农业大国，必须经历一个相当长的历史时期去实现由农业社会向工业社会、传统社会向现代社会的历史性转变。历史唯物主义认为，经济是基础，经济基础决定上层建筑。生产资料的社会主义公有制，是全体劳动人民或部分劳动群众共同占有生产资料和劳动产品的所有制形式，是决定社会主义社会最根本的经济制度。中国走上社会主义道路，是不以人的意志为转移的历史规律，而且“从五十年代中期我国进入社会主义初级阶段开始到现在，经过四十多年特别是近二十年的发展，我国生产力有了很大提高，各项事业有了很大进步”①。社会主义公有制在我国取得巨大成就，这是任何人都无法抹杀的事实。

第二，“我国处在社会主义初级阶段，需要在公有制为主体的条件下发展多种所有制经济”②。江泽民在十五大报告中，着重强调社会主义初级阶段的基本国情，是确立基本经济制度的现实依据。一方面，他指出经过四十多年特别是近二十年的发展，我国生产力有了很大提高，各项事业有了很大进步。表现为：我国已经形成了一个比较完整的工业体系；有了一批具有一定规模的大型企业和企业集团；一些主要工农业产品的总产量已居于世界前列；人民温饱问题基本解决；一些科学技术领域已达到或接近世界先进水平；地区间的经济联系已经比较普遍，国际经济联系也比较密切。这说明我国生产的社会化程度已达到一定的水平。根据历史唯物主义关于生产关系必须适应生产力发展的客观经济规律，社会化大生产的显著特征，就是大多数人共同使用生

① 中共中央文献研究室编《十五大以来重要文献选编》上，第16页。

② 中共中央文献研究室编《十五大以来重要文献选编》上，第20页。

产资料、生产过程的合理分工与协作，以及个人产品变成社会产品。这就决定了我国应当在可能和必要的范围内实行生产资料公有制，利用社会主义公有制形式，在国家的宏观调控和指导下，不仅会将它内在的能量充分释放出来，而且会对周围小规模的、分散的、落后的生产领域起到积极的引导和推动作用，从而进一步推动我国生产的社会化和现代化。这是社会化大生产的客观的、必然的要求，也是社会发展的必然趋势。

另一方面，他又强调总体而言，我国人口多、底子薄、地区发展不平衡，生产力不发达。他把社会主义初级阶段基本国情概括为九个方面的特征，即社会主义初级阶段是逐步摆脱不发达状态，基本实现社会主义现代化的历史阶段；是由农业人口占很大比重、主要依靠手工劳动的农业国，逐步转变为非农业人口占多数、包含现代农业和现代服务业的工业化国家的历史阶段；是由自然经济半自然经济占很大比重，逐步转变为经济市场化程度较高的历史阶段；是由文盲半文盲人口占很大比重、科技教育文化落后，逐步转变为科技教育文化比较发达的历史阶段；是由贫困人口占很大比重、人民生活水平比较低，逐步转变为全体人民比较富裕的历史阶段；是由地区经济文化很不平衡，通过有先有后的发展，逐步缩小差距的历史阶段；是通过改革和探索，建立和完善比较成熟的充满活力的社会主义市场经济体制、社会主义民主政治体制和其他方面体制的历史阶段；是广大人民牢固树立建设有中国特色社会主义共同理想，自强不息，锐意进取，艰苦奋斗，勤俭建国，在建设物质文明的同时努力建设精神文明的历史阶段；是逐步缩小同世界先进水平的差距，在社会主义基础上实现中华民族伟大复兴的历史阶段。这九个方面的特征集中概括了我国经济社会的不发达状态，即生产力水平总体落后，生产力发展是多层次、不平衡的，表现为一部分现代工业同大量落后的手工业同时并存；少量具有世界先进水平的科学技术与普遍的科学技术水平不高，文盲半文盲还占人口很大比重同时并存；一部分经济发达地区同广大不发达地区和贫困地区同时并存。这种生产力水平多层次性，要求多层次的生产关系与之相适应，决定了我国在社会主义初级阶段，不能实行单一的公有制经济，要发展多种所有制经济。不论是合伙生产、个体经营、私营，还是外资生产，都是有利于生产力发展的所有制形式。总之，初级阶段的国情是基本经济制度存在和发展的总背景。

第三，“一切符合‘三个有利于’的所有制形式都可以而且应该用来为社会主义服务”[①]。江泽民指出：社会主义的根本任务是发展社会生产力。社会主义初级阶段的社会主要矛盾是人民日益增长的物质文化需要同落后的社会生产之间的矛盾，这个主要矛盾贯穿我国社会主义初级阶段的整个过程和社会生活的各个方面。这就决定了我们必须把经济建设作为全党全国工作的中心，各项工作都要服从和服务于这个中心，一切有利于发展生产力、有利于增强综合国力、有利于提高人民生活水平的所有制形式，都是可以而且应该用来为社会主义服务的。十四大确立了我国经济体制改革的最终目标是建立社会主义市场经济体制。市场经济是一种以市场为基础配置资源的经济形式，就其本质而言，市场经济是不同经济主体之间的竞争经济。社会主义市场经济具有市场经济的一般特性，客观上要求市场主体的多元化，即既要发展国有经济和集体经济等形式的公有制经济，又要发展个体经济、私营经济和外资经济等非公有制经济，同时还要发展混合型经济，形成公有制经济、非公有制经济和各种混合所有制经济并存的局面。所以，非公有制经济是我国社会主义市场经济的重要组成部分。江泽民这些重要论述告诉我们，选择我国现阶段的基本经济制度，不仅要从我国的社会主义国家性质、初级阶段生产

① 中共中央文献研究室编《十五大以来重要文献选编》上，第20页。

力水平出发，还要从发展市场经济，建立社会主义市场经济体制的客观要求出发，单一的所有制结构是建不成社会主义市场经济体制的。

（二）必须毫不动摇地巩固和发展公有制经济

江泽民指出：必须毫不动摇地巩固和发展公有制经济，这是社会主义初级阶段基本经济制度的基础和核心。公有制经济在初级阶段经济中始终应占有主体地位；要长期坚持以公有制为主体、多种所有制经济共同发展这项基本经济制度，最根本的是要坚持公有制的主体地位。1992 年邓小平视察南方谈话发表后，针对理论界存在的否定公有制是社会主义的本质特征的争论，以及市场经济体制改革中出现的削弱公有制经济主体地位的倾向，江泽民反复强调坚持公有制的极端重要性，他把坚持公有制同巩固和发展人民民主专政，走中国特色社会主义道路，同能否保持中国市场经济的社会主义方向，同能否搞好国有大中型企业，同防止两极分化、实现共同富裕等重大问题，紧紧地结合在一起。正如1995 年他在十四届五中全会讲话中指出："坚持公有制的主体地位，是社会主义的一条根本原则，也是我国社会主义市场经济的基本标志。在整个改革开放和现代化建设过程中，我们都要坚持这条原则。只有确保公有制经济的主体地位，才能防止两极分化，实现共同富裕。任何动摇、放弃公有制主体地位的做法，都会脱离社会主义的方向。"① 1995 年中共中央分别在上海、长春召开企业座谈会，江泽民发表了《坚定信心，明确任务，积极推进国有企业改革》重要讲话。在讲话中，他表达了这样的强烈信念，即国有大中型企业是社会主义经济的骨干和基础，是

① 中共中央文献研究室编《十四大以来重要文献选编》中，人民出版社，1997，第 1469 页。

坚持公有制经济主体地位的基本标志，必须坚定搞好国有企业的决心和信心；公有制为主体是社会主义市场经济不同于资本主义市场经济的具体体现，在建立社会主义市场经济体制的过程中，国有经济和整个公有制经济只能搞好，只能加强，而不能削弱。他说："我国经济体制改革的目标是建立社会主义市场经济体制，而不是搞资本主义市场经济，重要的是要使国有经济和整个公有制经济在市场竞争中不断发展壮大，始终保持公有制经济在国民经济中的主体地位，充分发挥国有经济的主导作用。如果失去公有制经济的主体地位和国有经济的主导作用，也就不可能建设有中国特色的社会主义。所以，搞好国有企业特别是大中型企业，既是关系到整个国民经济发展的重大经济问题，也是关系到社会主义制度命运的重大政治问题"。①

在坚持公有制主体地位问题上，江泽民既坚持了马克思主义关于公有制经济的基本观点，又从我国改革发展的实践出发提出了一系列新观点、新论断。主要是：

第一，科学界定了公有制经济的含义。江泽民在十五大报告中指出："公有制经济不仅包括国有经济和集体经济，还包括混合所有制经济中的国有成分和集体成分。"② 这个论断就打破了公有制经济只能以国有、集体两种形式单独存在的传统框框，而把国有经济和集体经济以参股、投资等形式投入到混合所有制经济中的部分，都看成是公有制经济，这就把公有制经济内涵和外延大大拓宽了。江泽民对于公有制经济含义的这种新认识，完全符合实际。改革开放以来，随着资产的流动和重组，各种经济成分相互融资、参股和持股，出现了混合所有制经济这种新的所有制经济形态。在混合所有制经济中，不管是否处于支配地位，其

① 中共中央文献研究室编《十四大以来重要文献选编》中，第1366页。

② 中共中央文献研究室编《十五大以来重要文献选编》上，第21页。

中的国有成分和集体成分，也是公有制经济的组成部分，同属于公有制范畴。这一论断还启示我们，公有制经济不是指国有企业和集体企业，而是指国有资产和集体资产。与此相对应，公有制为主体不再体现在公有企业和集体企业的数量上，而是体现在公有资本和集体资本的质量上。这就为国有企业产权改革、资产重组提供重要理论基础。

第二，深刻揭示了“公有制为主体”的内涵。江泽民在十五大报告中指出：“公有制的主体地位主要体现在：公有资产在社会总资产中占优势；国有经济控制国民经济命脉，对经济发展起主导作用。这是就全国而言，有的地方、有的产业可以有所差别。公有资产占优势，要有量的优势，更要注重质的提高。”①所谓公有资产在社会总资产中占优势，一是强调公有制经济不是指公有制企业，而是指国有资产和集体资产；二是与此相应，强调公有制的主体地位不再体现在公有制企业数量上，而是体现在公有资产质量上。公有资产要有量的优势，更要注重质的提高。特别是在质量上，国家所有和集体所有的资产比非公有资产更具有举足轻重的地位和发展潜力。所谓对经济发展起主导作用，是指国有经济决定整个国民经济的性质和发展方向，影响经济发展的速度和效益，国有经济是国民经济的支柱，是国家财政收入的主要来源。但同时，江泽民也强调必须用辩证的眼光看待这种主导作用。一方面，主导作用要体现为国有经济的控制力上，即国有经济能控制国民经济和经济制度的发展方向、控制经济运行的整体态势、控制重要的稀缺资源的能力。为提高国有经济控制力，必须从战略上调整国有经济布局，把产业结构的优化升级与所有制结构的调整完善结合起来，坚持有进有退，有所为有所不为。“国有经济需要控制的行业和领域主要包括：涉及国家安全

① 中共中央文献研究室编《十五大以来重要文献选编》上，第21页。

的行业，自然垄断的行业，提供重要公共产品和服务的行业，以及支柱产业和高新技术产业中的重要骨干企业。其他行业和领域，可以通过资产重组和结构调整，集中力量，加强重点，提高国有经济的整体素质。”[①] 另一方面，国有经济的主导作用，是就全国而言的，不能绝对化，一些地区和行业就可以不占主导地位，而且即使在必须占支配地位的行业、部门和领域，国有经济主导作用也不是凭借行政力量，而要通过市场竞争实现；也不是完全包办，而只是发挥控制力。

第三，进一步强调了集体所有制经济的重要地位和作用。针对经济生活中出现的轻视集体所有制经济的倾向，江泽民重点阐明集体经济是公有制经济的重要组成部分，对实现共同富裕和发挥公有制经济的主体作用意义重大，因为集体经济“可以广泛吸收社会分散资金，缓解就业压力，增加公共积累和国家税收”[②]。因此，国家要支持、鼓励和帮助城乡多种形式集体经济的发展。

第四，第一次提出公有制实现形式可以而且应当多样化。所有制同所有制的实现形式是既联系又区别的两个范畴。所有制是占有和产权归属问题；而所有制的实现形式是经营问题，是资产的保值增值问题。长期以来，我们把公有制的存在形式同实现形式完全等同，认为国家所有就必须是国营，集体所有就必须是集体经营，公有制的实现形式只能是国有企业和集体企业，不可能有其他形式。现在已明确，公有制经济不是指公有制企业，而是指国有资产和集体资产，而资产的表现形式是多样的，尤其是包含了私人产权的各种混合所有制企业也可以成为公有资产的实现

① 中共中央文献研究室编《十五大以来重要文献选编》中，人民出版社，2001，第1008页。

② 中共中央文献研究室编《十五大以来重要文献选编》上，第21页。

形式。改革开放以来，包含国有和集体资产在内又吸收了外资、民资的中外合作、合资企业、股份制企业、股份合作制企业等大量涌现，这些混合所有制企业产权清晰，政企分开，自负盈亏，管理规范，表现了强大的生机与活力。正是从这种全新的实践出发，江泽民在十五大报告中指出："一切反映社会化生产规律的经营方式和组织形式都可以大胆利用。要努力寻找能够极大促进生产力发展的公有制实现形式。"① 那么，哪一种所有制形式是社会主义所允许的，判断的标准是什么？江泽民提出，一切符合"三个有利于"的所有制形式都可以而且应该用来为社会主义服务，即有利于发展社会主义社会的生产力，有利于增强社会主义国家的综合国力，有利于提高人民生活水平的所有制形式，都是社会主义所允许存在和发展的，都是社会主义的。江泽民关于判断所有制形式的"三个有利于"标准，突破了单纯把公有化程度和公有制经济比重大小作为判断所有制标准的"左"的传统观念。

（三）必须毫不动摇地鼓励、支持和引导非公有制经济发展

江泽民对非公有制经济在我国现实中的地位和作用的认识，经历了一个不断深化的过程。1997 年党的十五大上，他重点阐明非公有制经济是我国社会主义市场经济的重要组成部分，它对于满足人们多样化的需要，增加就业，促进国民经济的发展有重要作用。他还提出，要健全财产法律制度，依法保护非公有制企业的合法权益和公平竞争，并对它们进行监督管理。这里，主要解决的问题是：明确非公有制经济由公有制经济"必要而有益的补充"，上升为社会主义基本经济制度的重要组成部分，使非

① 中共中央文献研究室编《十五大以来重要文献选编》上，第 21 ~ 22 页。

公有制经济从基本制度之外融入基本制度之内。2002 年 11 月党的十六大上，他给予非公有制经济新定位，对非公有制经济不仅仅是继续鼓励、引导，使之健康发展，而且是必须毫不动摇地鼓励、支持和引导。即同必须毫不动摇地巩固和发展公有制经济一样，必须毫不动摇地鼓励、支持和引导非公有制经济发展。这种新定位是对十五大以来我国非公有制经济快速发展和日益发挥的重要作用，以及人民群众改革探索的充分肯定。非公有制经济支持了国民经济的高速增长，拓宽了就业渠道，推动了我国投融资体制由单一投资主体向多元投资主体转化，促进了一批新兴产业和新兴行业的发展，特别是一些高新技术产业，非公有制经济占了很大比重，为提高我国国民经济整体水平和竞争力发挥了重要作用。实践的发展，使得人们对非公有制经济的性质和作用的认识大大深化。为鼓励、引导非公有制经济发展，各级政府逐步清除各类歧视性规定，在市场准入、税收政策等方面给予非公有制经济与公有制经济同等待遇；在政治上关心、帮助私营企业主，在参与政治生活方面一视同仁。正是从现实和时代的要求出发，江泽民在“七一”讲话中第一次提出民营科技企业的创业人员、受聘于外资企业的管理技术人员、个体户、私营企业主、中介组织的从业人员、自由职业人员等社会阶层，都是中国特色社会主义事业的建设者。在党的十六大报告中，江泽民进一步提出对他们的创业精神要鼓励，对他们的合法权益要保护，对他们中的优秀分子要表彰，努力形成全体人民各尽所能、各得其所又和谐相处的局面。国家要放宽国内民间资本的市场准入领域，在投融资、税收、土地使用和对外贸易等方面实行公平竞争；第一次提出要完善保护私人财产的法律制度，非公有制经济劳动者的合法收入、合法财产与公有财产一样得到法律保护，而不仅仅是保护私人生活资料领域的财产。江泽民还进一步指出：“不能简单地把有没有财产、有多少财产当作判断人们政治上先进和落后的标准，而主要应该看他们的思想政治状况和现实表现，看他们的财产是怎么得来的以及对财产怎么支配和使用，看他们以自己的劳动对中国特色社会主义事业所作的贡献。”他还说：“一切合法的劳动收入和合法的非劳动收入，都应该得到保护”，要放手“让一切创造社会财富的源泉充分涌流，以造福于人民”。[①]

（四）促进各种所有制经济在市场竞争中发挥各自优势，相互促进，共同发展

江泽民说：“坚持公有制为主体，促进非公有制经济发展，统一于社会主义现代化建设的进程中，不能把这两者对立起来。”[②] 而是要在市场竞争中发挥各自优势，相互促进，共同发展。公有制是我国社会主义经济制度的基础，坚持以公有制为主体，决定着我国市场经济的社会主义性质和发展方向，这也是发展非公有制经济的前提。只有坚持这个前提，我国非公有制经济的发展才不会导致私有化，也才能健康发展。还应看到，我国的非公有制经济的产生和发展，同公有制经济有着十分密切的关系，特别是混合所有制经济中，公有成分与私有成分相互交错。以公有制为主体的经济关系规定并制约着非公有制经济中雇佣关系的性质。公有制经济实行的分配制度、社会保障制度和福利制度，通过国家政策和劳动力市场上的竞争，必然会对非公有制经济内部的分配关系产生巨大影响，在一定程度上限制了私营企业主对“剩余价值”的占有，对雇工的合法权益起着保护和保障作用。正是这一点，使得我国现阶段的雇佣劳动关系，同以私有制为主体条件下的劳动雇佣关系相比，有着很大的不同。总之，从社会主义初级阶段实际出发，既要努力增强公有制经济的实

① 中共中央文献研究室编《十六大以来重要文献选编》上，第12页。

② 中共中央文献研究室编《十六大以来重要文献选编》上，第19页。

力，又要充分发挥非公有制经济的积极作用，国家对各类企业一视同仁，为各种所有制经济平等参与市场竞争创造良好的环境和条件，这是贯彻执行党在社会主义初级阶段基本经济制度的实践要求，也是发展社会主义市场经济的使然。

二 基本经济制度与政治制度的辩证统一

江泽民高度重视在我国社会主义现代化建设中坚持政治与经济的辩证统一。90年代中期以来，他先后发表了《讲学习，讲政治，讲正气》、《关于讲政治》等重要讲话，非常深刻地阐明经济是基础，解决中国的所有问题，归根到底要靠经济的发展；在坚持经济建设这个中心的同时，必须坚持四项基本原则、坚持改革开放这样“两个基本点”，四项基本原则是保证经济建设和改革开放最根本的政治条件，我们一定要学会辩证地认识和处理经济同政治、物质文明同精神文明、生产力同生产关系、经济基础同上层建筑的关系。[①] 他在党的十五大报告中指出：建设有中国特色社会主义的经济、政治、文化的基本目标和基本政策，有机统一，不可分割，构成党在社会主义初级阶段的基本纲领。社会主义初级阶段基本经济制度与政治制度的辩证统一关系，主要表现为三个方面：

（一）社会主义初级阶段的所有制结构决定了我国阶级结构的基本格局

历史唯物主义告诉我们，在社会生活中，经济是基础，政治是建立在经济基础之上的上层建筑，是对经济的集中体现，政治又反作用于经济，对经济起促进或阻碍作用。政治，包括国家制

① 中共中央文献研究室编《十四大以来重要文献选编》中，第1744页。

度及法律制度、国家的政策等，总是体现占统治地位的生产关系及与之相关的阶级的经济利益。社会主义初级阶段占统治地位的生产关系，是生产资料的公有制，以公有制经济为主体，包括个体经济、私营经济、外资经济等多种所有制经济共同发展。与这种所有制结构相适应，现阶段我国阶级结构的基本格局就是工人、农民是我国社会的两大基本阶级，知识分子是工人阶级中掌握科学文化知识较多的一部分，个体劳动者、私营企业主等是非基本的社会阶层，此外还有少数反社会主义的敌对势力。如何处理好现阶段的阶级关系？江泽民指出："最大多数人的利益和全社会全民族的积极性创造性，对党和国家事业的发展始终是最具有决定性的因素。"坚持以公有制为主体，必然要求全心全意依靠工人阶级和农民，巩固工农联盟，"包括知识分子在内的工人阶级、广大农民，始终是推动我国先进生产力发展和社会全面进步的根本力量"[①]。坚持多种所有制经济共同发展，要求统筹兼顾各阶级阶层的利益，团结一切可以团结的力量，把一切积极因素充分调动和凝聚起来，结成最广泛的统一战线，全力以赴地搞现代化建设。特别是伴随着多种所有制经济发展而产生的六个新的社会阶层，即民营科技企业的创业人员和技术人员、外资企业的管理技术人员、个体户、私营企业主、中介组织的从业人员、自由职业人员，他们都是中国特色社会主义事业的建设者。"对他们的创业精神都要鼓励，对他们的合法权益都要保护，对他们中的优秀分子都要表彰，努力形成全体人民各尽其能、各得其所而又和谐相处的局面"[②]。对于各阶级阶层由于经济地位不同而产生的利益上的矛盾，大量的和普遍存在的是人民内部矛盾，是在总目标和根本利益一致基础上的矛盾。这种矛盾，在经济上可

---

① 中共中央文献研究室编《十六大以来重要文献选编》上，第11页。

② 中共中央文献研究室编《十六大以来重要文献选编》上，第12页。

以通过深化经济体制改革、发展社会生产力，正确处理国家、集体、个人三者的关系得到解决；在政治上可以通过深化政治体制改革，发展和加强社会主义民主建设得到解决。江泽民进一步指出，制定和贯彻党的方针政策，基本着眼点是要代表最广大人民的根本利益，正确反映和兼顾不同方面群众的利益，使全体人民朝着共同富裕的方向稳步前进。

（二）发展社会主义市场经济有利于我国基本政治制度目标的实现

我国的基本政治制度规定着我国社会的社会主义性质，主要包括工人阶级（经过共产党）领导的、以工农联盟为基础的人民民主专政的国家制度，即国体；作为人民民主专政之政权组织形式的人民代表大会制度，即政体；中国共产党领导的多党合作和政治协商制度；民族区域自治制度。这些基本政治制度派生出来各项具体制度和特殊制度，它们所体现的宗旨和要求达到的目标都是社会主义民主，即人民当家做主。人民当家做主是社会主义本质在政治上的体现。江泽民指出“共产党执政就是领导和支持人民当家作主，最广泛地动员和组织人民群众依法管理国家和社会事务，管理经济和文化事业，维护和实现人民群众的根本利益。”①

发展社会主义市场经济有利于人民当家做主这个社会主义基本政治制度目标的实现。

第一，发展民主政治，支持人民当家做主是社会主义市场经济内在的必然要求。我国经济体制改革的目标是建立社会主义市场经济体制。社会主义市场经济体制是同社会主义基本制度主要是基本经济制度结合在一起的。它具有市场经济的一般特性，又

---

① 中共中央文献研究室编《十六大以来重要文献选编》上，第24页。

具有特殊性。从市场经济的一般特性来说，它是民主在经济运行过程中得以实现的经济体制。市场经济遵循等价交换的原则，交换双方除了按社会必要劳动时间决定的价值量进行交换外，没有任何特权，这种平等观念必然使作为市场主体同时也是民主政治主体的自然人或法人产生平等观念、平等精神；市场经济中的每个市场主体是独立和自由的，生产什么，生产多少，怎样生产，完全由自己根据对市场需求的判断来决定，个人经济活动中的自由必然成为政治自由的基础；市场经济是法治经济，每个市场主体必须按照市场法则运作，学法、懂法、守法是市场主体必备的素质。同时它也限定了政府的职能和权力，使专制、独裁政体难以生存；市场经济明晰了产权及每个市场主体的利益所在，大大激发人们的参与意识、竞争意识和责任意识；市场经济打破了以血缘和地域交往为界限的樊篱，扩大了人们之间的交往，在国家内部工农之间、城乡之间、区域之间的一切经济活动通过市场而沟通，平等地联系起来，人们追求个人合法利益实现的同时形成共同的社会利益，这有利于加强工农联盟，增强人们的协作精神。总之，市场经济体制是民主的经济体制，它同社会主义基本政治制度的融合点正是人民民主。没有民主就没有社会主义，同样没有民主就没有现代意义上的市场经济。从社会主义市场经济的特殊性来说，我国市场经济在所有制结构上坚持以公有制为主体，在分配制度上坚持以按劳分配为主体；在宏观调控上既发挥市场配置资源的基础性作用，又坚持国家通过法律、行政和经济手段对涉及国民经济发展的重大问题进行调控。这种特殊性从根本上说，是由我国社会主义初级阶段基本经济制度决定的，是基本经济制度在市场经济体制中发挥作用的体现。这种特殊性能有效地克服市场经济自身的缺陷对民主政治的消极影响。具体地说，由于坚持以公有制经济为主体，社会主义市场经济体制更能兼顾个人与集体的利益关系，有效缓解市场经济中的个人功利原则与民主政治中多数人决定原则之间的矛盾，有效缓解市场经济追求经济效益与民主政治注重社会效益的矛盾。与以私有制为主体的资本主义市场经济相比较，社会主义市场经济能克服西方资本主义国家存在的大量严重经济剥削和劳动者异化现象，克服以金钱和财富做后盾的资本家和财富占有者的所谓民主政治。

第二，社会主义市场经济的发展为实现人民当家做主提供了强有力的物质保障。在传统的计划经济体制下，资源配置靠行政计划，经济缺乏生机和活力，与之相适应，"家长制"、"一言堂"、侵犯人权现象普遍存在，人民当家做主受到很大限制。社会主义市场经济优化配置资源，提高劳动生产率，推动生产力快速发展。在经济快速发展的同时，人民生活水平大大改善，人民群众科学文化素质大大提高，人民群众拥有更多空闲时间，交通、通讯、广播、电视等各种现代化的信息传播渠道更加发达，所有这些都为人民当家做主提供强有力的物质保证和技术装备。

第三，社会主义市场经济的发展推动政治体制改革，更好地实现人民当家做主。在 1992 年党的十四大报告中，江泽民指出："同经济体制改革和经济发展相适应，必须按照民主化和法制化紧密结合的要求，积极推进政治体制改革。"① 在 1997 年党的十五大报告中，他再次强调："我国经济体制的深入和社会主义现代化建设跨越世纪的发展，要求我们在坚持四项基本原则的前提下，继续推进政治体制改革，进一步扩大社会主义民主，健全社会主义法制，依法治国，建设社会主义法治国家。"② 我们所说的政治体制，是我国社会主义基本政治制度具体的、外在的表现形式和实施方式的总和。十一届三中全会以前，我国的传统社会体制，是一个经济与政治难以分割的混合体，它的典型特征是党

---

① 中共中央文献研究室编《十四大以来重要文献选编》上，第 28 页。
② 中共中央文献研究室编《十五大以来重要文献选编》上，第 30 页。

政不分、政企不分、政事不分，高度集权。十一届三中全会以后，我们逐步推进的以市场经济为取向的经济体制改革，实际上就是一个政治国家与经济社会相对分化的过程。发展社会主义市场经济，要求政企分开，打破条块分割、地区封锁和行业垄断，促进公平竞争，打破原有的高度集中的人事管理制度，加强廉政建设，加强法律制度建设，坚决惩治腐败。如果不推进政治体制改革，相应的经济体制改革就难以继续。适应社会主义市场经济发展要求，江泽民在十六大报告中提出了政治建设和政治体制改革的九项任务，即坚持和完善社会主义民主制度，加强社会主义法制建设，改革和完善党的领导方式和执政方式，改革和完善决策机制，深化行政管理体制改革，推进司法体制改革，深化干部人事制度改革，加强对权力的制约和监督，维护社会稳定。

（三）社会主义基本政治制度为坚持和完善社会主义初级阶段基本经济制度提供了政治保证

马克思主义强调经济基础对上层建筑的决定作用，但也充分肯定上层建筑对经济基础的反作用，在某些条件下甚至是决定性作用。政治对经济可以朝两个方向起作用：或者按照经济发展方向起促进和保证作用；或者违反经济发展方向而起阻碍作用。

第一，社会主义基本政治制度为坚持和完善社会主义初级阶段基本经济制度提供了稳定的政治环境。我国经济体制改革的关键环节，是要建立公有制为主体的适应市场经济要求的现代企业制度，以及按劳分配为主体的效率优先兼顾公平的收入分配制度。市场经济同私有制结合，已有几百年的历史，积累了丰富的经验。市场经济同公有制相结合，却是前无古人的开创性事业，面临着艰巨而复杂的改革任务，如企业机制的改革、市场机制的培育和完善、创新社会保障制度、加强和改善宏观调控等。我国的基本政治制度规定了国家的性质和政权的组织形式，确定了初级阶段我国必须坚持的基本路线、基本方针和基本政策，规定了国家和社会发展的方向。国家和社会生活的主要方面基本上有法可依，政治过程的连续性明显提高，人心思定，社会和谐，人民安居乐业，这就为推进经济体制改革，坚持和完善社会主义初级阶段基本经济制度提供了一个稳定的社会政治环境。

第二，社会主义基本政治制度为坚持和完善社会主义初级阶段基本经济制度提供动力和服务。邓小平曾明确指出："随着改革的发展，不可避免地会遇到障碍……不改革政治体制，就不能保障经济体制改革的成果，不能使经济体制改革继续前进，就会阻碍生产力的发展，阻碍四个现代化的实现。"① 邓小平所说的障碍，最主要的是由改革造成的利益关系、利益格局的调整而导致各阶级阶层之间的矛盾和冲突。正确处理和协调好各阶级阶层之间的利益关系，直接关系到市场经济体制改革能否顺利进行。这就需要国家依靠社会主义基本政治制度，进一步加强民主政治建设，把各种不同的利益主体纳入政治过程，努力通过法律手段调节经济关系，抑制矛盾和摩擦。加强社会主义法制建设，建立健全符合社会主义基本政治制度要求的市场经济法规和制度，用以规范市场主体行为、市场秩序、市场经济关系，减少不公平竞争、官商勾结、权钱交易等市场不规范行为给人民群众造成的利益损害，保障和促进市场经济健康发展。

第三，社会主义基本政治制度为经济体制改革和市场经济发展提供正确的导向。我国经济体制改革的目标是建立社会主义市场经济。如何实现社会主义基本经济制度与市场经济的有机结合，是关系改革成败的核心和难点问题。从历史上看，市场经济产生在以私有制为主体的资本主义社会，似乎私有制是市场经济

① 《邓小平文选》第 3 卷，第 176 页。

的代名词。从我国近30年以市场为取向的经济改革实践看，公有制与市场经济不是对立的，是可以结合的。但这一结合的过程，也暴露出社会主义基本经济制度与市场经济的矛盾，有些矛盾还非常突出。主要是：（1）市场调节与国家宏观调控的矛盾。自由的市场经济不可能自发地产生社会主义，完全按照市场规则改造社会主义经济制度，将会使社会主义制度失去存在的经济基础。（2）公有制与市场经济私有化要求的矛盾。当前我国经济结构中公有制经济所占比例下降很快，非公有制经济所占比例上升很快，很多地区、行业非公有制经济占了主体地位，就是这一矛盾的真实表现。（3）社会贫富差距日益扩大的矛盾。地区、行业、城乡、不同阶级阶层之间，收入和财富占有两极分化，甚至出现了特殊困难群体。社会贫富差距日益扩大同社会主义共同富裕的目标背道而驰，而且这一矛盾还在发展，不仅严重地影响经济改革进程，也严重影响社会稳定，成为一个严重的政治问题。（4）市场经济带来的消极因素，如拜金主义、功利主义、极端个人主义、黄赌毒行为等，与社会主义精神文明之间的矛盾。正是这些矛盾成为社会主义基本经济制度与市场经济迅速而有效结合的障碍。但这些矛盾不是根本性的、不可解决的，是能够在社会主义制度内部加以控制、限制而不断加以解决。解决这些矛盾，必须依靠社会主义制度自身的力量。坚持和完善社会主义基本政治制度，发展社会主义民主政治，用社会主义民主原则和民主运行机制去抵御市场经济的消极影响，为经济体制改革和市场经济发展提供正确的导向。江泽民在十六大报告中提出，要继续深化国有企业改革，发挥国有企业对国民经济的支柱作用；要健全现代市场体系，加强和完善宏观调控；要深化分配制度改革，健全社会保障体系，初次分配注重效率，再分配注重公平，加强政府对收入分配的调节职能，调节差距过大的收入；要千方百计扩大就业，不断改善人民生活；要牢牢把握先进文化的前进方向，坚持弘扬和培育民族精神，切实加强思想道德建设；要加强和改进党的作风建设，深入开展反腐败斗争等。这些重大方针政策的贯彻落实，将有效地克服市场经济的消极影响，促进公有制与市场经济的结合，引导我国经济体制改革和市场经济发展向着社会主义的正确方向健康发展。

三 股份制是公有制实现的主要形式

股份制是公有制实现的主要形式，这是我们党在马克思主义理论指导下，依据我国社会主义市场经济发展的实际，形成的一个重要认识成果。建立社会主义市场经济体制，既要改革计划经济体制下单一的所有制结构，发展多种所有制经济，又要改革以全民所有、集体所有为主要形式的公有制组织形式，发展包括私人产权的混合所有制企业，主要是股份制企业。

（一）我们党对股份制的认识，经历了一个不断深化的认识过程

传统的计划经济体制下国有企业经济效益很低一直是困扰我国经济建设比较严重的问题。如何转换国有企业僵化的经营机制，提高经济效益，始终是经济体制改革重中之重的任务。早在改革开放初期，邓小平在谈到国有企业改革时，就提出要探索公有制的实现形式。他说：“用多种形式把所有权和经营权分开，以调动企业积极性，这是改革的一个很重要的方面。这个问题在我们一些同志的思想上还没有解决，主要是受老框框的束缚。其实，许多经营形式，都属于发展社会生产力的手段、方法，既可为资本主义所用，也可为社会主义所用，谁用得好，就为谁服务。”① 经

① 《邓小平文选》第3卷，第192页。

过20多年的探索，国有企业改革经历了三大时期四个阶段。第一时期，是以行政性分权为特征的改革时期，从1978～1984年以放权、让利、搞活为主要特征，扩大企业自主权、增强企业活力；1984～1992年以两权分离为特征，采取承包、租赁、股份制等形式促进企业转换经营机制。这一时期的改革基本上是在原来的计划经济体制框架内进行的，改革的重点是培育国有企业的动力机制，而没有触动企业的产权。第三时期，是建立和完善社会主义市场经济体制新时期，国有企业改革则以制度创新，即建立现代企业制度为特征。20世纪80年代中期，针对承包制在实践中出现的问题，理论界有学者提出了用股份制代替承包制的改革设想。一些国有企业也开始试验股份制改革，到1988年底，全国有3800多家国有企业试行股份制，尽管当时的股份制并不规范，但它推动企业政企分开，推动企业转换经营机制，而在实践中显示出巨大的优越性。

股份制改革一开始并不顺利，它刚提出就遭遇到不同意见的争论，一些人认为股份制改革就是搞资本主义、搞私有化。这种争论一定程度上影响了改革的进展。1992年邓小平视察南方谈话发表，这篇讲话提出了社会主义也可以搞市场经济的科学论断，提出了判断改革成败得失的“三个有利于”的标准，批判了根深蒂固的“左”的思想。邓小平视察南方谈话极大地解放了人们的思想，破除了当时各种“左”的思想的束缚，也推动我们党确立社会主义市场经济理论。1992年党的十四大召开，江泽民在十四大报告中提出：“股份制有利于促进政企分开、转换企业经营机制和积聚社会资金，要积极试点，总结经验，抓紧制定和落实有关法规，使之有秩序地健康发展。”[①] 1993年召开的十四届三中全会作出了《关于建立社会主义市场经济体制若

① 中共中央文献研究室编《十四大以来重要文献选编》上，第21页。

干问题的决定》。《决定》明确提出以公有制为主体的现代企业制度是社会主义市场经济体制的基础，建立现代企业制度是我国国有企业改革的方向。具备条件的国有大中型企业、单一投资主体的可依法改组为独资公司，多个投资主体的可依法改组为有限责任公司或股份有限公司。这次会议以后，上海、深圳开设股票市场，许多省份开始组建证券公司。1997 年召开的十五大，对股份制认识最终取得了重大理论突破。江泽民在十五大报告中指出："股份制是现代企业的一种资本组织形式，有利于所有权和经营权的分离，有利于提高企业和资本的运作效率，资本主义可以用，社会主义也可以用。不能笼统地说股份制是公有还是私有，关键看控股权掌握在谁手中。国家和集体控股，具有明显的公有性，有利于扩大公有资本的支配范围，增强公有制的主体作用。"① 1999 年召开的十五届四中全会，作出了《关于国有企业改革和发展若干重大问题的决定》，提出国有大中型企业尤其是优势企业，宜于实行股份制的，要通过规范上市、中外合资和企业相互参股等，改为股份制企业，发展混合所有制经济。2002 年江泽民在十六大报告中又进一步提出："除极少数必须由国家独资经营的企业外，积极推行股份制，发展混合所有制经济。实行投资主体多元化，重要的企业由国家控股。"② 2003 年十六届三中全会通过的《关于完善社会主义市场经济体制若干问题的决定》，则明确提出，大力发展国有资本、集体资本和非公有资本等参股的混合所有制经济，实现投资主体多元化，使股份制成为公有制的主要实现形式。这次会议和《决定》得出这个重要结论，是我们对党以往有关论断的继承和发展，从理论上解决了社会主义与市场经济结合的微观基础问题。

---

① 中共中央文献研究室编《十五大以来重要文献选编》上，第 22 页。

② 中共中央文献研究室编《十六大以来重要文献选编》上，第 20 页。

我们党对股份制认识上的重大突破，极大地推动了国有企业股份制改革实践的创新：一是股份制改造面不断扩大，以国有企业为主体改建和新设了大量股份有限公司和有限责任公司。2004年，占全国国有企业（包括国有控股企业）净资产66.9%的2903家国有大型骨干企业，已有1464家改制为多元股东的公司制企业，改制面为50.4%。目前，全国国有控股的境内外上市公司1000多家，其国有权益和实现利润分别约占全国国有企业的17%和46%，累计筹集资金超过1万亿元，已成为我国国有经济的骨干力量。① 二是经过股份制改造的国有企业，经济效益持续回升，总体实力和整体素质明显提高，对整个国民经济的控制力、影响力和带动力不断增强。表现为：（1）国有经济质量和效益不断提高。如“十五”期间，我国国有企业数量由2001年的17.4万户减少到2004年的13.8万户，减少了26%，但资产总额由16.7万亿元上升到223万亿元，增长了33.5%；国有资产总量从6万亿元提高到7.5万亿元，增长了25%；实现利润从2811亿元增加到7525亿元，增长了1.7倍。②（2）一批初步具有国际竞争力的大公司大企业集团开始涌现，我国内地进入2005年《财富》杂志公布的世界500强企业已达15户，全部是国有企业。（3）放开搞活国有中小企业成效显著。目前，我国相当一部分地区国有中小企业改制面已达80%以上，有的县属企业改制面已达90%以上。通过改制，国有中小企业普遍实现产权多元化，企业转变了机制。（4）公司法人治理结构初步建立。国有控股的股份制企业依照《公司法》等法律法规建立了公司法人治理结构，上市公司建立了独立董事制度和信息披露制

① 引自2006年2月28日国家发改委国家信息中心“财经界”网页发布的统计资料。

② 引自2006年2月28日国家发改委国家信息中心“财经界”网页发布的统计资料。

度。理论与实践上的突破，也推动国家颁布与实施了一系列规范国有企业股份制改造的法律、法规，如《公司法》、《公司登记管理条例》、《股票发行与交易管理暂行条例》、《证券法》等，有力保障了国有企业股份制改革。

（二）股份制是公有制主要实现形式的必然选择

股份制是一种科学的企业资本组织形式和运营方式，是社会化大生产和现代市场经济发展到一定历史阶段的产物。股份制属于生产关系体系中的具体制度，同所有制的性质不是一个层次的问题。股份制作为现代企业的一种资本组织形式，它本身是中性的，如同托拉斯、跨国公司等企业形式一样。尽管它产生和发展于资本主义社会，但是它本身并不具有特定的社会经济性质，在不同社会制度的国家都可以用。股份制企业所反映的社会经济性质，是由企业所有制性质赋予的。

马克思、恩格斯对股份制有许多精辟论述。他们把股份制的特点概括为三个方面：第一，股份制对资本主义国家生产力的迅速增长起了明显的促进作用。“在工业上运用股份公司的形式标志着现代各国经济生活中的新时代……它显示出过去料想不到的联合的生产能力，并且使工业企业具有单个资本家力所不能及的规模”[①]；“它们对国民经济的迅速增长的影响恐怕估计再高也不为过的”。[②] 第二，股份制带来资本组织形式的新变化，但没有改变资本主义私有制的本质。“那种本身建立在社会生产方式的基础上并以生产资料和劳动力的社会集中为前提的资本，在这里直接取得了社会资本（即那些直接联合起来的个人的资本）的形式，而与私人资本相对立，并且它的企业也表现为社会企业，

---

① 《马克思恩格斯全集》第12卷，人民出版社，1962，第37页。

② 《马克思恩格斯全集》第12卷，第609页。

而与私人企业相对立。这是作为私人财产的资本在资本主义生产方式本身范围内的扬弃。"[①] 还说："在股份制度内，已经存在着社会生产资料借以表现为个人财产的旧形式的对立面，但是这种向股份形式的转化本身，还是局限在资本主义界限之内，因此这种转化并没有克服财富作为社会财富的性质和作为私人财富的性质之间的对立，而只是在新的形态上发展了这种对立。"第三，股份制使企业资本的所有权与经营权发生了分离。"实际执行职能的资本家转化为单纯的经理，即别人的资本的管理人，而资本所有者则转化为单纯的所有者"[②]。总之，马克思、恩格斯认为，股份制是一种更适合现代化大生产的企业资本组织形式和经营方式，它是发展现代社会生产力的强大杠杆，它并没有改变资本主义私有制的本质，但为资本主义向社会主义的转变准备了条件。

股份制的出现并不会改变资本主义私有制，在当今资本主义国家，股份制企业主要是私人资本联合形成的；同时，股份制也并不具有公有制性质。那么，是什么因素使股份制成为公有制的主要实现形式呢？分析江泽民关于股份制的重要论述，其主要考虑因素有两个方面：

第一，控股权掌握在国家和集体手中，股份制经济就具有明显的公有性。在十五大报告中，江泽民论述股份制有一段非常精彩的话："不能笼统地说股份制是公有还是私有，关键看控股权掌握在谁手中。国家和集体控股，具有明显的公有性，有利于扩大公有资本的支配范围，增强公有制的主体作用。"[③] 这段话说得非常清楚，一个股份制企业是公有性质还是私有性质，决定因素在于控股权。在股份制企业中，国家或集体处于控股地位

① 《马克思恩格斯全集》第25卷，第493页。

② 《马克思恩格斯全集》第25卷，第493页。

③ 中共中央文献研究室编《十五大以来重要文献选编》上，第22页。

（包括绝对控股和相对控股），企业的性质就是公有制；如果是私人资本或外国资本处于控股地位，企业的性质就是私有制。这就大大消除了人们对国有企业推行股份制就会导致私有化的担心和疑虑。经过20多年的改革探索，我国国有大中型企业改革和发展的方向已经明确，这就是除极少数必须由国家独资经营的企业外，大多数国有企业要实行投资主体多元化，发展混合所有制经济。这是因为就较单纯的国有企业和集体企业而言，包含私人产权的混合所有制企业更具有活力。一是混合所有制企业解决了产权问题，在产权明晰的基础上明确了各自有关的责权利，促进了产权的流动性和增值性；二是避免了政企不分；三是解决了过去国有企业只负盈不负亏的问题。当前，发展混合所有制经济的基本途径，就是通过深化国有企业产权制度改革，引进私人产权（包括国有上市公司吸收私人股权、本企业职工持股、经营者持股、国有企业与私人企业兼并）、外国资本（包括国有企业与外资的合资和合作、向外资出售国有股），在投资主体多元化的基础上重建企业治理结构。在混合所有制企业，国家和集体资本是否需要控股或相对控股，要看企业的性质是否涉及国民经济命脉的行业和部门。如果涉及国民经济命脉，就必须控股；如果不是，则不一定控股。国家和集体资本在股份制企业中不管是否控股，它都实现了收益权，股份制就成为公有制的实现形式。

改革开放以来，我国城乡出现了大量股份合作制企业。江泽民在十五大报告中对股份合作制给予肯定。他说："目前城乡大量出现的多种多样的股份合作制经济，是改革中的新事物，要支持和引导，不断总结经验，使之逐步完善。劳动者的劳动联合和劳动者的资本联合为主的集体经济，尤其要提倡和鼓励。"① 一般认为，股份合作制是把合作制与股份制有机结合起来，是合作

① 中共中央文献研究室编《十五大以来重要文献选编》上，第22页。

制与股份制兼容的企业制度。股份合作制同样是公有制的实现形式。这是因为：其一，股份合作制企业是恢复劳动者入股和股金的个人所有权，并不是恢复私有制；其二，劳动合作是股份合作制企业的基础；其三，股份合作制企业体现了劳动者直接占有生产资料并与生产资料直接结合的原则；其四，股份合作制企业坚持社会主义集体经济的自愿互利和公共积累的原则；其五，股份合作制企业实行按劳分配和按股分配相结合的办法，并实行民主管理。当然也要看到，我国经济体制改革非常复杂艰巨，现实中的股份合作制企业情况各有不同，股份制形式也有真假之分。职工持小股、管理层持大股的现象很多。判断一个股份制企业是公有性质还是私有性质，并不能仅从表面上看它是否公众持股，是否有现代企业制度所要求的公司治理结构，而要从企业的实际出发，具体情况具体分析。

第二，股份制是国有企业赢得市场竞争优势的一种有效组织形式和运营方式。

其一，推行股份制有利于扩大公有资本的支配范围，增强公有制的主体作用。充分发挥国有经济的主导作用，是我国社会主义基本经济制度决定的。国有经济在国民经济中的主导作用主要体现在控制力、影响力和带动力。股份制的基本作用是集聚资本，发挥股份制集聚资本作用，能够为国有经济提供资本积累和集中的多种渠道，扩大国有资本的支配范围，放大国有资本的功能。在股份制企业中，国有资本控股可采取绝对控股（即国有股占绝对多数，如占50%以上）、相对控股（即国有股虽不占绝对多数，但拥有对企业的有效控制权）。不管哪一种形式，国家实际上都掌握着该企业的主要人事、收益分配和重大决策的控制权，用部分国有资本控制着企业全部资本的运用，增强了公有经济的主体地位。

其二，推行股份制有利于提高企业和资本的运作效率，实现国有资本保值增值。股份制具有很强的开放性和灵活性，便于国有资本重组，在不同行业和企业间有进有退，合理流动。当一种行业或企业市场前景黯淡、资本回报率低时，国有资本可以通过股权出售、转让而从中退出；也可以通过购买股票或兼并、联合、资产重组等渠道，进入市场前景看好、利润率高的行业和企业。这样，国有资本借助股份制形式，就能加速资本的流动和优化配置，提高国有资本的运作效率，降低运营成本。更为重要的是，通过股份制改革，使国有资本重组和流动起来，主要集中到关系国家安全和关系国民经济命脉的领域和企业，强化了国有经济的主导作用，使我国的所有制结构更加合理。

其三，推行股份制有利于国有企业所有权和经营权的分离，使国有企业真正成为独立的法人实体和真正的市场主体。长期以来，国有企业由于产权单一，直接导致政企不分，管办不分，权责利脱节，经营管理机制僵化，缺少有效监督和制约，效益低下。股份制具有明晰产权的功能。国有企业通过股份制改造，引进私人产权、外资和其他各类资本，实现投资主体多元化。国有资产管理监督机构或授权投资机构代表国家拥有股权，委派股东代表和董事进入企业，行使所有者职责。企业拥有企业财产的经营权，自主经营，自负盈亏，对出资者承担资产保值增值。股份制这种资产组织与经营方式，是完善公司法人治理结构的基础，既保证所有者对经营者的监督而使所有者权益不受损害；又保证经营者有充分的经营权和决策权，从而有利于加强企业内部的科学管理，加强监督，使企业更加适应市场经济的需要。

（三）大力发展公有资本控股或参股的股份制经济

总体上看，20 多年国有企业股份制改革取得了很大的成就，表现为股份制理论认识上的重大突破和改革实践的深入推进，国有企业经营机制已经发生了重要转变，国有经济不断发展壮大。

但是，国有企业股份制改革的根本问题并没有解决，改革仍然处在攻坚阶段。主要表现为：一些国有企业尤其是垄断行业的大型和特大型国有企业，根本没有进行股份制改造；经过股份制改造的国有企业，普遍存在国有股“一股独大”、股权结构不合理、法人治理结构不完善问题，并没有实现企业经营机制的转换；国有股、法人股不流通，流动、组合、重组困难重重。针对当前我国经济体制改革面临的问题，2003 年十六届三中全会《关于完善社会主义市场经济体制若干问题的决定》，进一步提出建立健全现代产权制度，完善国有资产管理体制，深化国有企业改革的任务。贯彻十六届三中全会《决定》精神，推动国有企业股份制改革，总体方向就是实现投资主体多元化、股权结构合理化、治理结构规范化，建立起规范的现代企业制度。

第一，大力发展混合所有制经济，进一步完善社会主义基本经济制度，使混合所有制经济成为公有制的主体形式。当前，股份制企业中国有股“一股独大”、国民经济中国有经济“一家独大”的状况，不仅造成国有经济自身效率低下，也制约了其他所有制经济的发展。根据十六大和十六届三中全会《决定》精神，我国国有企业中，除了极少数必须由国家独资经营的企业外，其他国有企业都应实行投资主体的多元化，搞股份制改革。鉴于我国国有企业面广量大、规模大小不一、类型各异、重要程度不同的实际情况，要结合调整国有经济布局和结构，完善国有资本进退机制，积极发展国有控股、参股的混合所有制企业，推动国有资本更多地流向关系国民经济命脉的行业和部门，发展具有国际竞争力的大公司大企业集团。在涉及国民经济命脉的行业和部门，国有资本一般要控股，可根据不同情况采取绝对控股和相对控股的方式；在不涉及国民经济命脉的行业和部门，国有资本则不一定控股。但是，在非国民经济命脉的行业和部门中，有些国有企业效益很好、资产质量好，它有能力吸收其他社会资本组成股份公司，就没有必要放弃自己的控股地位；有些国有企业经营困难、资产质量差，则通过关闭、破产或让其他社会资本控股等方式，实现优胜劣汰。当前，对于应当进行股份制改革而未改的企业，要鼓励国有资本、集体资本、中外私人资本等参股，把它们改造成规范的现代股份制企业。如过去由国家独家经营的基础设施和公用事业要放宽市场准入，有条件的企业要积极推行投资主体多元化，打破国有资本的垄断经营。即使少数必须由国家独资的企业，也应当引入竞争机制，加强监管。对于已进行股份制改造但很不规范，尤其是国有股过大的企业，如上市公司中，绝大多数是国有控股企业，国有股东和法人股东占压倒多数，相当一部分法人股东也是国有资本控股，这类企业就要通过出售国有股、吸收社会资本、境外资本参股等途径，改变国有股权过于集中的状况。我国政府为鼓励外资公司特别是跨国公司以多种形式参与国有企业的改组改造，已出台了一系列相关的政策、法规，并将吸收外资特别是大型跨国公司的投资作为今后国有企业股份制改革的一个重要投资来源。对于国家今后新建的企业，原则上都应采取股份制，除了国家出资外，要多方吸收社会投资。

第二，完善公司法人治理结构，转换国有企业经营机制，切实解决好一些国有企业国有股过大，导致企业治理结构不规范、经营机制没有实质性变化的“形似神不似”的突出问题。一方面，要大力发展国有资本、集体资本和非公有资本等参股的混合所有制经济，推动国有企业形成合理的股权结构；另一方面，要完善公司法人治理结构，推动国有企业转换经营机制。要按照“产权清晰、权责明确、政企分开、管理科学”的现代企业制度要求，进一步明确出资人和经营者的权利、责任、义务，实行政企分开，使企业成为适应市场的法人实体和市场主体。十六届三中全会《决定》提出规范公司股东会、董事会、监事会和经营管理者的权责，完善企业领导人员的聘任制度。股东会决定董事会和监事会成员，董事会选择经营管理者，经营管理者行使用人权，并形成权力机构、决策机构、监督机构和经营管理者之间的制衡机制。企业面向市场，转变经营机制，形成企业优胜劣汰、经营者能上能下、人员能进能出、职工收入能增能减、技术不断创新、国有资本保值增值等机制。

第三，建立健全现代产权制度，深化国有资产管理体制改革。广泛推进国有企业股份制改革，发展混合所有制经济，要求加快推进经济体制其他方面的改革，与之相配合、相促进。一是建立健全现代产权制度。产权是所有制的核心和主要内容，包括物权、债权、股权和知识产权等各类财产权。实行股份制只是解决了企业资产的组织形式问题，决不意味着“一股就灵”，还必须建立归属清晰、权责明确、保护严格、流转顺畅的现代产权制度。无论是出资者还是法人都要有明确的权利和职责，都要依法得到保护，不得随意侵犯，都要在顺畅的流转中实现保值、增值。十六届三中全会《决定》指出：建立这样的产权制度“有利于维护公有财产权，巩固公有制经济的主体地位；有利于保护私有财产权，促进非公有制经济发展；有利于各类资本的流动和重组，推动混合所有制经济发展；有利于增强企业和公众创业创新的动力，形成良好的信用基础和市场秩序。这是完善基本经济制度的内在要求，是构建现代企业制度的重要基础。”① 二是加快推进国有资产管理体制改革。十六届三中全会要求把政府公共管理职能和国有资产出资人职能分开，国有资产管理机构对授权监管的国有资本依法履行出资人职责，维护所有者权益，维护企业作为市场主体依法享有的各项权利，督促企业实现国有资本保值增值，防止国有资产流失。建立国有资本经营预算制度和企业

① 中共中央文献研究室编《十六大以来重要文献选编》上，第467页。

经营业绩考核体系，积极探索国有资产监管和经营的有效形式，完善授权经营制度。贯彻十六届三中全会精神，“十五”期间，我国新的国有资产管理体制基本建立起来。国务院国资委和省级国资委相继组建，大多数市（地）也组建了国有资产监管机构。国务院公布了《企业国有资产监督管理暂行条例》，国务院国资委先后制定发布了业绩考核、规范改制、产权管理、清产核资等规章和文件。国有资产监管机构对所监管企业开展了经营业绩考核工作，并面向社会公开招聘企业经营管理者。三是尽快培育形成现代市场体系。特别是加快建立规范的资本市场和产权交易市场，健全产权交易规则和监管制度，适时推进国有股、法人股进入流通，形成有进有退、流转顺畅的产权流动机制，通过市场的作用，使资本在不同所有制和不同地区、行业、企业之间流动重组，提高资源配置和使用效率。

第四章　促进非公有制经济发展的制度和法律保障

社会主义初级阶段非公有制经济这个概念经常使用，但内涵过去一直没有一个一致的说法，依据我国宪法规定和经济生活的实际现状，它应该是相对于公有制而言的以个体经济、私营经济、外资经济为主要经济形式的一种所有制。其所有制主体是国家和集体以外的个人或组织（包括外国的个人和组织）。由于非公有制经济中的外资经济具有一定的特殊性，我们这里研究的主要是非公有制经济中的个体经济和私营经济。

众所周知，我国在1953年开始了对农业、手工业、资本主义工商业的社会主义改造，1956年，社会主义改造完成，我国成为一个基本由单一的公有制经济组成的国家。此时的非公有制经济只保留了极少的个体经济和中外合资中的外资成分，对整个国民经济几乎没有影响。在以后的中国经济发展中，当时的领导人曾有过发展非公有制经济的一些想法和提法，如1956年9月陈云在中共八大作了《社会主义改造完成以后的新问题》的报告，在其著名的“三个主体、三个补充”的论述中，明确指出“我国的社会主义经济的情况将是这样的：在工商业经营方面，国家经营和集体经营是工商业的主体，但是附有一定数量的个体经营。这种个体经营是国家经营和集体经营的补充。”[①] 同年12月7日，毛泽东在同民建和工商联负责人的谈话中针对当时国营、集体经济中出现的问题也指出：“上海的地下工厂同合营企业也是对立物。因为社会需要，就发展起来。要使它成为地上的，合法化，可以雇工。”“可以开私营大厂，订个协议，十年、二十年不没收。”“可以消灭了资本主义，又搞资本主义。”[②] 但这些想法和提法并没有具体的实施。因此，改革开放前，中国非公有制经济的发展状况没有得到改变。十一届三中全会后，非公有制经济的发展情况才有了深刻的变化。

改革开放以来，非公有制经济在我国国民经济中具有举足轻重的地位和作用，成为推动我国经济体制改革和国民经济发展的一支重要力量。统计显示，1978年以来，我国国民经济以年均9.4%的速度增长，GDP总量从3000多亿元增至2003年的11万多亿元，其中，国有经济创造的增加值从2000多亿元发展到4万亿元，增长了20倍左右；集体经济创造的增加值从1000多亿元发展到3万多亿元，增长了30倍左右；而个体、私营等非公有制经济的年均增长速度达到了24%以上，创造的增加值从100多亿元增长到2003年的4万亿元，增长了400倍，占GDP的比重从1979年的不足1%增长到目前已超过1/3。到2003年底我国非公有制企业已有300多万户，注册资本35305亿元，从业人员4299万人。二十几年来，非公有制经济在快速发展的同时，也为扩大社会就业、缓解就业压力作出了重大贡献，已经成为我国地市县经济的主体力量。

纵观二十多年非公有制经济的发展历程，我们可以看到，非公有制经济的发展与我们党对什么是社会主义、如何发展社会主义、我国所处的社会主义发展阶段、社会主义基本经济制度等重

① 《陈云文选》第3卷，人民出版社，1995，第13页。

② 《毛泽东文集》第7卷，人民出版社，1999，第170页。

大理论的发展变化有着密切的关系，与非公有制经济法律地位的明确和相关法律、法规的完善有着密切的关系，与各地方政府的大力推动和扶持有着密切的关系。在其中，以邓小平为核心的党的第二代领导人为非公有制经济的发展起到了奠基的作用，以江泽民为核心的党的第三代领导人为非公有制经济的发展起到了巨大的推动作用。

一 从必要补充、有益补充到重要组成部分，非公有制经济理论和政策的变化

（一）个体经济的补充地位得到明确

中国共产党十一届三中全会后，党的工作重心开始向经济建设方面转移，但由于十年“文化大革命”使中国的经济已达崩溃的边缘；加之经济发展的思路有问题，因此经济发展的状况并不尽如人意。1980 年 12 月，时任国务院总理的赵紫阳在中央工作会议上开始部署调整经济工作，此时调整工作总的要求是三条：一是基本上做到财政收支平衡，不出赤字，而且不给后年留下窟窿。二是基本实现信贷收支平衡，不再搞财政性的货币发行。三是把物价基本稳定下来，特别是把占居民消费总支出 70% 左右的基本生活必需品的销售价格稳住。同时也强调要加强集中统一，正确处理调整与改革的关系，以保证经济的发展。而在具体发展经济的措施中，我们也看到了“在公有制经济占绝对优势的条件下，允许城镇个体所有制经济的发展”[①] 的要求。这反映了我党非公有制经济的政策开始松动，但我们也应该看

① 中共中央文献研究室编《三中全会以来重要文献选编》上，人民出版社，1982，第 619 页。

到，这时允许发展的仅仅是个体经济。

调整的效果是明显的，调整中个体经济的作用也开始引起重视。因此，个体经济的地位问题开始提了出来。在1981年中共中央、国务院作出的《关于广开门路，搞活经济，解决城镇就业问题的若干决定》中，即强调，1981年时，城镇劳动者个体经济有了初步的恢复和发展，但不能适应国民经济发展的需要，必须按照国务院国发〔1981〕108号文件，进一步调整政策，广泛深入地宣传党的方针，说明城镇劳动者个体经济对于发展生产、搞活经济、满足需要、扩大就业的重要作用，消除干部、群众和待业青年的思想顾虑，使城镇劳动者个体经济得到健康的发展。强调党中央、国务院的各个有关部门，要采取积极态度，坚决地迅速地改变那些歧视、限制、打击、并吞集体经济和个体经济的政策措施，代之以引导、鼓励、促进、扶持的政策措施。强调个体劳动者，是我国社会主义的劳动者。他们的劳动，同国营、集体企业职工一样，都是建设社会主义所必需的，都是光荣的。对于他们的社会和政治地位，应与国营、集体企业职工一视同仁。其中的先进分子，符合党员、团员条件的，同样可以按照党章、团章规定，吸收入党入团。

同时值得注意的是对个体经营者的雇工问题也作了规定，“对个体工商户，应当允许经营者请两个以内的帮手；有特殊技艺的可以带五个以内的学徒。”① 也明确指出了“个体劳动者的财产所有权，正常的经营活动和正当的收入，应当受到法律的保护”②，对个体经济的总体定性是“在我国，国营经济和集体经济是社会主义经济的基本形式，一定范围的劳动者个体经济是社会主义公有制经济的必要补充。国营经济在各种经济形式中起着

---

① 中共中央文献研究室编《三中全会以来重要文献选编》下，第986页。

② 中共中央文献研究室编《三中全会以来重要文献选编》下，第988页。

主导作用，为了适应生产力发展的状况，以及人民群众多方面的需要，还必须同时发挥集体、个体等多种经济形式的积极作用。在社会主义公有制经济占优势的根本前提下，实行多种经济形式和多种经营方式长期并存，是我党的一项战略决策，决不是一种权宜之计。"① 至此，非公有制经济中的个体经济成为社会主义公有制经济的必要补充。这一提法在胡耀邦所作的党的十二大报告中得到了肯定。但出于长期存在的看法，私营经济的地位尚未得到明确。

（二）私营经济、外资经济补充地位的明确

随着改革开放后经济形势的发展，我国经济中私营经济、外资经济大量涌现，尤其是私营经济的重新出现和发展，成为人们日益关注的焦点问题。所谓私营经济，顾名思义，就是由私人经营的经济。私营经济有广义和狭义之分。广义的私营经济，是指不论生产资料的归属，只要经营管理权属于私人，并由其承担风险损益的经济形式，都一律称之为私营经济。而狭义的私营经济则与广义的概念不同，它不是泛指一般由私人经营的经济，而是特指财产归私人所有，企业由私人经营，并且存在雇佣劳动关系的经济形式。我们这里所提到的私营经济，不是指广义的私营经济，而是指狭义的私营经济。这种狭义的私营经济具有以下几个方面的质的规定性。其一，企业的资产归企业主或企业主集团私人所有。这是私营经济的本质属性之一，也是它区别于公有制经济的根本标志。其二，以雇佣劳动为基础。企业雇有一定数量的工人进行劳动，并占有他们所创造的剩余价值。这是私营经济的又一本质属性，这一本质属性，使之与个体经济相区别。个体经

① 中共中央文献研究室编《三中全会以来重要文献选编》下，第 983 ~ 984 页。

济虽然和私营经济一样，其生产资料也属于私人所有，但个体经济是一种简单的商品经济，它一般不雇佣工人，即使有也不过是带几个学徒或请几个帮手。因此，是否拥有一定数量的雇工，是区别个体经济与私营经济的重要分水岭。其三，以按资分配为主要分配形式。在私营企业中，由于它的资产属企业主私人所有，因此，其最终劳动成果也就归企业主个人直接分配。这种按资分配的关系，是私营经济的第三个本质属性。外资经济中外商独资企业是国外资本主义企业，中外合资、中外合作企业也有外国资本家的成分。

因此，如何正确认识和对待私营经济和外资经济的发展，也日益提到党和国家的议事日程上来，给这一部分的经济形式定性的问题已不可避免。1985 年 8 月邓小平会见津巴布韦非洲民族联盟主席、政府总理穆加贝时就指出："吸收外国的资金和技术，欢迎中外合资合作，甚至欢迎外国独资到中国办工厂，这些都是对社会主义经济的补充。"① 党的十三大政治报告进一步明确了私营经济和外资经济的地位。1987 年召开的中共十三大系统地阐述了社会主义初级阶段的基本路线，制定了对私营经济予以"鼓励发展"的政策，关于对外资经济，指出"中外合资企业、合作经营企业和外商独资企业，也是我国社会主义经济必要的和有益的补充。"② 并指出，我国"目前全民所有制以外的其他经济成分，不是发展得太多了，而是还很不够。对于城乡合作经济、个体经济和私营经济，都要继续鼓励它们发展。"③

概括地说，以邓小平为代表的党的第二代领导人对于我国非公有制经济发展的理论贡献主要表现在以下几个方面：

① 《邓小平文选》第 3 卷，第 138 页。

② 中共中央文献研究室编《十三大以来重要文献选编》上，人民出版社，1991，第 32 页。

③ 中共中央文献研究室编《十三大以来重要文献选编》上，第 31 页。

第一，提出并逐步完善社会主义初级阶段理论，明确了我国所处的社会历史阶段，尤其强调了我国社会生产力发展严重不足的客观事实，为我国非公有制经济的存在和发展提供了最根本的理论依据。在初级阶段，尤其要在以公有制为主体的前提下发展多种经济成分，诚如十三大报告中指出的："我们已经进行的改革，包括以公有制为主体发展多种所有制经济，以至允许私营经济的存在和发展，都是由社会主义初级阶段生产力的实际状况所决定的。"①

第二，"允许一部分人先富起来"的政策，为非公有制经济的存在和发展提供了政策依据。早在1978年12月召开的中央工作会议的闭幕式上，邓小平发表讲话，指出："在经济政策上，我认为要允许一部分地区、一部分企业、一部分工人农民，由于辛勤努力成绩大而收入先多一些，生活先好起来。一部分人生活先好起来，就必然产生极大的示范力量，影响左邻右舍，带动其他地区、其他单位的人们向他们学习。这样，就会使整个国民经济不断地波浪式地向前发展，使全国各族人民都能比较快地富裕起来。"② 邓小平的这一思想成为引导全党从传统的平均主义观念中解放出来的一个重大突破。在这一思想的指导下，1986年中共十二届六中全会通过的《关于社会主义精神文明建设指导方针的决议》，制定了"鼓励一部分人先富裕起来"的政策，决议指出：我国社会主义"在相当长历史时期内，还要在公有制为主体的前提下发展多种经济成分，在共同富裕的目标下鼓励一部分人先富裕起来。"③

第三，"三个有利于"标准的提出，改变了人们长期以来以

① 中共中央文献研究室编《十三大以来重要文献选编》上，第26页。

② 《邓小平文选》第2卷，第152页。

③ 中共中央文献研究室编《十二大以来重要文献选编》下，人民出版社，1986，第1180页。

姓“资”姓“社”作为评价改革开放中出现的新事物的标准的错误做法，为非公有制经济的存在和发展提供了新的判断标准。“改革开放迈不开步子，不敢闯，说来说去就是怕资本主义的东西多了，走了资本主义道路。要害是姓‘资’还是姓‘社’的问题。判断的标准，应该主要看是否有利于发展社会主义社会的生产力，是否有利于增强社会主义国家的综合国力，是否有利于提高人民的生活水平。”按照“三个有利于”的标准来判断非公有制经济，它无疑是有利于社会主义社会生产力的发展的。

（三）从必要补充、有益补充到重要组成部分，江泽民对于非公有制经济理论的重要发展

江泽民在刚刚担任党和国家的最高领导人时，对非公有制经济的认识和邓小平并没有什么明显的区别。1989 年 9 月 29 日江泽民《在庆祝中华人民共和国成立四十周年大会上的讲话》中对于我国非公有制经济的论述，充分说明了这一点。江泽民指出：“关于坚持公有制为主体、发展多种经济成分的问题。在我国经济发展中，我们要继续坚持以公有制为主体、发展多种经济成分的方针，发挥个体经济、私营经济以及中外合资、合作企业和外资企业对社会主义经济的有益的、必要的补充作用。坚持这个方针，是为了更好地发挥社会主义经济的优越性，促进我国经济的更快发展，绝不是要削弱或取消公有制经济的主体地位，更不是要实行经济‘私有化’。非公有制经济在我国国民经济中所占比重和发展领域，要根据我国现实的生产力水平和客观需要来确定，不能简单地把它所占比重的大小作为衡量改革成绩的标志。”[①]“在我国现阶段，发展从属于社会主义经济的个体经济、私营经济，对于发展社会生产、方便人民生活、扩大劳动就业，

① 中共中央文献研究室编《十三大以来重要文献选编》中，第 621 页。

具有重要的不可缺少的作用。十年来改革的实践，充分证明了这一点。我们的方针，一是要鼓励它们在国家允许的范围内积极发展；二是要运用经济的、行政的、法律的手段，加强管理和引导，做到既发挥它们的积极作用，又限制其不利于社会主义经济发展的消极作用。”①

1991 年 7 月 1 日江泽民《在庆祝中国共产党成立七十周年大会上的讲话》中，表达了同样的意思。“有中国特色社会主义的经济，必须坚持以生产资料社会主义公有制为主体，允许和鼓励其他经济成分的适当发展，既不能脱离生产力发展水平搞单一的公有制，又不能动摇公有制经济的主体地位，不能搞私有化。”②“在我国现阶段，适应生产力的现实水平和进一步发展的要求，首先要巩固和壮大社会主义公有制经济，同时需要个体经济、私营经济以及中外合资、合作企业和外商独资企业的适当发展，作为社会主义公有制经济必要的有益的补充。我们要在实践的过程中，经过深入系统的调查研究，采取适当的措施，逐步使得各种经济成分在整个国民经济中所占的比例和发展范围趋于比较合理。”③

随着非公有制经济的迅速发展，江泽民对非公有制经济的看法开始有了一些细微的变化。在 1992 年 10 月召开的十四大上，江泽民在其《加快改革开放和现代化建设步伐，夺取有中国特色社会主义事业的更大胜利》的报告中，一方面强调“加快我国经济发展，必须进一步解放思想，加快改革开放的步伐，不要被一些姓‘社’姓‘资’的抽象争论束缚自己的思想和手脚。”④

---

① 中共中央文献研究室编《十三大以来重要文献选编》中，第 622 页。
② 中共中央文献研究室编《十三大以来重要文献选编》下，第 1638 页。
③ 中共中央文献研究室编《十三大以来重要文献选编》下，第 1638 ~ 1639 页。
④ 中共中央文献研究室编《十四大以来重要文献选编》上，第 17 页。

“国外的资金、资源、技术、人才以及作为有益补充的私营经济，都应当而且能够为社会主义所利用”[①]。另一方面，在非公有制经济的地位和作用的描述上，强调“在所有制结构上，以公有制包括全民所有制和集体所有制经济为主体，个体经济、私营经济、外资经济为补充，多种经济成分长期共同发展，不同经济成分还可以自愿实行多种形式的联合经营。国有企业、集体企业和其他企业都进入市场，通过平等竞争发挥国有企业的主导作用。”[②] 仔细阅读这段文字，可以看出三点变化。其一，是强调非公有制经济和公有制经济可以长期共同发展；其二，是不同经济成分还可以自愿实行多种形式的联合经营，也就是非公有制经济和公有制经济可以联合经营；其三，是国有企业、集体企业和其他企业都进入市场。总之，这说明非公有制经济和公有制经济都是社会主义市场经济的主体，应该具有同样的法律地位。

党的十四大后，随着我国社会主义市场经济体制的逐步建立和非公有制经济的进一步发展，把非公有制经济看成是公有制经济“补充”的理论与实践所产生的矛盾越来越明显，这种理论的局限性也日益显现。以江泽民为代表的第三代中央领导集体清醒地认识到，要解决改革开放和发展非公有制经济所遇到的新问题，就必须解放思想，实事求是，根据新情况，提出新理论，解决新问题。于是，在1997年召开的中共十五大上，我们党以邓小平理论为指导，科学地总结了改革开放以来私营经济发展的实践经验，从调整和完善所有制结构的问题入手，提出了发展私营经济、个体经济、外资经济等非公有制经济的新理论。大会指出，公有制为主体、多种所有制经济的共同发展，是我国社会主义初级阶段的一项基本经济制度；非公有制经济是我国社会主义

① 中共中央文献研究室编《十四大以来重要文献选编》上，第17页。

② 中共中央文献研究室编《十四大以来重要文献选编》上，第19页。

市场经济的重要组成部分；对个体经济、私营经济等非公有制经济要继续鼓励和引导，使之健康发展。

党的十五大提出的大力发展非公有制经济的理论，不再把私营经济等非公有制经济看成社会主义经济的补充，而是把它作为社会主义市场经济的重要组成部分；不再把私营经济等非公有制经济排斥在社会主义基本经济制度之外，而是把它纳入社会主义基本经济制度之中。这不但正确地体现了非公有制经济在社会主义市场经济中的地位和作用，而且也是以江泽民为核心的第三代中央领导集体对邓小平关于发展非公有制经济理论的丰富和发展。

第一，这一理论为私营经济等非公有制经济的进一步发展扫除了前进中的障碍。传统的观念忽视我国尚处于社会主义的初级阶段，生产力水平低，商品经济不发达等特点，否认私营经济等非公有制经济在社会主义经济中的地位和作用。这种观点片面追求所有制的“一大二公”，违背了生产关系一定要适应生产力发展的原理，无疑是错误的。对于有人认为大力发展私营经济等非公有制经济是搞“私有化”，担心这样做会产生新的剥削阶级或资产阶级，邓小平早在1979年就给予了澄清，并指出：我们“也不认为在社会主义制度下，在确已消灭了剥削阶级和剥削条件之后还会产生一个资产阶级或其他剥削阶级。”[①] 因此，这种将非公有制经济当成社会主义经济的“对立物”和“异己力量”而加以排斥的观点不但是错误的，而且是有害的。改革开放二十余年来的历史表明，私营经济等非公有制经济的发展，为国家提供了大量的税收和外汇，为社会提供了丰富的产品，解决了数以千万计人的就业问题，在社会主义现代化建设中发挥出越来越重要的作用，是符合“三个有利于”标准的。中共十五大提出的

① 《邓小平文选》第2卷，第168页。

关于非公有制经济的新理论，为我国私营经济等非公有制经济扫除了前进中的障碍，开辟了广阔的发展前景。

第二，这一理论为私营经济等非公有制经济的发展提供了可靠的政策保障。传统的观点认为，在所有制问题上，公有制应优于非公有制，这是社会主义制度优越性的显著特征和具体体现，因此，要建设社会主义，就必须限制非公有制经济的发展。而实际上在我国社会主义的初级阶段，在生产资料公有制占主导地位的前提下，应允许多种所有制形式和经济成分并存，也就是说，凡是能促进生产力发展的所有制形式，在我国目前都有存在的客观必然性。中共十五大提出的关于非公有制经济的新理论，将非公有制经济界定为我国社会主义市场经济的重要组成部分，从而取消了对非公有制经济的一切歧视和限制，为非公有制经济的发展提供了可靠的政治保障。

第三，这一理论为私营经济等非公有制经济提供了广阔的发展空间。有一种观点认为，发展非公有制经济仅仅是社会主义初级阶段的权宜之计，今后，随着社会的进步和生产力的发展，非公有制经济又会重新被取消。而实际上并非如此。我们知道，尽管社会主义社会的发展是与社会化的大生产相联系的，但是人类的经济发展史又告诉我们，单一的公有制和私有制都不能完全适应社会化的大生产，在资本主义社会是这样，在社会主义社会也是这样。在我国，随着社会生产力的发展，必然会产生更多的新兴行业和新的经济活动领域，而这一切仅靠单一的公有制形式是无法囊括的。因为，随着这些新兴行业和新的经济活动领域的出现，社会生产的专业化分工和协作必然会发生新的变化，这种变化无疑为私营经济、个体经济等非公有制经济的经济活动提供了广阔的发展空间。

因此，如果我们在社会主义的不发达阶段轻率地取消非公有制经济的经济活动，那么，我们又会重犯过去的错误。江泽民在十五大报告中指出："一切符合'三个有利于'的所有制形式都可以而且应该用来为社会主义服务。"[①] 我们相信，只要非公有制经济的发展符合"三个有利于"的标准，它在社会主义的历史发展阶段就有立足之地。

促进非公有制经济的发展，关键是要在观念上和制度上克服对非公有制经济的歧视，各种所有制经济完全可以在市场经济中发挥各自优势，相互促进，共同发展。为此，党的十六大提出了"两个必须毫不动摇"，即"必须毫不动摇地巩固和发展公有制经济"，"必须毫不动摇地鼓励、支持和引导非公有制经济发展"[②]，不能把两者对立起来，要把坚持公有制为主体、促进非公有制经济发展，统一于社会主义现代化建设的进程中。这成为江泽民为核心的中共第三代领导人对邓小平发展非公有制经济理论的又一重要发展。

从理论上看，在社会主义市场经济条件下，发展公有制经济和发展非公有制经济的统一性主要表现在以下几个方面：

第一，它们都是社会主义市场经济不可或缺的平等竞争主体，因此，完全可以在市场竞争中发挥各自优势，相互促进，共同发展。

第二，它们统一在社会主义初级阶段基本经济制度之中，都是社会主义经济的重要组成部分，因此理应共同存在于社会主义市场经济的发展之中。

第三，它们都是为社会主义现代化建设服务，为社会主义的共同富裕作贡献，因此二者的发展方向和服务宗旨基本是统一的、一致的。

第四，公有制经济和非公有制经济不但可以相互合作、相互

① 中共中央文献研究室编《十五大以来重要文献选编》上，第20页。
② 中共中央文献研究室编《十六大以来重要文献选编》上，第19页。

促进，而且还可以相互混合、相互参股，形成一个统一的具有多元化投资主体的经济实体，这样的经济组织形式还将成为我国企业的主要形式。

在实践中我们可以看到，社会主义制度建立以后，社会主义公有制经济和非公有制经济的关系，同社会主义制度建立以前有很大的不同。前者是相互促进、共同发展的关系，后者既有互相促进的关系，又有互相对立的关系。在新民主主义到社会主义的过渡时期，社会主义和资本主义存在着激烈的斗争。从新中国成立初期的市场斗争、“三反”、“五反”到利用国家资本主义的形式改造民族资本主义工商业，公有制经济和非公有制经济的斗争是很激烈的，一直到 1956 年社会主义改造的完成，在中国才确立了社会主义制度。但是改革开放以后的私营企业不同，它是从属于公有制，是社会主义市场经济的重要组成部分，推动我国社会生产力的发展。国家支持非公有制经济发展，而非公有制也支持国有经济发展，发挥各自优势，相互促进，共同发展。社会主义初级阶段的个体工商户、私营企业主是社会主义事业的建设者。他们拥护中国共产党的领导，走社会主义道路，贯彻执行党和国家的方针政策，他们中间有不少人甚至加入了中国共产党，成为中共党员。因此，公有制和非公有制经济统一于社会主义现代化建设的进程中，相互促进，共同发展，这也是中国特色社会主义经济发展的一条规律。

二 宪法修改，相关法律法规的制定，非公有制经济的法律保护

从对非公有制经济保护的角度来看，对于非公有制经济的保护可以采取多种手段，如法律保护、政策保护等，其中法律保护中的宪法保护则是最根本的保护。

（一）非公有制经济的宪法保护的内涵

新中国成立以后，从1949年《共同纲领》通过到1982年现行宪法颁布前夕，33年时间里共制定了四部宪法性文件，1982年五届全国人大五次会议通过的现行宪法，是中国历史上最好的一部宪法。它在改革开放的过程中产生，伴随着社会主义现代化建设事业的发展而完善，并为改革开放和现代化建设事业提供根本法保障。但是，现行宪法毕竟是1982年在计划经济占主导地位的条件下制定的，随着改革开放的深化和社会经济的发展，特别是随着我国经济体制从计划经济向市场经济过渡、治国方略从人治到法治的转变，宪法的部分规范尤其是经济制度规范已不能适应现代化建设事业进一步发展的要求。

从宪法的角度来讨论如何保护非公有制经济，即涉及非公有制经济的宪法保护问题，它至少包含以下几层含义：（1）非公有制经济的宪法保护首先要确定非公有制经济的宪法地位。非公有制经济作为一种与公有制经济相对而言的经济形式，我们可以从诸多角度对它进行定位。定位的标准有层级之分，相应的将它定位于哪一层级同时也说明了非公有制经济在国家经济生活中的砝码轻重及其价值得到被认同的程度。非公有制经济宪法保护的首要问题是要在宪法中确定非公有制经济的地位，以国家最高法律给它定位。（2）非公有制经济的宪法保护同时涉及对非公有制经济主体宪法权利的认可状态。非公有制经济作为企业法人其享有诸多的权利，这些权利可以来自法律规定也可以来自政策赋予。非公有制经济的宪法保护是要通过宪法规范赋予非公有制主体的经济权利。宪法权利不同于一般法律和政策上的权利，宪法权利首先是一种最为基本的权利，它是其他权利衍生的根源，并决定其他权利能否产生和实现。如果没有基本权利的保障，其他具体权利难以长久存在和发展。（3）非公有制经济的宪法保护还包括必须保障非公有制经济处于良好的运行状态。非公有制经济作为一种经济形态一经产生便会处于不断运行中，能否得以良性运行并最终发展壮大在很大程度上取决于其所处的外在环境和条件有利与否。保障非公有制经济的正常、健康运行状态就是要在宪法层面创造一个有利于它运行的土壤。尽管其他法律或政策手段也可以为非公有制经济运行创造某些环境和条件，但这些因素往往显得较为单一和零散，同时这些手段最终需要宪法的通领。宪法可以提供最好的机制为非公有制经济形式的运行服务，清除非公有制经济运行中的根本性障碍。因此宪法保障是非公有制经济最根本的保障。

（二）非公有制经济宪法保护的进程

非公有制经济的概念在我国宪法中的确立，经历了一个历史过程。1949 年新中国成立之初具有临时宪法作用的《中国人民政治协商会议共同纲领》第 30 条规定："凡有利于国计民生的私营经济事业，人民政府应鼓励其经营的积极性，并扶助其发展。"在大规模"对私改造"和"文化大革命"之后，在 1975 年《宪法》和 1978 年《宪法》中，我国经济只划分为全民所有制和集体所有制两种经济形式，在宪法中非公有制经济已无立足之地。

改革开放后，我国对非公有制经济产权在宪法中从一般承认到强调保护是一个渐进的过程。起初是对个体经济的承认。1982 年宪法在序言中明确了今后国家的根本任务，即"集中力量进行社会主义现代化建设"，并提出"四个现代化"目标。宪法在总纲部分重点从两方面确立了基本经济制度：一是公有制基础及其表现形式（第 6 ~ 13 条）；二是经济管理体制（第 14 ~ 18 条）。前者涉及国营、集体、个体经济及其所有权保护，后者涉及计划经济、企业经营权以及对外开放。其中，第 11 条明确规定："在法律规定范围内的城乡劳动者个体经济，是社会主义公有制经济的补充。国家保护个体经济的合法的权利和利益。国家通过行政管理，指导、帮助和监督个体经济。”① 此时，非公有制经济范畴中只有个体经济，其原因在于个体经济由于不存在剥削，其获得承认在意识形态上没有障碍，所以其较快取得了合法地位。但私营经济作为非公有制经济其产权的合法地位却未能得到承认。

从 1978～1987 年私营经济规模迅速扩大，其在社会经济生活中的地位日益重要。1987 年，党的十三大在阐述社会主义初级阶段理论的前提下，进一步深化了党对社会主义初级阶段所有制结构的认识，首次把私营经济当作社会主义经济的补充正式写进了党的文件："对于城乡合作经济、个体经济和私营经济，都要继续鼓励它们的发展。""实践证明，私营经济一定程度的发展，有利于促进生产，活跃市场，扩大就业，更好地满足人民多方面的生活需求，是公有制经济必要的和有益的补充。"为了将党的政策法律化，1988 年宪法修正案第 1 条规定："国家允许私营经济在法律规定的范围内存在和发展。私营经济是社会主义公有制经济的补充。国家保护私营经济的合法的权利和利益，对私营经济实行引导、监督和管理。"② 把私营经济作为社会主义公有制经济必要的和有益的补充，这是我国对所有制结构认识过程中迈出的至为可贵的一步。

1993 年的宪法修改案，从字面上看似乎没有涉及发展和保护非公有制经济的内容，但实际上对非公有制经济发展的影响是巨大的。其一，1993 年修宪将中国经济改革的市场经济目标模式法律化。将宪法第 15 条中"国家在社会主义公有制基础上实行计划经济。国家通过经济计划的综合平衡和市场调节的辅助作

---

① 《中华人民共和国宪法》，中国法制出版社，2004，第 6 页。

② 《中华人民共和国宪法》，第 26 页。

用，保证国民经济按比例地协调发展”，“禁止任何组织或者个人扰乱社会经济秩序，破坏国家经济计划”，修改为：“国家实行社会主义市场经济”、“国家加强经济立法，完善宏观调控”、“国家依法禁止任何组织或者个人扰乱社会经济秩序”。[①] 其二，国营经济更名为国有经济，国有经济与集体经济执行国家计划的规定被取消，突出了企业的市场主体地位。上述两点使市场经济的建立和健全在我国得以迅速发展，使得原本就适应市场经济的非公有制经济的发展更加如鱼得水。

经过二十余年的改革开放实践，中国社会的发展思路更加清晰，即我国处于社会主义初级阶段，建设中国特色社会主义的道路具有长期性和特殊性。1999 年宪法修正案在序言中强调了社会主义初级阶段的长期性，使社会主义初级阶段理论法制化。

此外，1999 年修宪将宪法第 6 条中“中华人民共和国的社会主义经济制度的基础是生产资料的社会主义公有制，即全民所有制和劳动群众集体所有制”，“社会主义公有制消灭人剥削人的制度，实行各尽所能、按劳分配的原则”，修改为：“中华人民共和国的社会主义经济制度的基础是生产资料的社会主义公有制，即全民所有制和劳动群众集体所有制。社会主义公有制消灭人剥削人的制度，实行各尽所能、按劳分配的原则”，“国家在社会主义初级阶段，坚持公有制为主体、多种所有制经济共同发展的基本经济制度，坚持按劳分配为主体、多种分配方式并存的分配制度”。将宪法第 11 条中“在法律规定范围内的城乡劳动者个体经济，是社会主义公有制经济的补充。国家保护个体经济的合法的权利和利益”，“国家通过行政管理，指导、帮助和监督个体经济”，“国家允许私营经济在法律规定的范围内存在和发展。私营经济是社会主义公有制经济的补充。国家保护私营经

---

① 《中华人民共和国宪法》，第 29 页。

济的合法的权利和利益，对私营经济实行引导、监督和管理”。修改为：“在法律规定范围内的个体经济、私营经济等非公有制经济，是社会主义市场经济的重要组成部分”。“国家保护个体经济、私营经济的合法的权利和利益。国家对个体经济、私营经济实行引导、监督和管理”。[①] 这次修宪将初级阶段的基本经济制度确定为“公有制为主体、多种所有制经济共同发展”；分配制度确定为“按劳分配为主体、多种分配方式并存”；个体经济、私营经济由原来的补充地位调整为“社会主义市场经济的重要组成部分”等重要内容，对我国非公有制经济的发展产生了深远的影响。

2004 年宪法的修改，对非公有制经济保护的意义作用更为巨大。这主要表现在宪法第 11 条和第 13 条的修改上。

宪法第 11 条的原条文是：“在法律规定范围内的个体经济、私营经济等非公有制经济，是社会主义市场经济的重要组成部分。国家保护个体经济、私营经济的合法的权利和利益。国家对个体经济、私营经济实行引导、监督和管理。”2004 年 3 月 14 日宪法修正案修改为：“在法律规定范围内的个体经济、私营经济等非公有制经济，是社会主义市场经济的重要组成部分。国家保护个体经济、私营经济等非公有制经济的合法的权利和利益。国家鼓励、支持和引导非公有制经济的发展，并对非公有制经济依法实行监督和管理。”[②] 我们可以看到，这次修正的内容：第 1 款未作任何改动，只是修改第 2 款。“国家保护个体经济、私营经济的合法的权利和利益”，修改为：“国家保护个体经济、私营经济等非公有制经济的合法的权利和利益”；“国家对个体经济、私营经济实行引导、监督和管理”，修改为：“国家鼓励、

① 《中华人民共和国宪法》，第 31 ~ 32 页。

② 《中华人民共和国宪法》，第 42 页。

支持和引导非公有制经济的发展，并对非公有制经济依法实行监督和管理”。

修改后的宪法，增加了对非公有制经济“鼓励、支持”的内容。过去的第二款中只有引导、监督、管理。鼓励、支持的缘由，主要是非公有制经济是我们经济的增长点，在公有制经济的改造、国有企业的改组还没有完成的前提下，经济的发展主要是靠非公有制经济，所以国家鼓励、支持非公有制经济的发展。同时，对非公有制经济的监督管理还是必要的。原来就有监督管理的规定，这里加了“依法实行”。在现实生活中，对私有制经济的监督管理或过严过苛，或没有依法进行，随意性很强，前后不一致，各地不一致，等等，这不符合法治的要求。由此可见，通过对宪法第十一条的修改，达到了三个目的：一是保护非公有制经济的合法权利和利益；二是鼓励、支持和引导非公有制经济的发展；三是对非公有制经济依法进行必要的监督管理。

宪法第13条原文只2款，第1款规定对公民的财产所有权的保护即“国家保护公民的合法的收入、储蓄、房屋和其他合法财产的所有权”。第2款规定对公民的继承权的保护即“国家依照法律规定保护公民的私有财产的继承权”。[①] 修正案修改为3款，即“公民的合法的私有财产不受侵犯”，“国家依照法律规定保护公民的私有财产权和继承权。国家为了公共利益的需要，可以依照法律规定对公民的私有财产实行征收或者征用并给予补偿”。[②]

对私有经济保护和对私有财产的保护是不同的。非公有制经济或私有经济是经济成分，这个经济成分体现在经济形式上，就是企业。对私有企业保护的内容是多方面的，表现在设立登记、税赋、管理等方面，着重点在经济形式上。第11条规定保护非

① 《中华人民共和国宪法》，第6页。
② 《中华人民共和国宪法》，第42页。

公有制经济的合法的权利和利益，所讲的保护是广义的。第 13 条规定对私有财产或私有财产权的保护，是从民法意义上讲的，是狭义的，着重于现实的财产，包括动产、不动产、债权、股权、担保权、知识产权等。非公有制经济企业的所有者最大的疑虑就在于，他们所赚的钱、所买的房等等能否长久归其所有，传之久远，不受剥夺，所以宪法规定对私有财产的保护非常重要。

1982 年的宪法是保护了公民的合法所有权，但对财产所有权采取了列举性的规定，这里没有包括生产资料，着重讲的就是生活资料。如 1982 年宪法所讲的收入，包括教授的工资，国有企业工人的工资，农村承包户的收成，个体户的经营所得；还没有想到炒股票、炒期货、炒房地产的所得，没有想到投资所得股息、红利。储蓄是指公民存入银行、信用社的货币。至于房屋，是指公民自住和依法少量出租的房屋，也没有考虑到私有房产。更没有考虑到有关知识产权的内容。

此次宪法的修改，抛弃了原来的思路和框架。所称私有财产，既包括生产资料，也包括生活资料，即包括金钱货币、储蓄存款、股票债券、保险权益、房屋、汽车、电器、知识产权等内容。如果是企业主，还包括你的厂房、设备、土地使用权、担保权、专利权、商标权、企业名称、商誉、投资权益等内容。这无疑是给非公有制经济的所有者吃了定心丸。

同时，针对改革开放以来以民营科技企业的创业人员和技术人员、受聘于外资企业的管理技术人员、个体户、私营企业主、中介组织的从业人员、自由职业人员新的社会阶层大量涌现的事实，2004 年的宪法修正案第 19 条把新的社会阶层明确为中国特色社会主义事业的建设者。由此可见，2004 年的宪法修正案，在政治上确认了非公有制经济所有者的地位和作用，在法律上保护非公有制经济所有者的地位和权益，必将充分调动他们的积极性和创造性，激励他们更自觉地为国家的繁荣富强贡献聪明才智和发挥更大作用。

需要说明的是，宪法对非公有制经济中的外资经济的保护，从一开始就有非常明确的规定，1982 年宪法的第 18 条规定："中华人民共和国允许外国的企业和其他经济组织或者个人依照中华人民共和国法律的规定在中国投资，同中国的企业或者其他经济组织进行各种形式的经济合作。"① 这使得非公有制经济中的外资经济，从一开始就和私营经济、个体经济处于不同的地位，也使得外资经济的发展更加顺利。

（三）非公有制经济的其他法律保护

非公有制经济仅仅依靠宪法的保护是不够的，宪法只能是一种最原则的保护，要想非公有制经济得到真正的保护，还需要相应的法律、法规进行配套。在这些方面，我国也做了大量的工作。

从 1979 年颁布的《中华人民共和国中外合资经营企业法》算起，我国在保护发展非公有制经济上颁布了大量的法律和法规。举其要者如下：《国务院关于城镇非农业个体经济若干政策性规定》、《中华人民共和国外资企业法》、《中华人民共和国私营企业暂行条例》、《中华人民共和国中外合作经营企业法》、《中华人民共和国公司法》、《中华人民共和国个人独资企业法》、《中华人民共和国合伙企业法》、《对外贸易法》、《对外贸易经营者备案登记办法》，2004 年国务院又颁布了《国务院关于鼓励支持和引导个体私营等非公有制经济发展的若干意见》。但在这一方面存在的问题也是十分明显的，主要表现在：

第一，非公有制经济方面的立法工作仍然不尽如人意，有些应该制定的法律至今尚未制定。比如在发展非公有制经济方面非

---

① 《中华人民共和国宪法》，第 17 页。

常重要的《私营企业法》和相关的配套法律，至今没有制定。

第二，1988 年《中华人民共和国私营企业暂行条例》，尽管在非公有制经济的发展史上曾经发挥过很大的作用，但现已在许多方面和现行的政策和法律相冲突，2002 年全国工商联即提出了废止该法律的提案，但该法律至今仍未废止。

第三，在保护和鼓励非公有制经济的法律法规的制定上，许多地方法规制定的时间要大大超过全国性的法规的制定。如 1997 年 10 月，广州市和北京市就先后颁布了保护和扶持私营企业的地方性法规。广州市人大公布了《广州市私营企业权益保护条例》，24 条政策鼓励私营企业为扩大规模增加投资，并为法院受理私营企业权益争议案件提供法制依据。北京市政府发布了《关于鼓励民营科技企业发展的若干规定》，17 条政策中提出，对具有一定规模、科技含量高、科技成果大的中型科技企业，在贷款、立项、税收等方面，比照国有大中型企业给予同等的扶持。江苏省也于 1998 年 12 月 29 日通过《江苏省发展个体私营经济条例》并决定自 1999 年 2 月 1 日起施行。6 章 40 条的内容，非常丰富。同时，江苏省的财政、工商、税务等 17 个局也制定了相应的实施意见。但全国性的法规直至 2004 年才由国务院颁布，这就造成了全国各地非公有制经济发展的严重的不平衡。

三 采取积极措施，为促进非公有制经济发展创造条件

中国的非公有制经济，经过邓小平、江泽民两代领导人的努力后，作为中国社会主义基本经济制度重要组成部分的地位得以确定。随着宪法的修改和相关法律的制定，非公有制经济的法律地位得到了巩固。非公有制经济已成为中国经济发展中一支极为

活跃的力量。但人们头脑中长期形成的观念难以很快消除，制度的改变也非一朝一夕所能完成，非公有制经济的发展中还存在着体制性的障碍和内在结构性的矛盾，这成为非公有制经济进一步发展的桎梏。以胡锦涛为总书记的新一届党中央，在前人的基础上，针对非公有制经济中存在的问题，采取了相应的措施，以保证非公有制经济的进一步发展。

（一）消除非公有制经济发展的体制性障碍

长期以来，在非公有制经济的发展中，一直存在着体制性障碍，成为非公有制经济发展的阻挠。这主要表现在以下几个方面：

第一，市场准入或投资领域的诸多限制，成为影响非公有制经济发展的重大体制性障碍。所谓市场准入，原指一个国家外国商品和服务供应者进入本国市场的程度；运用到非公有制经济的范畴，是指非公有制经济能够投资的领域。1988 年《中华人民共和国私营企业暂行条例》，曾对私营企业的投资领域作了明确的规定，这给私营企业进入其他领域带来了法律上的限制。随着改革开放的深入发展，非公有制经济中的私营经济，其市场准入不仅无法和国有经济相比，也大大不如外资经济。如在完全竞争或全面放开的行业，一些地方政府部门出于某些非经济原因往往对公有制企业和外资企业放宽既定尺度，实行倾斜政策，使非公有制企业事实上处于不公平竞争的境地。因此，应切实解决非公有制企业市场进入难的问题，原则上，凡是我国政府已向外资开放或承诺开放的投资领域，都应向非公有资本开放；凡是国家法律法规没有禁止进入的包括基础设施、公用事业在内的一切行业和领域，都应允许非公有资本进入；结合国有经济布局的战略调整，允许非公有制企业参与国有企业的股份制改造或资产重组。

第二，政府行政服务的诸多歧视，也是影响非公有制经济发展的重大体制性障碍。对非公有制经济发展的制约，还表现为在非公有制企业投资经营的各个环节中存在着比其他企业严得多的政府部门的审批限制。在有些地方，经营同样的业务，非公有制企业注册门槛诸如对注册资本、经营场所等的要求比其他企业高得多，前置审批手续也多得多；注册后所面对的审检也较多，相关的收费如年检收费也更高。这种歧视性审批制度，抑制了社会与公众的创业积极性，使得很多有利于经济发展和社会进步的生产经营活动难以展开。因此，要结合当前正在深入展开的审批制度改革，改善政府部门对非公有制企业注册、经营、增项、转业等各个环节的审批限制，为非公有制经济发展提供良好的行政服务。

第三，融资难长期成为困扰非公有制经济中个体私营经济发展的重大问题，其根本原因也是出于体制性障碍。非公有制企业融资难、贷款难，是延续多年至今仍没有解决的问题。由于多种原因，金融机构往往不愿给非公有制企业提供良好的贷款支持，致使私营企业的资金需求主要靠自我积攒和代价高昂的民间借贷来满足。非公有制企业发行债券股票等直接融资的门槛很高，一般非公有制企业难以获得这种待遇；对公有制企业给予的财政支持政策更是难以惠及到非公有制企业。据此，国有金融机构应为个体私营企业在融资、结算、外汇、资本运营等方面提供高效、优质的金融服务。而且在贷款审批、利率计算上应与国有企业平等对待；在贷款担保上采取适当办法，维护借贷双方的合法权益。

第四，政策歧视也是阻挠非公有制经济发展的体制性障碍之一。除了在产业准入上存在着差异外，非公有制企业难以与其他市场主体平等地使用生产要素，如在一些地方，非公有制企业除了交纳法定税额外，往往还要交纳许多缺乏透明度和随意性很大的税外行政性收费。因此需消除政策歧视，创造各类市场主体平等使用生产要素的环境，使非公有制企业拥有与其他企业同样的市场环境。

第五，私有财产保护不力，也是由体制性障碍造成的。在经济社会生活中的一个突出现象，就是私有财产和非公有制企业的正当权益得不到有效保护。在一些地方，私有资产得不到必要的尊重，在经营城市、美化环境、整顿秩序等名义下，损害非公有制企业和私人资产的情况时有发生。此外，包括一些政府部门在内的机构与单位，在履行对非公有制企业和私人必要的补偿、赔付责任上的信用也达不到像对其他性质的企业那样的程度。这就需要依法保护私有财产，使非公有制企业实现与其他企业平等的权益保障。

上述问题在2005年取得了突破性的进展，这年2月国务院颁布了《国务院关于鼓励支持和引导个体私营等非公有制经济发展的若干意见》，共7章36条，所涉及的内容包括放宽非公有制经济市场准入、加大对非公有制经济的财税金融支持、完善对非公有制经济的社会服务、维护非公有制企业和职工的合法权益、引导非公有制企业提高自身素质、改进政府对非公有制企业的监管、加强对发展非公有制经济的指导和政策协调等7个方面，其规定解决了长期阻挠非公有制经济发展的体制性障碍。如在市场准入方面，该《意见》明确规定“允许非公有资本进入法律法规未禁入的行业和领域。允许外资进入的行业和领域，也允许国内非公有资本进入，并放宽股权比例限制等方面的条件。”“允许非公有资本进入垄断行业和领域”。“在电力、电信、铁路、民航、石油等行业和领域，进一步引入市场竞争机制。对其中的自然垄断业务，积极推进投资主体多元化，非公有资本可以参股等方式进入；对其他业务，非公有资本可以独资、合资、合作、项目融资等方式进入”。“允许非公有资本进入公用事业和基础设施领域”。“允许非公有资本进入社会事业领域”。“允许非公有资本进入金融服务业”。“允许非公有资本进入国防科技工业建设领域”。“鼓励、支持非公有制经济参与西部大开发、东北地区等老工业基地振兴和中部地区崛起”。[①] 从这里我们可以看到，只要认真执行《意见》的规定，非公有制经济的市场准入问题应该得到解决。在非公有制经济的融资问题上，《意见》也作了加大信贷支持力度、拓宽直接融资渠道、鼓励金融服务创新、建立健全信用担保体系等方面的规定。

由此可见，《意见》上的这些措施有的放矢，切合实际，有利于消除非公有制经济在市场准入方面受到的各种限制；有利于缓解“贷款难、融资难”这一非公有制经济发展的瓶颈制约；有利于改变非公有制经济和中小企业的社会服务体系较为薄弱的现状；有利于保护非公有制企业和职工的合法权益；有利于进一步提高非公有制企业的自身素质；有利于改进对非公有制企业的监管，使全国上下形成鼓励、支持和引导非公有制经济发展的良好氛围。

（二）调整非公有制经济的经济结构，促进非公有制经济的发展

非公有制经济经过二十多年的发展，已经由一种所谓的“边缘经济”发展成为社会主义市场经济的重要组成部分，成为推动国民经济增长的重要动力。但非公有制经济中的私营经济长期发展后，累积的结构性矛盾也日益突出，必须进行必要的结构调整，才能保证以后的健康发展。具体而言，需要做好以下几方面的调整。

第一，产业结构调整。就全国的情况看，私营经济产业分布变化有如下的特点：（1）越来越集中于第三和第二产业，特别

① 2005年2月25日新华网。

是在第三产业的比重不断上升。1990年全国私营企业的数量，第三产业占28.2%，第二产业占71.8%。到2002年，就改变成第三产业占61.8%，第二产业占35.7%。由于许多竞争性行业的进入壁垒比较低，造成大量中小型私营经济的过度涌入，并形成互相残杀的恶性竞争局面。适度的竞争对于技术进步、产业升级和淘汰落后肯定是必要的，但无限度的恶性竞争则会使本来就弱小的私营经济遭受致命打击。所以，对于一些处于竞争性产业中的中小型私营企业来说，目前正面临着产业再选择的客观要求；（2）第二产业中的私营企业有许多是高耗能、高污染和低附加值的落后企业。尽管私营企业在第二产业上的相对比重在降低，但绝对量并未减少。不能否认，处于第二产业中的相当一部分企业是属于低效率的落后产业，这些企业显然同国家的产业政策不相符合，调整压力越来越大。私营经济比较发达的东南沿海地区，这一问题甚至更为突出。因此，对这类私营企业的产业结构调整势在必行。（3）私营高科技企业主要集中在一些特大型城市中，比如北京、上海等，它们已经成为推动这些地区经济增长的主力军。但整体而言，我国的私营高科技企业的数量少，质量也并不高。从我国私营高科技企业发展的轨迹来看，一种是一开始就选择了高科技产业；另一种是在传统产业的基础上逐步提高企业的科技含量，甚至转产高科技产品。因此，如果条件许可，私营企业需要积极地利用高科技来不断改造传统产业，调整自己的产品结构，使自身的科技含量有所提高。

第二，区域结构调整。对于私营企业来说，区域结构调整包括两个方面，第一个方面是跨省区乃至跨大经济区域的调整。其原因在于目前私营经济比较发达的东南沿海地区，私营经济的发展已经遇到了土地、能源、原材料及劳动力等要素资源的巨大约束，而这些约束在本地区是难以解决的（江苏、浙江和广东的情况更为突出）。因此，企业只有进行区域结构调整，到那些要素约束较小的地区开辟第二战场。事实上，近些年我国大量来自东南沿海省区的私营经济已经落户到中西部和东北地区，这些私营经济一方面找到了自己新的发展空间，缓解了要素约束的压力，同时也为当地经济的发展作出了很大贡献。第二个方面是省区、县域乃至村镇范围的区域调整和区域整合，即所谓的产业集群或块状经济。以浙江为例，这些年，浙江的私营企业在省内的区域调整非常明显。截止到2003年，浙江省在各类规模以上商品市场基础上形成的块状经济，聚集了巨大的资源，有力地推动了私营企业的共同发展。目前全浙江省10亿元以上的块状经济达135个，带动了千家万户中小型私营企业的成长和发展。

第三，治理结构调整。企业治理结构的核心是企业经营控制权的配置问题。历史地看，企业治理结构会随着企业规模的扩大而发生改变，即由所有权与经营控制权合一的状态转变成两权分离的状态。目前我国多数私营家族企业属于集权式治理结构，有研究表明，我国的私营企业中有80%是家族企业，有70%多为家族所有并家族经营的企业。而且现在一些私营企业的家族制已经影响到企业的进一步发展，向产权多元化和以两权分离为特征的现代企业治理结构的转变势在必行。

第四，融资结构调整。企业的融资从不同角度看，可以分为：(1) 股权融资和债权融资。(2) 内源融资和外源融资。(3) 体制内融资和体制外融资。就全国情况而言，多数私营企业在现行金融体制约束下所形成的融资特点是：主要通过股权实现融资，而且多数以股份有限的私募以及经营人自我出资为主，而通过债权方式融资的比例甚小；通过内源融资的居多，利用外源融资的则较少；通过体制内融资的居多，而利用体制外融资则较少。因此，私营企业要在现行金融体制及其不断变革的状况下，不断调整融资方式和融资结构。

第五，人力资源结构调整。随着私营企业规模的不断扩大和竞争日趋激烈，许多企业深深感到人才的缺乏。目前私营企业迫切需要包括技术人才、管理人才和营销人才。但是，私营企业家族制本身的制度缺陷往往对人才的使用上又有很大制约。所以私营企业需要在制度上实行变革以吸引到企业所需的各类人才，并合理地使用人才。

第六，市场结构调整。在我国经济日益融入世界经济的大背景下，私营经济已经无法规避来自国际市场的竞争。从全国的情况看，以前许多私营企业主要针对国内市场，甚至是一个很小的区域性市场，这样的格局已经远远不能适应现在的市场形势，企业不仅要面对国内市场，而且更要面对国际市场，因此，不少私营企业有一个调整国内市场和国际市场的结构的问题。

第七，成长方式调整。企业的成长问题历来是经济学家和企业家十分关注和关心的问题。企业的成长从形式上看，可分为单纯的外延式扩张和集约成长两种。以前，我国大多数私营企业只注重外延式成长，而忽略集约式成长，使一些私营企业大而不强，难以抵御激烈的市场竞争。然而，企业要想实现真正的成长，就首先要对影响企业的成长的各种因素有深刻的认识。我国私营企业要想实现成长至少需要突破企业制度、组织、金融和市场等方面的各种障碍，并在不断的竞争中逐渐形成具有核心意义的“战略性资产”，从而使企业的成长建立在集约的基础上，这就要求私营企业根据自身实际不断调整制度、组织、投融资和市场结构，由此形成能够维系企业长期成长的原动力和合力。

就我国经济而言，经济结构、产业结构的调整是一个事关我国经济发展的全局性的大问题，各种所有制的经济都面临这一问题。客观地说非公有制经济中的私营经济在这反面存在的问题更大。作为目前我国经济中最具活力的非公有制经济，必须未雨绸缪力争尽早解决这一问题，以带动整个国民经济的迅速发展。

第五章　分配制度的外延拓展

党的十三届四中全会以来，以江泽民为核心的党的第三代领导集体在建立和完善社会主义市场经济体制的过程中注重分配制度的创新，以邓小平理论为指导，不断探索能够最大限度地调动广大人民群众积极性、创造性的个人收入分配方式，形成了坚持按劳分配为主体、多种分配方式并存的制度，并把按劳分配和按生产要素分配结合起来，提出了效率优先、兼顾公平等一系列新的思想，丰富和发展了邓小平的分配理论。

一　坚持按劳分配为主体，多种分配方式并存的制度

在传统的社会主义分配理论中，由于按劳分配是唯一的分配标准，因而按劳分配也就在分配领域中占有独一无二的地位。随着社会主义改革实践的不断发展，社会主义的分配理论经历了从单一的按劳分配到以按劳分配为主体，其他分配方式为补充，再到以按劳分配为主体，多种分配方式并存，把按劳分配与按生产要素分配结合起来的发展创新过程。从党的十一届三中全会到1984年《中共中央关于经济体制改革的决定》的发表，主要是强调如何更好地贯彻按劳分配原则，反对平均主义。1987年党

的十三大报告明确提出："社会主义初级阶段的分配方式不可能是单一的。我们必须坚持的原则是，以按劳分配为主体，其他分配方式为补充。除了按劳分配这种主要方式和个体劳动所得以外，企业发行债券筹集资金，就会出现凭债权取得利息；随着股份经济的产生，就会出现股份分红；企业经营者的收入中，包含部分风险补偿；私营企业雇用一定数量劳动力，会给企业主带来部分非劳动收入。以上这些收入，只要是合法的，就应当允许。"① 可见，十三大报告实际上已经承认了劳动以外的其他生产要素参与分配的现实，但当时还把其他生产要素参与分配作为"补充"。

十三届四中全会以来，江泽民对社会主义的分配制度进行了重大创新。1993 年十四届三中全会通过的《中共中央关于建立社会主义市场经济体制若干问题的决定》和 1997 年十五大报告对此有了进一步的发展。十四届三中全会《决定》指出："个人收入分配要坚持以按劳分配为主体、多种分配方式并存的制度"，"劳动者的个人劳动报酬要引入竞争机制，打破平均主义，实行多劳多得，合理拉开差距。""国家依法保护法人和居民的一切合法收入和财产，鼓励城乡居民储蓄和投资，允许属于个人的资本等生产要素参与收益分配。"② 十五大报告指出："坚持按劳分配为主体、多种分配方式并存的制度。把按劳分配和按生产要素分配结合起来"，"允许和鼓励资本、技术等生产要素参与收益分配。"③ 可见，十四届三中全会《决定》和十五大报告继续肯定了按劳分配的主体地位，同时指出其他生产要素参与分配在我国收入分配制度中是与按劳分配"并存"的，并明确肯定

① 中共中央文献研究室编《十三大以来重要文献选编》上，第 32 页。
② 中共中央文献研究室编《十四大以来重要文献选编》上，第 534～535 页。
③ 中共中央文献研究室编《十五大以来重要文献选编》上，第 24 页。

了资本、技术等生产要素参与收益分配的必要性和合法性。

江泽民在党的十六大报告中指出:“理顺分配关系,事关广大群众的切身利益和积极性的发挥。调整和规范国家、企业和个人的分配关系。确定劳动、资本、技术和管理等生产要素按贡献参与分配的原则,完善按劳分配为主体、多种分配方式并存的分配制度。坚持效率优先、兼顾公平,既要提倡奉献精神,又要落实分配政策,既要反对平均主义,又要防止收入悬殊。初次分配注重效率,发挥市场的作用,鼓励一部分人通过诚实劳动、合法经营先富起来。再分配注重公平,加强政府对收入分配的调节职能,调节差距过大的收入。规范分配秩序,合理调节少数垄断性行业的过高收入,取缔非法收入。以共同富裕为目标,扩大中等收入者比重,提高低收入者收入水平。”① 这一论述集中体现了江泽民对社会主义市场经济条件下如何理顺分配关系的深刻思考,集中概括了他的社会主义分配思想,既是对马克思主义分配理论的新发展,也是解决目前分配存在诸多问题的理论指导。

(一)确立生产要素按贡献参与分配的原则

江泽民早在十四届三中全会的讲话中就提出了生产要素按贡献参与分配的思想。他说,“允许属于个人的资本等生产要素参与收益分配。”② 在十五大报告中进一步提出,要把“按劳分配和按生产要素分配结合起来”,“鼓励资本、技术等生产要素参与收益分配”③。如果说在十四届三中全会讲话中他只强调了资本这一要素,那么在十五大则增加了技术这一要素。在十六大报

① 中共中央文献研究室编《十六大以来重要文献选编》上,第21~22页。

② 中共中央文献研究室编《十四大以来重要文献选编》上,第535页。

③ 中共中央文献研究室编《十五大以来重要文献选编》上,第24页。

告中又增加了劳动和管理二要素，他说，“确立劳动、资本、技术和管理等生产要素按贡献参与分配的原则，完善按劳分配为主体、多种分配方式并存的分配制度。”①并把确立劳动、资本、技术和管理等生产要素按贡献参与分配的原则，作为完善社会主义分配制度的重要前提。这一思想，充分体现了江泽民坚持实事求是的思想路线和与时俱进的务实作风，同时也标志着中国特色社会主义分配理论的形成。

所有制结构决定分配方式，这是马克思主义的基本原理。在计划经济体制下，我国实行的是单一的公有制为标志的所有制结构。与之相应，在分配上实行的是单一的按劳分配。随着社会主义市场经济的发展，我国已经形成了以公有制为主体、多种所有制经济共同发展的局面，这就使原来单一的按劳分配方式已经不完全适应这种变化，要求我们对分配制度进行相应的变革。而按生产要素分配的思想正适应了所有制结构变化的客观要求。

生产要素指的是人们进行物质资料生产所必须具备的因素。它包括劳动力、土地、资本、技术、信息以及管理才能等。所谓按生产要素分配，就是指社会根据各生产要素在商品和劳动生产服务管理中投入的比例和贡献大小给予相应的报酬，即劳动力、土地、资本、技术、管理等诸多生产要素共同参与收益分配。随着经济发展水平的提高，技术和管理等生产要素对财富创造的贡献比例越来越大，科学技术已成为第一生产力，这些生产要素对创造财富的巨大贡献理应成为分配价值收益的依据。

确立按生产要素分配的原则，是由我国现在还处于并将长期处于社会主义初级阶段这一基本国情决定的。同时，还因为：(1) 生产要素决定了该要素所有者的收益。无论在任何社会，土地、资本、技术等生产要素都是有限的，然而它们又是人们从

① 中共中央文献研究室编《十六大以来重要文献选编》上，第21页。

事生产活动创造物质财富必不可少的条件；（2）按生产要素分配是市场经济的内在要求。实行市场经济，就要以市场为基础，通过竞争性的价格机制，实现对资源的优化配置。社会生产所需的生产要素都会进入市场，成为商品，从而通过价格波动来实现自身的有效配置。市场经济天然地包含着按生产要素分配的内在必然性。

按生产要素分配，就意味着一切进入市场的生产要素都会有价格。对于它们的使用就再也不能像以前那样无偿使用，而必须照价买单。生产经营者在对生产要素进行使用时就必须精打细算，节约使用，还必须努力提高它们的使用效率，寻求它们的最佳组合，以求以最低的生产成本实现最大的利润，追求利益的最大化。这不仅能大大提高企业的生产经营效率，也能有效避免过去那种不受约束、随意浪费资源、不合理使用资源（尤其是稀缺资源）的现象。从而促进经济增长方式由粗放型向集约型转变，实现整个经济的可持续发展。同时，生产要素的有偿使用，特别是越稀缺的生产要素，其价格越高，这样也会刺激生产要素的所有者进一步提高其质量，并随时根据市场的需求将其投入到最有效的地方，以求最大限度地提高其价格。

尽管按生产要素分配的原则在十五大才被最终确立，但按生产要素分配的实践却早就伴随着非公有制经济的产生而出现，并且在非公有制经济的迅速发展中发挥了不容忽视的巨大作用。进入21世纪，随着市场经济体制的建立，国有企业改革的不断深化，职工持股已较为普遍。以技术入股、专业入股，优势企业以无形资产兼并弱势企业等现象也已不是什么新鲜事。要发挥各种生产要素的积极作用，就必须在坚持按劳分配的同时，坚持按生产要素分配。只有坚持按生产要素贡献的大小和其在形成现实生产力中作用的大小进行分配，才能真正坚持按劳分配。

马克思在《哥达纲领批判》中曾说过，消费资料的任何一种分配，都不过是生产条件本身分配的结果。生产条件本身也就是各要素的所有制关系。随着私有制和阶级产生以后，这种所有制关系就强化为特定的所有权、占有权、支配权、使用权和收益权。所有权具有决定性的作用。生产资料的所有者可以凭借所有权直接行使对生产资料的占有、支配、使用并获取相应的收益，还可以把生产资料的这种占有权、支配权、使用权委托或转让给他人，单凭所有权获取相应的收益。任何社会财富都是人们投入的多种生产要素共同作用的结果。在多种所有制经济成分并存的条件下，由于各种生产要素分别属于不同的利益主体，因此要实现生产的正常运转，就必须刺激这些要素所有者能积极、自愿地将其所拥有的生产要素投入到生产过程中去。这既需要承认他们的所有权，又必须给予相应的收益回报。否则，就没有人愿意提供自己所拥有的生产要素，生产活动也就难以正常、高效地运转。

长期以来，制约我国经济发展的一个重要因素就是资金、技术等要素供给不足。这不是因为没有，而是因为单一而狭隘地理解且教条式地机械操作按劳分配，造成本来就有限的人才、技术的大量外流，从而在更大程度上加剧了这些要素的不足。因此，只有根据这些生产要素的贡献给予其所有者相应的、在急需的情况下甚至适当偏高的报酬，才能提高他们的积极性。这不仅能使大量闲置的要素得到充分、有效的利用，防止稀缺要素的流失，还能在一定程度上吸引国外更多先进生产要素的进入，从而促进我国生产力的发展。这里要特别指出的是，现实经济运行中因急需某一生产要素而给其偏高的报酬，并不等于这种要素占有者就构成对其他要素应得利益的占有，而是价格围绕价值上下波动规律的特殊表现，是稀缺商品惯有的属性。激烈的市场竞争使一个企业已经无法仅仅依靠劳动和资本就能持续经营下去，优秀的管理人员以及技术人员已经成为企业发展更重要的财富。因此，如果继续对企业发展所必需的技术和管理等生产要素的贡献置之不理，我们就难以面对经济全球化和加入 WTO 的新形势。

目前我国对劳动、资本、技术和管理等生产要素参与分配的指标体系还很不健全。因此，在按生产要素进行分配时，较多的是强调资本、技术管理的贡献要参与分配，而劳动的贡献往往容易被忽略，这已经造成社会成员之间收入差距的进一步扩大。特别是处于生产第一线的劳动者的收入有逐渐相对降低的倾向。如果任其发展，会造成严重的社会问题。对这个问题，江泽民早在 1991 年 7 月 1 日庆祝中国共产党成立七十周年大会上的讲话就已经提到了，他说，“当前在收入分配上既存在平均主义现象，又出现了过分悬殊现象。这种分配不公的问题，挫伤劳动者的积极性，妨碍生产力的发展……我们保护合法收入。对过高收入，要通过税收等形式加以调节。对违法经营牟取暴利的行为，要依法坚决取缔。”[①] 1995 年在《正确处理社会主义现代化建设中的若干重大关系》中他又告诫说：“在社会主义初级阶段，社会成员之间收入存在一定程度的差距，是难以避免的。但如果差距悬殊，而且任其扩大，就会造成多方面的严重后果……要在发展经济的基础上，逐步增加城乡居民收入。同时要把调节个人收入分配、防止两极分化，作为全局性的大事来抓。要区分不同情况，采取有针对性的措施，保护合法收入，取缔非法收入，调节过高收入，保障低收入者的基本生活。”[②]

十六大报告中江泽民在谈到“确立劳动、资本、技术和管理等生产要素按贡献参与分配”[③] 的同时，强调要“坚持效率优先、兼顾公平，既要提倡奉献精神，又要落实分配政策，既要反

---

① 中共中央文献研究室编《十三大以来重要文献选编》下，第 1639～1640 页。

② 中共中央文献研究室编《十四大以来重要文献选编》中，第 1471 页。

③ 中共中央文献研究室编《十六大以来重要文献选编》上，第 21～22 页。

对平均主义，又要防止收入悬殊。以共同富裕为目标，扩大中等收入者比重，提高低收入者收入水平”①，体现了党的第三代领导集体坚持全体人民共享改革开放成果的价值取向。

（二）坚持效率优先、兼顾公平原则

江泽民在党的十四大报告中，提出社会主义的分配制度“要兼顾效率和公平”；在党的十四届三中全会上，明确提出“效率优先、兼顾公平”；1995年9月28日，在《正确处理现代化建设中的若干重大关系》的讲话中他又提出：“在收入分配中，必须坚持按劳分配为主体、多种分配方式并存的原则，体现效率优先、兼顾公平，把国家、企业、个人三者的利益结合起来”②；在十五大报告中再次肯定社会主义的分配制度要坚持“效率优先、兼顾公平”；1998年在纪念党的十一届三中全会召开20周年大会上讲话时又讲，“要把按劳分配、劳动所得，同允许和鼓励资本、技术等生产要素参与收益分配结合起来，坚持效率优先、兼顾公平。平均主义不是社会主义，两极分化也不是社会主义”③。在十六大报告中，他进一步明确了怎样“坚持效率优先、兼顾公平”的问题，提出“既要提倡奉献精神，又要落实分配政策，既要反对平均主义，又要防止收入悬殊”④。可以说，“坚持效率优先、兼顾公平”，是江泽民分配思想的又一重要内容，也是社会主义分配的一大政策。

“效率优先、兼顾公平”是作为个人收入分配的总政策提出来的。“效率优先”就是使生产要素投入者能按投入要素的数量、质量、贡献取得相应报酬，多投多得、质高多得、贡献大多

---

① 中共中央文献研究室编《十六大以来重要文献选编》上，第21页。
② 中共中央文献研究室编《十四大以来重要文献选编》中，第1470页。
③ 中共中央文献研究室编《十五大以来重要文献选编》上，第685页。
④ 中共中央文献研究室编《十六大以来重要文献选编》上，第21页。

得。要求在对各类主体进行国民收入初次分配时，必须按照有利于充分调动各产权主体（包括人力资本产权和非人力资本产权主体）进行劳动和投资的积极性和创造性的原则（即效率优先的原则）来进行，承认个人在生产要素拥有的质和量以及个人之间劳动收入和要素收入的差别。

“兼顾公平”则包含两层含义：一是使各生产要素投入者公平地按投入要素的质、量取得报酬；二是对按生产要素分配带来的收入悬殊、贫富悬殊实行调节，保证弱势群体的生存和发展。它要求政府通过制度安排的宏观收入调节政策或再分配手段，协调社会成员之间的收入差距，把他们之间的收入差距控制在比较合理和社会成员在心理上能够承受的范围内，以保证缺乏要素禀赋的社会成员（弱者）的基本生存权和相应的发展权，并防止社会成员之间的收入差距过分悬殊而导致的经济和社会震荡，保证经济和社会的全面发展和共同富裕的社会主义目标逐步实现。

“效率优先、兼顾公平”是我们在发展社会主义市场经济过程中必须长期坚持的一项指导方针。这是国内外经济发展的历史给我们提供的一条重要启示。经济效益与社会公平即收入分配平等之间的最佳抉择是“效率优先、兼顾公平”。人类经济发展史证明，公平和效率之间在总体上存在着内在冲突和反向替代关系。在公平与效率存在冲突的条件下，处理公平与效率的关系，只能是要么只要公平、不要效率，要么只要效率、不要公平；或者公平优先、兼顾效率，或者效率优先、兼顾公平。只要公平、不要效率或只要效率、不要公平的做法，已为人类实践证明行不通。而公平优先、兼顾效率也被新中国成立以来的历史证明行不通。因为公平优先，要求在效率与公平出现矛盾时，必须放弃效率和放弃以促进经济发展为主要目标的政策，这不可取。在社会主义初级阶段的市场经济条件下，恰当而可行的是坚持“效率优先、兼顾公平”。这一选择是党的第三代领导集体对平均主义和贫富两极分化进行深刻反思的结果，也是坚持“发展是硬道理”，“发展是执政兴国第一要务”理念的结果，通过发展，而不是通过“均贫富”，甚至是“打富济贫”等方式实现共同富裕的必然选择。

坚持“效率优先”，就必须保证每个人都有平等进入市场和参与市场竞争的机会，不存在任何基于个人要素禀赋或竞争能力以外的歧视或制约；有一套普遍适用的并能在政府权威保障下有效实施的市场竞争规则，在这些规则面前每个市场主体具有平等的权利；参与市场活动的个人只能凭借自己拥有的生产要素及其对市场效率的贡献获得收益（而不能通过行政权力介入市场、损害消费者利益及其他违法手段获取收益），并且个人的要素收益应该与对市场贡献一致（即呈正相关系或成正比例），即机会均等、规则平等和个人要素收益与个人要素贡献相等。

坚持“兼顾公平”就必须有一套社会收入分配的调节与整合机制，把市场化所带来的个人收入差距控制在经济上比较合理和社会成员普遍可以接受的范围内。改革开放以来，一方面我国社会成员之间的社会收入差距在迅速扩大，另一方面政府的社会收入调节整合机制却严重滞后，社会保障体系建设亟待完善，有利于就业机会均等的全国统一的劳动力市场尚未建立起来，对高收入者的税收调节政策以及对低收入者的财政转移支付政策也未全面启动和到位，对贫困人口的人力资本投资力度不够，他们享受良好教育的平等权利没有得到保障等。由于这一系列有助于社会收入调节整合的制度安排不到位，使得社会收入差距未能得到及时而有效的整合，导致社会矛盾积累和社会不稳定因素增加。但是，我们不能把当前存在的不合理收入差距问题，归结为是由于坚持“效率优先、兼顾公平”的收入分配政策造成的。当前的个人收入差距包括正常合理的部分和不正常、不合理的部分。前者是正确贯彻“效率优先、兼顾公平”的收入分配政策的结果，后者是这一政策取向缺乏相应的有效制度安排而被人为扭曲的结果。解决个人收入差距悬殊问题不能改变“效率优先、兼顾公平”的收入分配总政策，只有在正确理解这一总政策的基础上，通过规范市场秩序、完善分配制度和理顺分配关系，保证它在制度结构上的实现。即通过进一步规范和整顿市场秩序，取缔非法收入，逐步消除垄断所带来的过高的不合理收入；通过建立和完善统一、开放、竞争、有序的现代市场体系，营造使各类市场主体平等使用所有生产要素并公正地获得生产要素市场收益的环境；完善公有制分配主体内部的赏罚和评价机制，全面贯彻执行按劳分配原则；建立健全与经济发展水平相适应的普遍性的社会保障体系，切实保障城乡弱势群体的基本生存；加强个人所得税、遗产税、赠与税的征管力度，使个人过高收入得到有效调节；进一步完善分配制度，理顺中央和地方的分配关系，加大财政转移支付力度，帮助落后地区和弱势群体提升参与市场竞争和进行自我发展的能力。当前应特别重视社会公平问题，为构建和谐社会提供重要支撑。

（三）逐步扩大中等收入者的比重

2001 年 11 月 27 日，江泽民在全国社会保障工作会上指出，“正确处理一次分配和二次分配的关系，在经济发展的基础上普遍提高居民收入水平，逐步形成一个高收入人群和低收入人群占少数、中等收入人群占大多数的‘两头小、中间大’的分配格局，使人民共享经济繁荣成果，促进国民经济持续快速健康发展和社会长治久安。”① 在十六大报告中他进一步指出，“以共同富裕为目标，扩大中等收入者比重，提高低收入者收入水平。”②

① 江泽民：《论社会主义市场经济》，第 583 页。

② 中共中央文献研究室编《十六大以来重要文献选编》上，第 22 页。

根据历史的经验，一个合理的中等收入群体的消费支撑着未来消费的增长，也有助于社会的稳定。就目前我国的实际情况看，要确保扩大我国中等收入者比重目标的实现，必须有相应的制度保障。

一是必须有法律保障。要在宪法层次上明确公民个人收入的多样性，承认非劳动收入的正当性，要肯定私人财产的法律地位和不可侵犯性；要修改和完善民法、税法、公司法等若干实体法，保障和激励公民对财富的占有、交易和创造；要对行政和司法等程序法中轻视个体权利、任意扩张国家权力侵害公民权利的现象予以纠正。

二是必须有经济措施（政策）保障。应加快经济结构调整，大力发展新兴产业、朝阳产业和优质高效农业。这些行业不仅能吸纳大量人员就业，而且对从业人员素质要求较高，并有能力支付较高报酬，有助于中等收入群体的形成，建立健全要素市场。通过规范市场秩序，取消省区之间、城市之间、城乡之间的壁垒，加快建立全国范围的统一的劳动力市场，使广大低收入者和有专业技能的人才能够形成合理、自由、有序地流动，不仅使社会总收入增加，减少贫困人口，而且使劳动力市场、资本市场、技术市场等要素市场逐步形成一个反馈及时、信息对称的市场价格体系，为要素收入的合理确定提供必要的支持。应进一步深化收入分配制度改革，建立劳动、资本、技术和管理等要素按贡献参与分配的实施细则，形成与现代企业经营模式相适应的薪酬制度体系；提高企业经营管理人员、科技人员、高中级技工和熟练工人的收入水平；改革党政机关工作人员现行工资制度并建立增长机制；深化事业单位改革，重点是科研、教育、文化、卫生等领域的改革，加快科技和管理等要素按贡献参与分配机制的形成；逐步减少低收入群体，继续做好“两个确保”、完善城镇居民最低生活保障制度和继续抓好农村扶贫工作，切实保障城乡低收入者和无收入者生活；加强税收调控，适当提高工薪阶层个人所得税的起征点，对高收入者开征遗产税、赠与税等税种。

三是要有其他改革相配套。如现行的人事和户籍制度改革。要打破现行的以身份职务等价值评判体系为基础的人事管理制度，建立起人员能进能出、岗位能上能下的用人体制。取缔户籍制度中对人员流动的限制，形成人才流动的良好环境。要贯彻落实科教兴国战略。要进一步提高全民素质，努力提高高级素质劳动者人数。要抓好廉政建设。只有廉政高效的政府行为才能为进一步整顿和规范市场经济秩序，防止收入分配环节上的腐败提供必要的制度环境。

四是要依法保护合法收入，允许和鼓励一部分人通过诚实劳动和合法经营先富起来，允许和鼓励资本、技术等生产要素参与收益分配。取缔非法收入，对侵吞公有财产、偷税逃税、权钱交易等非法手段牟取利益的，坚决依法惩处。整顿不合理收入，对凭借行业垄断和特殊条件获得个人额外收入的，必须纠正。调节过高收入，完善个人所得税制等。

二　建立健全与经济发展水平相适应的社会保障体系

完善社会保障体系就是完善人民利益的保障体系。不断提高城乡居民的物质和文化生活水平，以向更加宽裕的小康生活迈进。这既是社会主义社会发展生产力的根本目的，也是中国共产党人的奋斗目标。江泽民在关于“三个代表”的论述中，强调我们党要始终成为最广大人民根本利益的忠实代表。建立和完善社会保障体系，涉及亿万人民群众的基本权益和基本生活，关系到他们的日子过得是否安心，能否真正过上小康生活，安居乐业，老有所养，病有所治。贯彻“三个代表”重要思想，全面建设小康社会，就必须加快完善社会保障体系，为广大人民群众提供项目较完善、水平较适当的基本生活保障。十六大明确指出：“建立健全同经济发展水平相适应的社会保障体系，是社会稳定和国家长治久安的重要保证。”①

（一）健全中国特色社会保障体系是当务之急

社会保障体系是经济发展的推进器，也是社会和谐的稳定器。十三届四中全会以来我国进入了经济体制深刻变革和经济结构战略性调整的阶段，社会保障制度已由计划经济条件下的国家负责、单位包办、封闭运行的制度安排，转向市场经济条件下的责任共担、社会化的保障体制，国民的社会保障观念也已从完全依附国家、单位等转向接受责任共担，这意味着社会保障制度转型过程中最艰难的任务已经基本完成。但也应看到，我国社会保障体系还不完善，保障民生方面的功能还不强，协调经济社会发展的作用还有限。社会保障面临着五个方面的严峻挑战：一是城市社会保障覆盖范围还不够宽，大量城市集体、私营和外商投资企业的职工、自由职业者、个体工商户和进城农民工仍未纳入社会保障范围；二是社保资金筹措困难，逃缴拖欠保费现象严重，地方财政支出结构调整力度不够，对中央财政依赖性较大，一些补充社保基金的渠道尚未落实；三是人口老龄化对养老和医疗保险提出更高要求，资金积累和保障服务功能仍不适应；四是结构调整步伐加快，以及加入世贸组织，一些产业受到冲击，失业人数增加，失业保险面临前所未有的压力；五是农村和小城镇社会保障刚开始探索，大部分地区仍然还是空白。因此，健全社会保障体系，是现实而紧迫的任务。

① 中共中央文献研究室编《十六大以来重要文献选编》上，第22页。

（二）建立健全与经济发展水平相适应的社会保障体系

改革开放以来，中国社会保障制度改革取得了很大的成就，但是新型社会保障体系却还未最终确立并完善，中国的社会保障政策还处于选择之中，目前的社会保障体系仍然是一个残缺的、有漏洞的安全网。

江泽民在十六大报告中明确提出，建立健全与经济发展水平相适应的社会保障体系，既是全面建设小康社会的重要方面和发展社会主义市场经济的必然要求，也是保持社会稳定和国家长治久安的根本大计。因此，必须从各地实际情况出发，根据“独立于企事业单位之外、资金来源多元化、保障制度规范化、管理服务社会化”的目标，坚持广泛覆盖、适当标准、基本保障与补充保障相结合，建立健全中国特色的社会保障体系。

1. 完善适合国情的养老保险制度

现行社会统筹和个人账户相结合的基本养老保险制度模式，较好地体现了公平与效率相结合、社会保障和自我保障相结合的原则，符合我国国情，应当继续坚持，并不断加以完善。要进一步扩大企业基本养老保险制度覆盖面，将各种所有制企业职工都逐步纳入基本养老保险范围，适当提高基本养老保险统筹层次，逐步做实个人账户；改革机关事业单位社会保障制度，进一步调整和规范机关事业单位的养老保险办法，探索建立符合机关事业单位和企业特点的多层次养老保险制度。

2. 发挥失业保险的积极作用

1998年以来，国有企业下岗职工进入再就业服务中心，由国家、企业和社保机构共同出资，保障下岗职工的基本生活，是当时形势下采取的一种过渡形式。国家决定要尽快建立失业保险制度，有关方面已制定了失业保险条例和规章。失业保险覆盖范围将进一步扩大，逐步将国有企业下岗职工基本生活保障制度与失业保险并轨，企业新的减员直接进入劳动力市场；保障基金由用人单位和职工共同负担，财政给予必要补贴，建立基金调剂制度，增强承受能力；强化保障基本生活与鼓励再就业相结合的机制，更好地发挥失业保险在保障生活和促进就业方面的积极作用。

3. 合理确定社会保障范围、标准和水平

（1）按照规定，凡是家庭成员人均收入低于当地居民最低生活保障标准的城市居民，都有权从当地政府获得基本生活物质帮助。这是我国城市困难居民最后一道社会保障安全线。要全面落实城市低保制度，切实贯彻属地管理原则，将符合条件的城市困难居民全部纳入最低生活保障范围，并确定适当的保障标准；建立城市低保对象家庭备案制度，方便查询和监督；规范收入审核和待遇申领程序，推进信息化管理，提高管理水平；完善低保工作法规和程序，实现公开、公平、公正；建立稳定的财政预算，多渠道筹措资金；探索建立城市社会救助体系，从多方面保证困难家庭基本生活。

（2）旧的公费医疗劳保制度，国家包揽过多，医药资源浪费严重，而大量企业职工基本医疗又得不到保障。为了革除这些弊端，国家决定按照“基本保障、广泛覆盖、双方负担、统账结合”的思路，改革城镇职工医疗保险制度，并配套进行医疗卫生和医药管理体制改革，逐步将基本医疗保险覆盖至城镇大多数从业人员。加快落实并规范进行各类补充性医疗保险办法，制定公务员医疗补助、职工大额医疗费用补助和企业补充医疗保险等具体办法，建立社会医疗救助和多层次医疗保障体系。

（3）随着计划生育政策的推行和人口老龄化、城市化进程加快，农村和小城镇社会保障问题越来越突出，村镇居民生活富裕起来，也希望建立养老、医疗等社会保障。要尽快研究制定适合于进城务工农民、被征用土地的农民以及农转非人口的养老保险制度，然后再逐步过渡到其他农村人口。在有条件的村镇，可以从实际出发，自主自愿，民办公助，分散决策，标准有别，逐步探索适合当地特点的养老保险和医疗保障制度，并将家庭赡养、土地保障和社区扶持相结合，共同保障村镇老年居民的基本生活。在富裕地方，可探索把贫困村镇居民纳入最低生活保障范围。

我国生产力发展水平不高，各地区在建立完善社会保障体系的过程中，必须从实际出发，循序渐进，既保障离退休人员、失业人员基本生活和职工基本医疗需要，又不能超出社保资金承受能力，避免导致社保基金入不敷出，财政不堪重负，并给社会经济的长远发展造成负面影响。这方面，一些发达国家已经有很多深刻教训，值得我们借鉴。

建立完善的社会保障体系，还要动员和依靠社会各方面的力量，发挥商业性保险对社会保障的积极作用，发展城乡社会救济和社会福利事业，开展经常性社会捐助活动。

（三）建立健全社会保障体系的路径

建立健全同经济发展水平相适应的社会保障体系是实现小康目标的需要，以江泽民为核心的党的第三代领导集体努力实践“三个代表”，系统提出了建立健全社会保障体系的路径。

1. 建立健全覆盖面广的城镇基本养老保障制度

覆盖面的具体目标：一是将基本养老保障的实施范围扩大到城镇各类企业，包括国有企业、集体企业、外商投资企业、华侨和台港商投资企业、私营企业、股份制企业、合营企业。二是将基本养老保险的实施范围扩大到上述各类企业的全部劳动者，包括原有的固定工、合同制职工、订立了一定期限以上合同的临时工、农民工、季节工以及各类企业的离退休人员。三是将基本养老保险的实施范围逐步扩大到城镇个体工商户及其临时工之中。

四是将基本养老保险实施范围逐步扩大到城镇私营企业主中去，有条件的地区还可以扩大到自由职业者之中。

2. 建立健全失业保险制度

我国的失业保险制度自1986年正式建立以来，对保障失业人员的基本生活，促进再就业，健全劳动力服务市场体系，促进企业的经营机制，特别是用人机制方面发挥了积极的作用。但是，随着社会的发展，其缺陷也日益显露出来，在一定程度上制约了劳动制度乃至经济体制改革的深入。其主要表现在：失业保险的覆盖面较窄，保险能力弱、统筹层次低；失业保险基金筹集不足、管理不善、再就业难以落实。根据这些实际问题，失业保险制度需要从以下方面进一步完善。

首先，要扩大失业保险的覆盖面，加大保障力度。社会保障制度比较成熟的国家，失业保险的覆盖面就广，一些经济发达国家的社会保障几乎覆盖了全社会所有企业的职工。从我国企业改革的目标看，凡是有可能失业的劳动者，都应纳入失业保险制度的保障范围，符合条件的应享受失业保险金。这既符合社会保障的发展方向，也有利于改革的不断深化和劳动力的合理流动。为此还应尽快建立覆盖全社会的失业保障制度。

其次，提高失业保险的统筹层次。失业保险具有集中资金、分散风险的功能。为了充分发挥这个功能，同时结合我国在不同地区失业的不平衡，应当最大限度地提高统筹层次，建立并逐步完善“省级统筹、中央调剂”的目标运作模式。

再次，失业保险的立足点就是再就业。根据我国的实际情况，要从根本上完善失业保险制度，必须和再就业工程密切结合起来。因为建立失业保险制度的目的，一方面是为了确保失业者在失业期间的基本生活；另一方面，是为了促进失业者更快地重新就业。因此，从一定意义上讲，失业保险的立足点就是再就业。

3. 积极推进医疗保险制度改革

医疗保险改革的目标是保障职工基本医疗的要求，建立覆盖城镇全体劳动者的社会统筹和个人账户相结合的社会医疗保险制度，逐步形成包括社会医疗保险、商业医疗保险、补充医疗保险和社会医疗救助等多层次的医疗保障体系。具体地说，医疗保险制度改革应着重做好几项工作：即制定城镇基本医疗保险统筹基金只能支付医疗费的规定，并划出一小部分用以控制和预防疾病；在城镇基本医疗保险实行个人账户与使用统筹基金“封顶”方式的同时，应积极支持和鼓励补充保险的发展。应尽快建立更具民间色彩的社会保障基金监督组织，增强基本医疗保险基金运行的安全性及可持续性。

4. 探索建立农村养老、医疗保险和最低生活保障制度

长期以来，农村社会保障始终处于中国社会保障体系的边缘，这种现象在很长的一段时间内被认为是合理的。随着中国经济体制改革的进一步深化，以城乡的属性对社会保障进行分类是不合理的，也就是说，农民和工人所从事的产业活动尽管类型不同，但不应该作为社会保障分层的标志。市场经济不断深入，农民也同样面临市场风险，并面临同等程度的生活风险。非农化与城镇化进程以及人口转变等客观因素，使农村居民的保障需求提高，现行的农村保障体系已不能适应农村经济和社会发展的需要，全面审视农村社会保障制度已成为一种迫切需要。

三　推进经济结构调整，促进劳动就业

全面建设小康社会，最根本的是坚持以经济建设为中心，不断解放和发展生产力。根据世界经济科技发展新趋势和我国经济发展新阶段的要求，江泽民在十六大报告中明确21世纪头20年经济建设和改革的主要任务是，完善社会主义市场经济体制，推进经

济结构战略性调整，基本实现工业化，大力推进信息化，加快建设现代化，保持国民经济持续快速健康发展，不断提高人民生活水平。

（一）必须推进经济结构调整

推进经济结构调整，是促进经济发展，提高经济增长质量和效益的根本性措施。经济结构的每一次升级，都会带动经济发展上一个新台阶，这是经济发展的一个基本规律。江泽民 10 月 8 日在党的十五届五中全会召集人会议上讲话时指出："进入新世纪，面临新阶段，发展要有新思路，核心就是进行经济结构的战略性调整。我国经济生活中存在的问题当然不全是结构问题，但最突出的矛盾是经济结构不合理。现在世界范围内正在进行结构调整，各国尤其是发达国家的产业结构、产品结构和企业结构正在发生很大变化。如果我们不抓紧调整，尽快提高国民经济整体素质，就难以在二十一世纪更趋激烈的国际竞争中赢得主动。要下决心用五至十年的时间，使经济结构战略性调整取得明显成效。"①

1. 推进经济结构调整是防止经济大起大落，保持经济平稳较快发展的需要

我国经济增长过程多次出现大起大落，对国民经济运行和发展带来了较大冲击。究其原因，很大程度上在于粗放型经济增长方式的影响。这主要表现在：一是导致投资需求膨胀。粗放型增长方式主要依靠大量增加资本投入来推动经济增长，在经济周期的上升阶段，固定资产投资增长往往大幅度超过经济增长速度。加上在这种增长方式下，地方政府和企业都把注意力放在上项目、增投资、扩大经济规模上，容易出现盲目投资、低水平重复建设的状况，更加剧了投资需求膨胀的态势。二是引起价格水平

---

① 中共中央文献研究室编《江泽民论有中国特色社会主义（专题摘编）》，第 103～104 页。

上涨。粗放型增长方式的特点是高消耗、低效率。在经济增长速度上升的过程中，消耗的物质资料以更高的速度增长，使生产资料产品的需求过度扩张，价格水平随之上涨。如果生产资料价格上扬的幅度较大、持续时间较长，势必向消费品价格传导，引起价格总水平上涨。三是造成基础产业和基础设施的瓶颈制约。粗放型增长方式的一个突出表现，是工业部门对能源、原材料的消耗比重高。当经济加快增长的时候，具有短期迅速扩张能力的主要是加工工业，对能源和原材料的消耗量急剧增加，并对采掘业、交通运输业形成了较大的需求压力，而这些基础产业和基础设施部门的短期扩张能力较弱，难以适应需求的大幅度增长，很快就出现了产业瓶颈制约。

2. 推进经济结构调整是切实提高经济增长质量和效益，增强国际竞争力的需要

粗放型增长方式导致了一种速度型效益，即只有经济增长速度达到较高水平，才能获得经济效益的增长。速度型效益的增长主要依靠机器设备超负荷运转、工人加班加点，特别是产品价格上涨，而生产要素的质量和组合方式没有得到改善，实际生产率和增长质量并没有上升。在这种模式下，很多地方和企业都形成了片面追求增长速度的倾向。同时，高投入、高消耗的增长方式还导致能源、原材料工业的比重过大，不利于产业结构优化升级和经济增长质量的提高。因此，必须加快转变经济增长方式，改变对增长速度的过度依赖和基础产业比重过高的状况，转向依靠科技进步促进资源优化配置，才能切实提高经济增长的质量和效益。

3. 推进经济结构调整是减轻资源环境压力，实现全面建设小康社会目标的需要

作为一个人口众多的发展中大国，我国的人均资源拥有量相对短缺，很多重要资源的人均拥有量大大低于世界平均水平。长期以来，我国以粗放方式推动的经济高速增长，又导致了对自然资源的过度消耗和对生态环境的严重损害。要实现到2020年GDP总量比2000年再翻两番的战略目标，如果继续采取粗放型的经济增长方式，我国的资源环境将不堪重负。从资源供给看，虽然我们可以通过扩大进口来从某种程度上满足国内需求，但重要资源的外贸依存度过大或过快上升，将存在着明显的市场、价格风险和安全问题。只有加快经济结构调整，才能从根本上减轻新的经济发展目标对资源环境的压力，并促进经济和社会可持续发展。

（二）经济结构调整的路径

经济结构可以指社会经济结构，即社会一定发展阶段生产关系的总和，也可以指国民经济结构，即从各个角度考察社会生产和现生产的构成类型。江泽民在1999年指出："提高经济运行的质量和效益，关键是解决结构不合理的问题。我们应该抓住当前有利时机，加大结构调整的力度。要以市场为导向，积极调整和优化产业结构，用高新技术改造传统产业。对加工能力过剩的长线行业，一定不要再上新项目。对那些设备陈旧、技术落后、质量低劣和污染严重的企业，要坚决压缩和淘汰。大力推进技术进步，通过设备更新和技术引进，提高支柱产业和主导产业的技术水平。促进现有企业的技术改造，鼓励企业的技术投入，增强技术开发和创新能力，加快产品结构调整。加大装备工业的开发力度，依托国家重大项目建设，推进关键设备的国产化。积极培育新的经济增长点，加快发展高新技术产业，扶植一批有自主知识产权和市场前景的高新技术产品。结构调整这件事，我们年年强调，但实际工作的进展不很理想。现在看来，这项工作必须作为当前经济工作的一项紧迫任务，抓紧落实。"①

① 中共中央文献研究室编《江泽民论有中国特色社会主义（专题摘编）》，第101～102页。

调整和优化结构的一项重要任务，是要下大气力认真解决好“大而全、小而全”，盲目投资和分散重复建设的问题。追求“大而全、小而全”，是国民经济各个领域普遍存在的现象，是我国经济建设中长期存在的一种顽症。十三届四中全会以来，以江泽民为核心的党的第三代领导集体系统提出了我国经济结构进行战略性调整的路径。

1. 结构调整要“立足于基本国情”

我国生产力水平的多层次性、所有制结构的多样性和地区经济发展的不平衡性，决定了结构调整必须因地制宜，注意发挥比较优势。正如江泽民所指出：结构调整要“立足于基本国情。”① 具体说，就是要处理好三个关系。一是高新技术产业与传统产业的关系。高新技术产业是有广阔市场前景的新的经济增长点。传统产业量大面广，是我国经济实力的基本依托，仍有很大发展空间。必须抓紧用高新技术和先进适用技术改造传统产业，特别是要促进装备制造业和老工业基地的振兴。二是技术资金密集型产业与劳动密集型产业的关系。在努力发展技术资金密集型产业的同时，认真落实各项政策措施，积极扶持劳动密集型产业特别是服务业的发展。这有利于带动新的投资和消费，扩大就业。三是东部、中部发展与西部开发的关系。东、中、西部地区都要积极探索符合自身特点的发展路子，实现优势互补。实施西部大开发，是中央的重大战略决策，要做好规划，落实政策，突出重点，讲求实效，扎扎实实地向前推进。

2. 积极培育和扶持新的经济增长点，是调整和优化结构的重要方面和必然选择

江泽民指出：“这里所讲的新的经济增长点，是指适应我国社会经济发展的客观要求和城乡居民消费结构变化的新趋势，加

① 江泽民：《论“三个代表”》，第86～87页。

快发展那些市场需求量大、产业关联度高、科技含量多、经济效益好、带动作用强的产业和产品。要正确处理基础产业和支柱产业的关系，在继续加强基础产业发展的同时，积极促进支柱产业的发展和振兴，开发高新技术产业和产品，使它们逐步形成国民经济新的增长点和成长链。现在不着手积极培育新的经济增长点，整个经济发展就会缺乏后劲。”①

目前传统产业仍然是我国工业的主体，但许多企业装备陈旧、技术落后、产品质量低，这种状况亟待改变。加快企业技术改造的步伐，提高生产技术水平，是增强我国经济国际竞争力的重要基础，也是进一步扩大投资需求、改善供给能力的重要举措。技术改造要以市场需求为导向，努力增加品种，改进质量，提高效益，扩大出口。要积极采用高新技术和先进适用技术，改造一批重点产业和骨干企业。要增强企业技术创新和技术开发能力，有重点地推进重大装备国内制造，促进国内装备工业的发展。当前全球范围内正在进行新一轮产业结构的调整和重组，这为我们进行传统产业的改组、改造提供了难得的好机遇。我们要抓住机遇，把自己的劳动力优势、市场优势、产业基础优势与跨国公司的技术优势、资金优势和管理优势结合起来，在我们具备比较优势的加工工业中，加快形成拥有国际知名品牌、具备国际竞争力、面向国际国内两个市场的大规模制造能力。

3. 结构调整必须紧紧依靠深化改革和体制创新，以企业为主体

结构调整实质是资源优化配置的过程。充分发挥市场的基础性作用，关键在于企业能够对市场需求作出灵敏反应，形成自立优化配置资源的机制。必须清醒地认识到，目前企业改革和管理

① 中共中央文献研究室编《江泽民论有中国特色社会主义（专题摘编）》，第100页。

在很多方面还没有到位，攻坚破难的任务仍很艰巨。要努力扩大改革成果，坚韧不拔地推进国有企业改革和发展。国有经济布局的战略性调整要与经济结构的战略性调整结合起来。根据企业的不同情况，实行优胜劣汰、有进有退的调整，做到进而有为，退而有序，抓大要强，放小要活。江泽民指出："各级领导干部一定要摆脱狭隘的自然经济和小生产意识的羁绊，摆脱传统的单纯靠外延扩张发展经济的思想观念。必须认识到，盲目投资，重复建设，搞'大而全、小而全'，不符合社会化大生产和专业化分工协作的原则，不符合发展社会主义市场经济的要求，不符合客观经济规律和经济体制改革方向，对全国和地区经济发展都是不利的。"①

4. 转变经济增长方式

要从粗放型经济增长方式转变到集约型经济增长方式的一贯要求是：经济增长从主要依靠增加投入、追求数量，转到主要依靠科技进步和提高劳动者素质上来，转到注重质量和以提高经济效益为中心的轨道上来。经济增长方式的转变是一项重大的系统工程，需要长期不懈的艰苦努力。最重要的是，要牢固树立和认真落实以人为本、全面协调可持续的发展观，坚持走新型工业化道路，深化体制改革，加快科技进步，推进经济结构调整，转变经济增长方式。

切实转变增长方式，关键是要实现四个转变。

一是需求结构要由主要依靠投资和出口拉动增长向消费和投资、内需和外需共同拉动增长转变。要通过鼓励生产使用节能节水产品的税收政策、鼓励发展节能省地型建筑的经济政策、鼓励低油耗小排量车辆的财税政策，以及调整高能耗产品进出口政策

---

① 中共中央文献研究室编《江泽民论有中国特色社会主义（专题摘编）》，第101页。

等一系列有利于资源节约的财税政策，促进增长方式和需求结构的转变。

二是产业结构要实现由主要依靠工业带动增长向工业、服务业和农业共同带动增长的转变。要进一步加强规划指导和推进产业结构型项目发展，淘汰技术水平低、资源消耗大、环境污染严重的产业。同时，还要加快发展高新技术产业，大力发展服务业，积极采用先进适用技术改造传统产业并带动农业发展。

三是要素资源投入要实现由主要依靠资金和自然资源支撑增长向更多地依靠人力资本和技术进步支撑的转变。要加快建立能源资源技术支持体系，加大国家对能源资源技术开发资金和人力投入，加紧研究开发影响未来能源资源发展方向的重大技术，集中力量研究开发提高能源资源利用效率的技术，依靠科技进步和人才力量增强能源资源节约能力。要以科技进步为支撑，提高经济增长的科技含量和知识含量，以机制转换为动力，提高经济自主增长的能力。

四是资源利用方式要实现由“资源—产品—废弃物”的单向式直线过程，向“资源—产品—废弃物再生资源”的反馈式循环过程的转变，使经济增长建立在经济结构优化、科技含量增加、质量效益提高的基础上，逐步形成“低投入、低消耗、低排放、高效率”的经济增长方式。

（三）拓宽就业渠道，扩大城乡就业

我国是人口大国，就业矛盾十分突出，主要表现在四个方面：一是总量性矛盾。根据有关资料，我国 15 ~ 64 岁人口 2000 年为 8.5 亿，2010 年将达到 9.7 亿，2020 年将达到 9.97 亿。预计今后几年，全国新生劳动力供给将达到 4650 万，城镇现有下岗职工和失业人员 1400 万，农村剩余劳动力 1.5 亿以上。无论城镇还是农村，劳动力总供给都明显大于总需求。二是结构性矛

盾。随着结构调整、产业升级、体制转轨，第一产业从业人员比重持续下降，释放出大批剩余劳动力，城市化进程加快，上亿农村劳动力将进入城镇；一些工业特别是传统工业生产能力过剩，部分资源枯竭的矿山和困难企业关闭破产，大批职工将转岗失业；企业管理体制和劳动用工制度改革，大量冗员需要分流；加入世贸组织，一些行业可能受到冲击，将加剧结构性失业现象。三是素质性矛盾。科技进步、技术更新、新兴产业迅速兴起，部分低素质劳动者不适应需要而失业或难以就业，一些急需的专业技术人员和技术工人又不能满足需求甚至后继无人。四是经济增速放慢的矛盾。在保持二十多年的高速发展之后，我国经济总量扩大，从 20 世纪 90 年代后期开始，经济增长有所减缓，加上有机构成的提高，对劳动力的吸纳量相应减少。此外，就业观念、职业培训和创业政策等方面也都存在一些问题。对劳动就业的严峻形势，必须高度重视，各级党委和政府要与企业和社会各方面以及广大劳动者共同努力，采取多种方式，切实解决好。

1. 保持经济持续快速发展，扩大就业总量

各级党委和政府应把改善就业环境、增加就业岗位作为重要职责和经济社会协调发展的优先目标，实行有利于促进就业的长期发展战略和宏观经济政策，保持经济持续稳定增长。亚洲金融危机以来，国家坚持扩大内需方针，实行积极的财政政策和稳健的货币政策，1998～2002 年共发行 6600 亿元建设国债，带动 3 万亿元的社会资金，用于公共工程和基础设施建设，刺激消费需求，促进经济发展。据有关统计，仅国债投资就创造 500 万个就业机会。要把扩大内需作为长期的战略方针，继续实行适宜的宏观政策，努力保持经济较快增长。这是缓解社会就业压力的根本性举措。

2. 统筹兼顾调整改革和扩大就业，拓展就业渠道

要从我国的基本国情出发，妥善处理结构调整、企业改革与扩大就业的关系。既要推动科技进步、提高产业科技水平，又要积极发展劳动密集型产业；既要发展加工制造业，又要大力扶持社区服务、餐饮、商贸、旅游等第三产业；既要壮大国有经济，又要促进多种所有制经济，发挥它们在吸纳劳动力就业方面的作用；既要分流冗员，减员增效，又要切实搞好再就业工程，为增加就业岗位创造宽松的社会环境；既要加强农业基础，又要改造提高乡镇企业，稳步推进城镇化，促进农村劳动力转移，实现城乡劳动力资源合理配置。

3. 鼓励支持创业，广辟就业门路

解决就业问题，是巨大的社会系统工程，不能由政府统包大揽，必须依靠全民共同努力。要在全社会形成鼓励创业的机制，特别要扶持各种所有制的中小企业发展。我国各类中小企业超过800万家，占注册企业总数的99%，提供大约75%的城镇就业机会，为吸纳就业作出重要贡献。要切实落实国家的有关政策，对提供新就业岗位和吸纳下岗职工再就业的服务业和小企业给予政策鼓励和支持，放宽市场准入，简化创业审批，扩大融资渠道，减轻税费负担。社会有关方面应积极为企业提供投资融资、贷款担保、技术支持、人员培训、对外合作、法律咨询等服务，促进中小企业健康发展。要转变就业观念，推行灵活多样的就业形式，支持下岗失业人员自谋职业、自主创业和组织起来再就业。

4. 加强职业培训，提升就业能力

要有计划、有步骤、大规模地开展劳动培训，提高劳动者就业能力、工作能力和职业转换能力，促进劳动者尽快就业、再就业和稳定就业。一是组织下岗失业人员再就业培训，将工作重点由基本生活保障转为就业保障，对有创业愿望和具备创业条件的人员进行创办企业培训，帮助创业。二是加强企业职工培训，发挥行业协会、行业组织和企业的作用，对职工开展新知识、新技术、新工艺培训，培养大批技术工人，鼓励职工学习技术，提高劳动能力和创新能力。三是面向城乡初高中毕业生普遍开展职业培训，加强职业指导，提高青年劳动者的就业和创业能力。四是广泛利用现代通讯技术，面向西部地区和广大农村开展远程再就业培训、劳动预备培训和职业资格培训。五是加强劳动力市场建设，把职业培训、就业指导与企业、社会需求结合起来，提高就业服务水平。

5. 扶持劳动就业弱势群体，解决就业困难

目前城镇就业困难群体，主要集中在老工业基地、资源枯竭矿区，也有一些下岗职工年龄较大难以找到工作，有的因病或因残疾而就业困难。这些人长期失业，家庭生活陷入困境。各级党委政府和社会有关方面要高度重视和关心欠发达地区以及处于困境的行业和群众，积极帮助城镇困难群众解决就业问题和改善生活条件。制定具体的政策措施，给困难群众提供特殊就业照顾和就业援助，扶持有劳动能力的困难群众实现就业和再就业，或根据实际情况进行技能培训，增强自力更生能力。在全社会开展多种形式的扶危济困活动，使困难群众切实感受到社会主义社会的温暖。

第六章　经济体制改革的新突破

建立社会主义市场经济体制是前无古人的开创性伟大事业。以江泽民为核心的党的第三代中央领导集体自十三届四中全会以来高举邓小平理论伟大旗帜，坚持走中国特色社会主义道路，提出并确立了社会主义市场经济体制的改革目标，积极推进改革的新突破，努力消除影响生产力发展的体制性障碍，初步建立起社会主义市场经济体制。

一　十三届四中全会以来经济体制改革

党的十三届四中全会召开以后，以江泽民为核心的党的第三代中央领导集体高举邓小平理论伟大旗帜，积极推进经济体制改革，1992 年党的十四大明确提出建立社会主义市场经济体制的改革目标，1993 年十四届三中全会《关于建立社会主义市场经济体制若干问题的决定》勾画出这种新体制的基本框架，标志着我国改革进入向社会主义市场经济体制全面转轨的新阶段，是中国经济体制改革历史上重要的里程碑。在这之后，我国经历了长达 10 年之久的初步建立社会主义市场经济体制阶段。以江泽民为核心的党的第三代中央领导集体广泛吸取国外马克思主义研究的最新成果，大胆突破传统社会主义的思想束缚，确立并发展了社会主义市场经济体制的理论，科学回答了在经济文化落后的国家为什么要搞和怎样搞社会主义市场经济的一系列重大问题，指明了建设中国特色社会主义，实现中华民族伟大复兴的正确道路。

（一）明确提出了“社会主义市场经济体制”的科学概念

传统的观念认为，市场经济是资本主义特有的东西，计划经济才是社会主义经济的基本特征。十一届三中全会以来，随着改革的深入和经济社会发展实践变化的要求，我们逐步摆脱了这种观念。十二大提出计划经济为主、市场调节为辅；十二届三中全会指出商品经济是社会经济发展不可逾越的阶段，我国社会主义经济是公有制基础上的有计划商品经济；十三大提出社会主义有计划商品经济的体制应该是计划与市场内在统一的体制；十三届四中全会后，以江泽民为核心党的第三代领导集体提出建立计划经济与市场调节相结合的经济体制和运行机制。随着改革开放逐步深入，市场范围逐步扩大，商品价格逐步放开，计划直接管理领域逐步缩小，市场对经济活动调节作用逐步增强。一些地方经济发展的实践表明，市场作用发挥得比较充分，经济活力就比较强，发展态势也比较好。我国经济要优化结构，提高效益，加快发展，参与国际竞争，就必须强化市场机制的作用。1992 年，邓小平根据各地经济发展的客观要求，在视察南方各地的谈话中指出，计划经济不等于社会主义，资本主义也有计划；市场经济不等于资本主义，社会主义也有市场。计划和市场都是经济手段。计划多一点还是市场多一点，不是社会主义与资本主义的区别。这个精辟论断，从根本上解除了把计划经济和市场经济看作属于社会基本制度范畴的思想束缚，使我们在计划与市场关系上的认识有了新的重大突破。

实践的发展和认识的深化，使我们不得不重新定位经济体制改革的目标。在党的十四大报告中，江泽民明确提出要把建立社会主义市场经济体制，作为我国经济体制改革的目标，以利于进一步解放和发展生产力。还特别强调，“建立和完善社会主义市场经济体制，是一个长期发展的过程，是一项艰巨复杂的社会系统工程。既要做持久的努力，又要有紧迫感；既要坚定方向，又要从实际出发，区别不同情况，积极推进。在建立社会主义市场经济体制的过程中，计划与市场两种手段相结合的范围、程度和形式，在不同时期、不同领域和不同地区可以有所不同。要大胆探索，敢于试验，及时总结经验，促进体制转换的健康进行。建立社会主义市场经济体制，涉及我国经济基础和上层建筑的许多领域，需要有一系列相应的体制改革和政策调整，必须抓紧制定总体规划，有计划、有步骤地实施。我们相信，社会主义条件下的市场经济，应当也完全可能比资本主义条件下的市场经济运转得更好。”① 正是在这次报告中，正式提出或使用了“社会主义市场经济体制”的概念，并明确提出要把建立社会主义市场经济体制，作为我国经济体制改革的目标。

（二）初步描绘了“社会主义市场经济体制”的基本框架

1993 年 7 月 5 日，江泽民在全国省、自治区、直辖市党委政策研究室主任会上讲话时提出，要通过广泛的宣传和学习，使我们的领导干部尽快了解和掌握社会主义市场经济的基本理论概念、基本原则和基本要求。在这次讲话中，明确提出领导干部必须做到“六个要了解”即：

（1）要了解在社会主义条件下必须而且能够搞市场经济，同时要了解建立和完善社会主义市场经济体制，是一个复杂的社

① 中共中央文献研究室编《十四大以来重要文献选编》上，第 20 页。

会系统工程，是一个史无前例的伟大创造，需要从理论上和实践上进行许多艰辛的探索。而真正把这种新的经济体制全面建立和完善起来，则要经历一个相当长的过程。

（2）要了解社会主义市场经济体制必须反映和体现市场与市场经济的一般规律，同时要了解社会主义市场经济体制是同社会主义基本制度结合在一起的，在所有制和分配制度上是实行以公有制和按劳分配为主体的。因此，既要认识到社会主义市场经济体制与西方市场经济体制有共同之点，对西方市场经济中一切合乎市场规律和社会化生产规律的好经验，都要努力学过来。同时，又要认识到社会主义市场经济体制与西方市场经济体制有很大的不同之点，必须立足于中国的国情和经济发展实际，走自己的路，有所创造，有所发展。

（3）要了解建立完善的市场体系，建立完善的国家宏观调控体系，都是社会主义市场经济体制的重要组成部分。二者是相互结合、相辅相成、缺一不可的。必须充分发挥市场在资源配置中的基础性作用，同时也要看到市场存在自发性、盲目性、滞后性的消极一面。因此，必须加强社会主义国家对市场活动的宏观指导和调控，以弥补市场的弱点和不足。那种认为搞市场经济可以不需要国家的宏观调控，可以放任自流、自行其是、随心所欲，完全是一种误解。在当今世界上，尤其是经济发达国家，没有哪一个国家的市场经济是不受政府干预和调控的，只是干预和调控的具体形式、方法和程度不同而已。自从凯恩斯主义产生以后，在西方发达国家就已根本不存在什么完全自由的市场经济。

（4）要了解在社会主义市场经济体制中，必须实行政企分开，各种经济成分的企业都要走上市场。企业是市场的主体，而政府的职能是实施宏观调控，政府工作人员不能经商办企业，不能搞权钱交易，不能使权力商品化。同时要认识公有制企业特别是国有大中型企业，是社会主义市场经济的主体。一定要使国有大中型企业通过市场的竞争，加快转换经营机制，加快建立现代企业制度，增强生机与活力，保证国有资产的保值和增值。

（5）要了解发展社会主义市场经济，不仅要发展各种商品市场，而且要培育、健全各种生产要素市场，包括债券和股票等有价证券的金融市场、技术市场、劳务市场、信息市场、房地产市场等等，形成全国统一、开放、有序的市场经济。所有这些市场的培育和管理，都必须运用政策、法律、法规等手段，规范其行为。

（6）要了解发展社会主义市场经济，将继续提倡和鼓励一部分地区一部分人先富起来，通过社会生产力水平的大幅度提高，最终达到全体人民的共同富裕。"对于正当的个人利益的实现和发展，国家任何时候都要保护，但坚决反对损害国家和社会利益，妨碍经济发展和社会进步的各种消极腐败现象，包括坚决反对拜金主义、享乐主义和极端个人主义。应该懂得，并不是市场上出现和存在的东西都是合理的和健康的，对那些不合理不健康的东西一定要坚决抵制和克服"①。

1993 年 12 月 26 日，在毛泽东诞辰 100 周年纪念大会上的讲话中，江泽民用"四保持四保证"对发展社会主义市场经济的基本目标和任务作了进一步的阐述。他说："发展社会主义市场经济的基本目标和任务，就是要使国民经济保持旺盛的生机、活力和后劲，保持经济结构、产业结构的合理和协调，保持积极的发展速度和良好的经济效益的统一，保持生产效率和分配公平的正确结合，同时要保证农业基础地位不断得到巩固，保证国有大中型企业在市场中的竞争能力和在经济发展中的主导作用不断得到加强，保证公有制经济的主体地位和其他经济成分积极发挥其补充作用，保证在生产发展的基础上人民生活日益改善和最终实

① 江泽民：《论党的建设》，中央文献出版社，2001，第 91 页。

现共同富裕。"[①]

为了把全党的思想进一步统一到党的十四大精神上，使全体党员和干部以及全国人民进一步放心大力发展社会主义市场经济，1994 年 12 月 9～14 日，江泽民在天津考察工作时对中国为什么要搞和怎样搞社会主义市场经济，再一次进行了说明。他说，"实践告诉我们，原有的高度集权的计划经济体制已不适应生产力发展的要求，不改革，我国经济的发展就没有出路。当然，对计划经济体制曾经起过的历史作用，我们是充分肯定的。从历史进程看，苏联能够对付和最终打败希特勒法西斯，同他们通过计划经济建立了独立的工业和国民经济体系是分不开的。这就是说，在无产阶级夺取政权和建设社会主义初期那种历史条件下，实行计划经济还是有其必要的。我们建国初期的历史也说明了计划经济曾经起过重要作用。我的意思是，在建设有中国特色社会主义的过程中，在搞社会主义市场经济的过程中，我们在思想认识上要注意防止来自两方面的干扰。我们既不能抱着过去的计划经济体制不放，看不到它的弊病和改革的必要性，也不能照搬照抄西方资本主义市场经济的模式，而应在总结我们搞计划经济的经验教训和借鉴西方国家搞市场经济的有益经验的基础上，通过实践、认识、再实践、再认识，开拓一条发展中国社会主义市场经济的正确道路，使这种新的经济体制逐步成熟和完善起来。"[②] 1995 年 4 月，他在一次讲话中进一步谈了自己对社会主义市场经济体制的基本框架的设想。他说："根据我们现在的认识，社会主义市场经济体制的基本框架是，在公有制为主体、多种经济成分共同发展的方针指导下，建立适应社会主义市场经济

① 中共中央文献研究室编《十四大以来重要文献选编》上，第 622 页。

② 中共中央文献研究室编《江泽民论有中国特色社会主义（专题摘编）》，第 66 页。

要求的现代企业制度；形成全国统一开放的市场体系，实现城乡市场紧密结合，国内市场和国际市场相互衔接，促进资源的优化配置；转变政府管理经济的职能，建立以间接手段为主的完善的宏观调控体系，保证国民经济的健康运行；建立以按劳分配为主体、多种分配方式并存，效率优先、兼顾公平的收入分配制度，鼓励一部分地区一部分人先富起来，最终实现全体人民的共同富裕；建立多层次的社会保障制度，为城乡居民提供同我国国情相适应的社会保障，促进经济发展和社会稳定。围绕这些环节，还要建立和完善相应的法律体系，以保证市场在国家宏观调控下对资源配置发挥基础性作用。按照我们的设计，中国在本世纪末初步建立起社会主义市场经济新体制以后，再经过二十年的努力，在各方面可以形成更加成熟和定型的制度。”①

从 1992 年 6 月 9 日江泽民在中央党校省部级干部进修班上的报告中讲“我个人的看法，比较倾向于使用‘社会主义市场经济体制’这个提法”到 1995 年 4 月，江泽民不但明确使用“社会主义市场经济体制”这一基本概念，而且对如何建立市场经济体制进行了积极的探索，对社会主义市场经济体制的基本框架提出了自己的设想。即：（1）以公有制为主体、多种经济成分共同发展的方针指导下，各种经济成分的企业都要走上市场，通过市场竞争，加快转换经营机制，加快建立现代企业制度，增强生机与活力，保证国有资产保值增值；（2）发展各种商品市场，培育、健全金融市场、技术市场、劳务市场、信息市场、房地产市场等等，形成全国统一、开放、有序的市场体系，实现城乡市场紧密结合，国内市场和国际市场相互衔接，促进资源的优化配置；（3）建立以按劳分配为主体、多种分配方式并存，效

① 中共中央文献研究室编《江泽民论有中国特色社会主义（专题摘编）》，第 66～67 页。

率优先、兼顾公平的收入分配制度，鼓励一部分地区一部分人先富起来，对于正当的个人利益的实现和发展，国家任何时候都要保护，通过社会生产力水平的大幅度提高，最终达到全体人民的共同富裕；（4）转变政府管理经济的职能，建立以政策、法律、法规等间接手段为主的完善的宏观调控体系，保证市场在国家宏观调控下对资源配置发挥基础性用，保证国民经济的健康运行；（5）建立多层次的社会保障制度，为城乡居民提供同我国国情相适应的社会保障，促进经济发展和社会稳定。（6）建立和完善社会主义市场经济，使国民经济保持旺盛的生机、活力和后劲，保持经济结构、产业结构的合理和协调，保持积极的发展速度和良好的经济效益的统一，保持生产效率和分配公平的正确结合，保证农业基础地位不断得到巩固，保证国有大中型企业在市场中的竞争能力和在经济发展中的主导作用不断得到加强，保证公有制经济的主体地位和其他经济成分积极发挥其补充作用，保证在生产发展的基础上人民生活日益改善和最终实现共同富裕。

（三）全面阐述了建立“社会主义市场经济体制”的基本途径

深化各个领域的改革，是建立社会主义市场经济体制的基本途径和根本方法。

1. 必须对原有的计划体制和观念进行改革

在党的十四大报告中，江泽民指出：“要更新计划观念，改进计划方法，重点是合理确定国民经济和社会发展的战略目标，搞好经济发展预测、总量调控、重大结构与生产力布局规划，集中必要的财力物力进行重点建设，综合运用经济杠杆，促进经济更好更快地发展。”① 1992 年 12 月 18 日在全国计划会议上讲话时

① 中共中央文献研究室编《十四大以来重要文献选编》上，第 20 页。

再次指出："建立社会主义市场经济体制，是要改革过去那种计划经济模式，但不是不要计划，就是西方市场经济国家也都很重视计划的作用。我们是社会主义国家，更有必要和可能正确运用必要的计划手段。所以，在进一步改革中要很好地发挥计划的功能和作用。当然，宏观调控不单单是计划手段，还有好多手段，包括金融、财政等。但是，大的恐怕就是计划、金融、财政这三个方面，财政里面包括税收。"① 这就为经济体制改革指明了方向。

2. 必须改革财政税收体制

税收体制的改革在20世纪90年代初主要是实行分税制，合理划分中央和地方的事权，合理确定中央和地方的收支比例，目的是理顺经济关系，使经济活动规范化。财税体制改革，主要是正确处理国家、企业、个人之间和中央与地方之间的分配关系，逐步提高财政收入占国民生产总值的比重和中央财政收入占全国财政收入的比重，并适应所有制结构变化和政府职能转变，调整财政收支结构，建立稳固、平衡的国家财政。2000年1月19日，江泽民在全国经济工作会议上指出，"坚持依法理财，依法治税。财税法律法规，是规范经济秩序、调节收入分配、实施经济监督的重要法律和制度。我们在预算、税收、国有资产管理、财务、会计等方面，已经制定了一系列法律法规，各地区、各部门必须坚决贯彻执行。要严肃国家的财经纪律，加强税收执法力度，坚决杜绝财税工作中的违法违纪行为和不规范的现象。要加强纳税人的法制观念和依法纳税意识，采取有效措施解决欠税问题，坚决打击各种偷税、骗税和暴力抗税行为。绝不允许搞以言代法、以权代法、越权减免税。同时，要进一步加强财税法制建设，建立起完善的、运行有序的财税法规体系，真正做到依法行

① 中共中央文献研究室编《江泽民论有中国特色社会主义（专题摘编）》，第77页。

政、依法理财、依法治税。”[①]

3. 必须对金融体制进行改革

改革开放以来，随着我国社会主义市场经济的不断发展，金融活动日益广泛地渗透到社会经济生活的各个方面，金融系统掌握着巨大的经济资源，金融在调节经济中发挥着越来越大的作用。进一步做好金融工作，保证金融安全、高效、稳健运行，是国民经济持续快速健康发展的基本条件。如果金融不稳定，势必会影响经济和社会稳定，妨碍整个改革和发展的进程。要通过改革，健全金融法制，严肃金融法纪，建立良好的金融秩序，保证金融安全、高效、稳健运行。1997 年 11 月 19 日，江泽民在全国经济工作会议上针对当时金融秩序混乱，金融隐患和风险加大，金融法制不健全，有法不依、违法不究、执法不严相当普遍，证券监管体系和内控机制不完善，管理混乱，纪律松弛，一些规章制度形同虚设等现象指出，“不强化金融法治，就难以建立符合社会主义市场经济要求的金融秩序。囿于局部的、眼前的利益，容许甚至放纵乱设金融机构、乱办金融业务和乱集资活动，无异于埋下金融风险的祸根。因此，必须强化金融法治和金融监管，依法整顿和维护金融秩序，把一切金融活动纳入规范化、法治化的轨道。”[②] 他还特别提醒全党要高度重视亚洲金融风暴已经带来的和可能带来的风险，要求“继续贯彻落实中央关于金融工作的各项决定和部署，实行适当的货币政策，保持对经济增长必要的支持力度。同时稳步推进金融改革，加快建立与社会主义市场经济相适应的金融体制。要大力整顿金融秩序，切实防范和化解金融风险。中央银行要依法加强金融监管和货币调

① 中共中央文献研究室编《江泽民论有中国特色社会主义（专题摘编）》，第 82～83 页。

② 中共中央文献研究室编《江泽民论有中国特色社会主义（专题摘编）》，第 79 页。

控，维护金融业的安全稳健运行。推进国有商业银行的改革，真正实现企业化经营，努力做好金融服务工作，逐步降低不良资产比重。继续整顿信托投资公司等各类非银行金融机构，严格规范证券、保险市场运作。在加强进出口贸易和国际资本流动管理的基础上，保持国际收支基本平衡，保持人民币汇率稳定。加快制定金融管理的法律法规，建立和完善防范、化解金融风险的有效机制。依法严肃查处各种违规违纪行为和金融犯罪活动，坚持打击骗汇、逃汇和套汇。金融系统多年积累的不良资产数量很大，金融风险是我国经济发展中的重大隐患。各地党政主要负责同志一定要知晓利害，高度警觉，认真学习金融知识，积极支持金融改革，自觉维护金融秩序。"①

4. 必须继续调整国有经济的布局和结构，改革国有资产管理体制，深化经济体制改革

在坚持国家所有的前提下，充分发挥中央和地方两个积极性。国家要制定法律法规，建立中央政府和地方政府分别代表国家履行出资人职责，享有所有者权益，权利、义务和责任相统一，管资产和管人、管事相结合的国有资产管理体制。关系国民经济命脉和国家安全的大型国有企业、基础设施和重要自然资源等，由中央政府代表国家履行出资人职责。其他国有资产由地方政府代表国家履行出资人职责。中央政府和省、市（地）两级地方政府设立国有资产管理机构，继续探索有效的国有资产经营体制和方式。各级政府要严格执行国有资产管理法律法规，坚持政企分开，实行所有权和经营权分离，使企业自主经营、自负盈亏，实现国有资产保值增值。

5. 建立和完善社会保障体系

江泽民在1999年和2000年的经济工作会上讲话中，一再强

---

① 中共中央文献研究室编《十五大以来重要文献选编》上，第656~657页。

调要完善社会保障体系，并要求把握好以下几条基本原则："一是从国情出发，与国民经济发展水平以及各方面承受能力相适应，首先保证人们基本生活的需要；二是坚持公平与效率相结合，权利与义务相对应，兼顾国家、企业、个人三者利益；三是要积极稳妥，注意新老体制的衔接和过渡，避免出现大的波动。"①

二　新世纪经济体制改革的道路与途径

从1992年十四大明确提出建立社会主义市场经济体制的改革目标以后，我国改革进入向经济体制改革全面转轨的新阶段，到2002年经过10年之久的初步建立社会主义市场经济体制阶段，我国经济体制改革在理论和实际上取得了重大进展。十六大的召开为新世纪经济建设和经济体制改革作了总体的战略部署，江泽民在十六大报告中明确提出了新世纪经济体制改革的目标是"完善社会主义市场经济体制"，系统规划了完成这一改革任务的道路和路径。

（一）经济体制改革面临的新形势和具体的目标

1. 经济体制改革面临的新形势

党的十四大确定我国社会主义市场经济体制改革目标以及十四届三中全会作出相关决定以来，经过不断的探索和创新，我国经济体制改革在理论和实践上均取得重大进展，十六大报告明确我国社会主义市场经济体制初步建立，公有制为主、多种所有制经济共同发展的基本经济制度已经确立，全方位、宽领域、多层次的对外开放格局基本形成。但同时党中央也看到，目前已经建

① 江泽民：《论"三个代表"》，第91页。

立的市场经济体制框架还很不完善，与最终要建立的目标模式还有不少的距离，与成熟的市场经济体制相比在很多方面都存在差距。

（1）政府收支规模总体适度，但政府收支的规范性有待加强，政府对经济的干预程度较深。尽管中央政府收支的规模并不大，但政府对经济资源的直接支配和干预相对偏多，主要表现在：

第一，政府消费占总消费的比重较高。2001 年为 23%，得分为 56 分，在世界银行数据库中有数据的 144 个国家（地区）中排名 96 位。表明与世界其他国家相比，我国政府消费支出比重较高，政府在较大程度替代个人进行消费选择。2001 年印度政府最终消费占总消费的比重为 16.4%，印度尼西亚为 11.1%，韩国为 14.6%。

第二，政府对投资的干预较多。2001 年政府直接投资及国有企业投资占总投资的比重为 47.3%（其对应指标是私人投资占 52.7%），得分为 51 分。世界银行数据库中有该项数据的国家为 44 个，中国排名 36，比较靠后，表明政府直接或通过国有企业控制了较多的固定资产投资。除了对国有企业投资的间接控制外，我国对非国有企业投资也有诸多限制，这些都表明政府对投资的影响是我国市场化进程中的一个突出问题。

第三，非财政性收支比重较大，而且不够规范。我国财政收支情况较好，而政府最终消费的份额偏重，两者的矛盾一定程度上是因为我国有较多的非财政性收支。2000 年，仅预算外收入和支出就分别占到财政收支的 29% 和 22%，各种制度外收支难以估计。这种非预算收支占用了大量可由个人和企业支配的资源，而且结构复杂、透明度低，不利于企业形成合理的预期，严重干扰了市场机制作用的正常发挥。

第四，政府对经济的管制偏多。根据世界银行一份对各国政府管理进行评价的报告，我国政府规制一项的得分为40分（转换为百分制后），在189个国家和地区中排名113位，表明我国对经济的行政干预比较多。目前我国各级政府，尤其是地方政府在管理和发展经济方面做了大量工作，但与此同时，管理过度和不当的现象仍比较普遍。一个典型的例子是各级地方政府和各部门行政审批职能较多，其中不合理部分大量存在。

（2）非国有企业有了较大发展，但企业经营仍受到较多限制。我国企业经营的自由度有了显著提高，但仍然处于较低水平。2001年，国有及国有控股企业工业增加值占全部工业增加值的比重为34.4%，得分为55分。相对于投资的市场化程度，产出的市场化水平要略高一些，表明我国企业自由度水平的提高更多的来自非国有经济的自我发展，而不是对国有经济投入的相对减少。

毫无疑问，由于国有企业的产权存在诸多似是而非、实践滞后于理论等悬而未决的问题，尽管不少企业都进行了改制，但政府对国有企业仍存在较多的干预。一方面，政府集资产所有者和经营管理者的双重身份于一身，政企分开形式多于内容；另一方面，由于产权制度不完善，国有企业所有者缺位的现象又普遍存在，国有企业的退出机制尚没有完全形成，使得国有企业的生产经营行为不是简单地以利润最大化为目标，企业行为的市场化程度偏低。非国有企业的自由度要高一些，但从总体上看，我国企业在生产经营中自由度还有待提高。突出表现在以下几个方面：市场准入门槛偏高，企业的设立困难较多。我国企业进入的难度主要是限制进入的领域较多、行政审批手续相对复杂；在生产经营中受干预较多；经济主体不平等；税率偏高等。

（3）金融为经济运行提供了良好的环境，但货币资金价格的市场化决定程度不高。近年来中国金融表现出良好的稳定性，货币供应增长速度、市场价格上涨幅度保持在合理范围，且波动性较小，金融深度与货币供应、价格的适度性、利率的合理性得分都比较高。金融领域的主要问题是市场在货币资金配置中的主导性作用发挥不够，表现在：

第一，银行间的竞争性不够，国有银行在资产、吸收存款和发放贷款等方面都占据绝对优势，2001 年三者的比重分别是 60.5%、61% 和 58%。

第二，货币金融对私人部门的支持不够。对私人部门债权无论是与整个债权相比，还是与货币供应相比，都呈现较低水平，两项得分分别为 41 和 21 分，表明私人部门从货币供应增长、信用规模扩大中得到的支持比较有限。

第三，尽管利率市场化已在一些领域展开，但主要的存贷款利率仍由中央银行确定，金融机构自主确定利率水平的空间很小。根据《全球竞争力报告》对世界主要国家银行利率由市场决定的程度进行的评价，中国得分仅 18 分（按百分制），在主要的 74 个国家中排名最后。我国现有的几种主要由市场决定的利率，如银行间同业拆借利率、国债回购利率等都远远没有担当起基准利率的作用，国内的利率水平难以准确反映货币资金的供求关系，市场在调节资金供求，并进而调节整个市场供求方面的作用极为有限。

（4）对外贸易发展迅速，但国际资本流动仍不够畅通。二十多年来，中国改革开放的一个重点领域是逐步扩大对外贸易与合作。测算结果显示，中国在对外贸易方面的障碍大幅度减少，对外贸易蓬勃发展。但从国际比较看，中国的关税与贸易比值在有数据的 55 个国家中排名第 25 位，平均关税税率也比世界中位水平 10.6% 要高，反映出虽然中国的关税已经有了大幅度的下降，但由于其他国家也都在持续调低关税，中国目前关税水平仍有下调空间。

资本项目的市场化程度明显滞后于经常项目。我国目前实行经常项目可自由兑换，但对资本项目实行管制。在国际货币基金组织确定的43项资本项目交易中，中国完全可兑换项目仅有4项，基本可兑换8项，在世界上属于资本项目管制最严格的国家之一。从几个反映国际资本流动的指标看，资本项目得分仅43分，国际排位也比较靠后，表明相对于经常项目而言，资本项目流动的市场化进程显著滞后。

中国实行有管理的浮动汇率制度，但实际上主要是盯住美元，汇率波动的空间狭小，世界银行在其给各国汇率管理制度的界定中因此将中国列为盯住制。由于汇率水平不能完全反映外汇的供求关系，而在资本项目实行管制的情况下，汇率水平的相对固定导致难以有效控制货币投放，不利于市场机制在整个经济中发挥作用。

（5）法律执行不够规范，信用体系和保障体系有待建立和完善。1993年以来，虽然我们在市场经济的立法工作上取得了长足进展，颁布了一系列的有关法律。但是，现有的法律法规还不能完全适应市场经济的需要。一些法律起草上，部门色彩较重；在法律内容上，许多规定太抽象，缺乏操作性；在法律之间的关系上，也存在着有的法律不配套、不协调甚至矛盾的情况。比如：一些行政法规过于泛化，涉及领域广、干预力度大；有些进入了它不应介入的领域，构成市场经济的障碍。从当前市场经济需要的基本法律框架看，财产权法、反不正当竞争法、现代企业制度所要求的有关企业法律、适应市场经济对政府要求的行政程序法，以及迁徙自由等与市场经济相应的法律法规都亟待完善。执法工作中的突出问题是执法工作不规范、不透明、不严肃，随意性较大，有些行政管理部门甚而不完全按照《行政诉讼法》的要求处理问题，使经济主体很难以较低的成本利用法律来保障自己从事正常的生产经营和交易活动。

此外，信用体系的建立还在起步阶段，商业信用、个人信用在经济活动中难以起到有效的约束和保障作用，加大了交易成本，妨碍了市场机制的正常运行。适应市场经济的社会保障体系也没有完全建立起来，劳动力流动仍在一定程度上受到制约。

在计划经济时期，我国建立了与计划经济相适应的社会保障体系。随着社会主义市场经济的发展，原有的社会保障体系已经迅速弱化，但与市场经济相适应的社会保障体系还很不健全，养老保险、医疗保险、失业保险制度的缺陷不仅干扰了个人对未来的预期，也成为阻碍劳动力流动的障碍。

特别需要指出的是，市场主体交易行为不规范，知识产权保护力度不够，假冒伪劣产品在一些领域仍较普遍等问题，也是中国市场经济改革进程中亟待解决的问题。

2. 完善社会主义市场经济体制的具体目标

在党的十六大报告中，江泽民在充分肯定社会主义市场经济体制已经初步建立的同时，对如何进一步建成比较成熟比较定型的社会主义市场经济体制，提出了更加具体的要求。他说，要根据世界经济科技发展新趋势和我国经济发展新阶段的要求，完善社会主义市场经济体制；坚持以信息化带动工业化，以工业化促进信息化，走新型工业化路子；形成全面发展的产业格局；深化科技和教育体制改革，完善知识产权保护制度；统筹城乡经济社会发展，壮大县域经济，健全农产品市场体系；消除不利于城镇化发展的体制和政策障碍，逐步提高城镇化水平；长期稳定并不断完善以家庭承包经营为基础、统分结合的双层经营体制，有条件的地方可按照依法、自愿、有偿的原则进行土地承包经营权流转，逐步发展规模经营；建立健全农业社会化服务体系，继续推进农村税费改革；积极推进西部大开发，促进区域经济协调发展；根据解放和发展生产力的要求，坚持和完善公有制为主体、多种所有制经济共同发展的基本经济制度；继续调整国有经济的布局和结构，改革国有资产管理体制，建立中央政府和地方政府分别代表国家履行出资人职责的国有资产管理体制；继续探索有效的国有资产经营体制和方式；进一步探索公有制特别是国有制的多种有效实现形式，按照现代企业制度的要求，完善法人治理结构；发展具有国际竞争力的大公司大企业集团；进一步放开搞活国有中小企业；深化集体企业改革，继续支持和帮助多种形式的集体经济的发展；充分发挥非公有制经济的重要作用；放宽国内民间资本的市场准入领域；完善保护私人财产的法律制度；在更大程度上发挥市场在资源配置中的基础性作用，健全统一、开放、竞争、有序的现代市场体系；发展产权、土地、劳动力和技术等市场；创造各类市场主体平等使用生产要素的环境；整顿和规范市场经济秩序，健全现代市场经济的社会信用体系，打破行业垄断和地区封锁；完善政府的经济调节、市场监督、社会管理和公共的职能，减少和规范行政审批；根据形势需要实施相应的宏观经济政策，完善国家计划和财政政策、货币政策等相互配合的宏观调控体系；深化财政、税收、金融和投融资体制改革；调整和规范国家、企业和个人的分配关系；确立劳动、资本、技术和管理等生产要素按贡献参与分配的原则，完善按劳分配为主体、多种分配方式并存分配制度；坚持效率优先、兼顾公平，扩大中等收入者比重，提高低收入者收入水平；建立健全同经济发展水平相适应的社会保障体系；充分利用国际国内两个市场，在更大范围、更广领域和更高层次上参与国际经济技术合作和竞争；深化外经贸体制改革，推进外贸主体多元化，完善有关税收制度和贸易融资机制；鼓励和支持有比较优势的各种所有制企业对外投资，积极参与区域经济交流和合作；建立适应新形势要求的卫生服务体系和医疗保健体系，等等。在新世纪新阶段，胜利完成这些任务，就一定能够建立起完善的社会主义市场经济体制，继续保持国民经济持续快速健康发展，加快推进社会主义现代化建设。

（二）经济体制改革的主要任务

1. 经济体制改革是进一步解放和发展生产力的客观要求

发展必须依靠改革，这是我们建设中国特色社会主义的基本经验。党的十三届四中全会以来，以江泽民为核心的第三代领导集体坚持市场取向改革，对传统的计划经济体制进行了全面改革。到20世纪末，社会主义市场经济体制已经初步建立。改革的不断深入，成为过去20年经济发展的强大动力。但必须看到，许多方面的改革还有待深化，制约经济发展的体制性障碍仍然存在，现行体制还有许多不适应改革开放新形势和经济发展新阶段的地方，进一步解放生产力的任务依然繁重，完善社会主义市场经济体制还需作艰苦努力。江泽民在十六大报告中提出，21世纪头20年经济体制改革的主要任务是完善社会主义市场经济体制。第一，调整和完善所有制结构的任务尚未完成，国有企业和国有资产管理体制改革还需进一步深化。第二，市场体系还不健全，市场分割现象仍相当严重，生产要素市场发展滞后，以市场为基础的要素价格形成机制尚未完全建立。第三，收入分配关系仍未理顺，社会保障体系还不完善。第四，政府职能比较薄弱。解决以上这些问题，必须以完善社会主义市场经济体制为目标，继续推进市场取向的改革，在坚持和完善基本经济制度、深化国有企业和国有资产管理体制改革、健全现代市场体系、加强和完善宏观调控、深化分配制度改革、健全社会保障体系等重大改革方面取得新的突破和重大进展，不断消除束缚生产力发展的体制性障碍。

2. 经济体制改革的主要任务

2003年党的十六届三中全会通过的《中共中央关于完善社会主义市场经济体制若干问题的决定》，根据各方面统筹发展的要求和经济体制尚不完善的实际情况，有针对性地规定了现阶段经济体制改革的主要任务，可概括为五个方面：

(1) 完善以公有制为主体、多种所有制经济共同发展的基本经济制度。这是社会主义市场经济的基础。坚持公有制的主体地位和发挥国有经济的主导作用，必须推行公有制的多种有效实现形式，调整国有经济的布局和结构。国有企业改革之所以步履维艰，有历史遗留下来的沉重社会负担和承担过大的改革成本的因素，更重要的是寻找国有经济在市场经济条件适当的实现形式所遇到的特殊困难。按照《决定》的要求建立健全国有资产管理和监督体制，更广泛地推行以投资主体多元化为特征的股份制，将有利于实现政府公共管理职能和国有资产出资人职能分开，促进国有企业改革。个体、私营等非公有制经济是促进社会生产力发展的重要力量，《决定》在强调进一步巩固和发展公有制经济的同时，强调要鼓励、支持和引导非公有制经济的发展，清理和废止限制非公有制经济发展的法律、法规和政策，消除体制性障碍。多种所有制共同发展将会为经济增长注入新的活力，这是许多地方的经验所证明了的。产权是所有制的核心和主要内容，按照《决定》的要求建立健全现代产权制度，依法维护公、私各类财产权，是完善基本经济制度的内在要求和保证。

(2) 建立有利于改变城乡二元经济结构的体制。继续推进工业化，逐步改变城乡二元经济结构状况，是全面建设小康社会直到实现现代化这个较长的历史时期，我国社会经济发展的根本性任务。这种根本性的社会转型，要着重解决的，实质上是“三农”问题。这个问题的解决，除农业方面的努力外，从根本上说，要从“三化”即工业化、城镇化、市场化找出路。就是说，要用先进技术改造农业和整个农村经济，促进大量农业人口向非农产业转移，通过完善社会主义市场经济体制把农业和整个农村经济纳入全国统一的市场化、社会化轨道。现阶段的中国区域发展差距，是二元经济结构的一种特殊表现形态，从根本上说，统筹城乡发展和地区发展都是要逐步改变二元经济结构。改变城乡二元经济结构是个长过程，即使工业化和城镇化进展顺利，2020年城镇化达到55%左右，届时全国农村人口仍将有6亿以上，“三农”问题仍将是大问题。重要的是，经济体制要有利于逐步改变城乡二元经济结构状况。某些现行的体制和政策，是不利于逐步改变甚至是强化二元经济结构的，需要坚决地进行改革。

（3）市场体系建设和改善国家经济与社会管理。这是贯穿经济体制改革全过程的一个带根本性的问题。当前体制不完善的重要表现，是市场体系不健全，政府职能还没有完成适应社会主义市场经济发展要求的转变。这两个方面的改革是相辅相成的。建设统一开放竞争有序的市场体系，当前主要是加快建设全国统一市场；在完善商品市场的同时大力发展资本市场和其他要素市场；规范市场秩序，建立健全社会信用体系。在改善国家经济管理方面，《决定》强调继续改善宏观调控，转变政府职能，对财税体制和金融体制改革给予高度重视，明确了分步实施税制改革和财政管理体制改革的原则和方向，以及深化金融企业改革、完善金融监管体制和调控机制的目标和任务。政府在转变经济管理职能的同时，要加强市场监管、社会管理和公共服务职能，推进经济法制建设。回顾二十多年来所走过的道路，利用党和政府系统集中统一的优势推进以主体分散化和利益多元化为特点的市场化改革，是中国经济改革进展比较顺利的一个重要原因。在新的改革阶段，需要继续发挥这种优势。

（4）健全就业、收入分配和社会保障制度。就业、收入分配和社会保障都是市场经济体制下所固有的社会问题。积极扩大就业，推进分配体制改革，完善社会保障体系，这是社会稳定的基础。我国人口多，又处在经济体制改革和经济结构调整的双重转变时期，就业压力将是我们长期面临的突出困难，改革、发展和结构调整都要与扩大就业相结合，把有利于缓解就业压力作为重要的体制改革和政策目标。完善按劳分配为主体、多种分配方式并存的分配制度，主要是整顿和规范分配秩序，加大收入分配调节力度，解决部分社会成员收入差距过大的问题，以达到效率与公平兼顾之目的。社会保障体系建设，主要是建立健全同我国经济发展水平相适应的企业职工基本养老保险制度、失业保险制度和城市居民最低生活保障制度。社会主义市场经济体制以实现社会公正和共同富裕为目标，市场竞争不能自发实现这种社会目标。扩大就业、改善收入分配和建立健全社会保障制度，要依靠国家的政策导向、法律规范、公共管理和宏观调控。

（5）建立促进经济社会可持续发展的机制。可持续发展是当今世界发展的大趋势。我国在温饱问题解决之后，也把这个问题提到了重要议事日程。可持续发展的实质，是在满足当代人需要的同时，不损害后代人满足其自身需要的能力，也可以说是经济增长、社会发展和资源环境的永续利用问题。现在，由于多种所有制经济的发展和社会主义市场经济体制的初步建立，经济基础发生重大变化，社会发展的其他方面必须进行相应的改革。要通过深化改革，建立健全与社会主义市场经济相适应的科技、教育、文化、公共卫生等方面的体制，提高国家创新能力和国民整体素质，实现社会全面进步。在市场经济体制下，这些领域的改革和发展都受到市场竞争的深刻影响，市场机制会在很大程度上直接或者间接地发挥作用；但这些领域又都有各自的特殊性，不能简单地搬用市场经济的规律，简单地提“市场化”和“产业化”的目标和口号。重要的是，要研究社会主义市场经济体制下的科技、教育、文化、公共卫生发展的特殊规律，建立健全相应的体制和运行机制。体制选择和发展战略，都要有利于实现经济、社会和环境的可持续发展。

根据各个方面统筹兼顾的要求，努力实现《决定》所提出的目标，将会更大程度地发挥市场在资源配置中的基础性作用，增强企业活力和竞争力，健全国家宏观调控，完善政府社会管理和公共服务职能，为全面建设小康社会提供强有力的体制保障。

党的十六届三中全会的《决定》总结了10年来经济体制改革的经验，比较系统地充实了10年前来不及或者因为条件不成熟而不可能展开的内容，是完善社会主义市场经济体制的完整的纲领。这是中国经济体制改革历史上一座新的里程碑。从中国经济体制改革的长过程看，《决定》也提供了一个新的起点。完全可以预期，《决定》的贯彻执行对深化改革和促进发展，对实现全面建设小康社会的宏伟目标，将会发挥极其重要的指导和推动作用。

（三）新世纪经济体制改革的道路

十六大报告在“经济建设和经济体制改革”部分，提出了21世纪头20年经济建设和改革的主要任务，规划了完成这一任务的道路和途径。

1. 走新型工业化道路

新型工业化道路主要包含以下4个方面的内容：第一，继续实现工业化，这是必须完成的历史性任务。第二，注意推进信息化，这是我国加快实现工业化和现代化的必然选择。第三，坚持以信息化带动工业化，以工业化促进信息化。第四，必须大力实施科教兴国战略和可持续发展战略。新型工业化道路的基本特征是，科技含量高、经济效益好、资源消耗低、环境污染少、人力资源优势得到充分发挥。

2. 走中国特色的城镇化道路

中国特色城镇化道路主要包括4个方面的内容：第一，大中小城市和小城镇协调发展。大中小城市或者连成线，或者形成三角关系、圆弧线关系，而小城镇应星罗棋布地分布在大中小城市的周围，这样才能发挥城市的中心功能、辐射功能和依托带动功能。如京津唐、沪宁杭、穗港澳及其周围的众多中小城市和小城镇，就体现城市发展的规律。其他一些中心城市如重庆、武汉、沈阳、济南、西安、成都等等，也都体现了这样的发展规律。第二，发展小城镇要以现有的县城和建制镇为基础，不是另起炉灶，大兴土木，铺新摊子。第三，发展小城镇要同发展企业和农村服务业结合起来。这也是城镇建设的固有规律。城镇是由生产的需要、交换的需要和服务的需要而产生和形成的，也是一个自然的历史过程，而不是长官意志的产物。第四，当前要消除不利于城镇化发展的体制和政策障碍，引导农村劳动力合理有序流动。

3. 走区域经济协调发展的道路

全面建设小康社会的一个重要目标，就是促进区域经济协调发展。走区域经济协调发展的道路的主要内容包括：第一，实施西部大开发战略。在基础设施和生态环境建设、发展优势产业、实行国家支持、开发资金渠道等方面，都要出台新举措。第二，中部地区要加大结构调整力度。第三，东部地区要加快产业结构升级。第四，经济特区和上海浦东新区要在制度创新和扩大开放等方面走在前列。第五，对东北等老工业地区，以资源开采为主的城市和地区、老少地区、粮食主产区，都有具体部署和要求。第六，东中西部要加强交流与合作，实现优势互补和共同发展，形成若干各具特色的经济区和经济带。如长江流域的水稻带、黄淮海平原小麦区、东北和冀鲁豫玉米区、新疆棉花区等等。根据不同地区的不同特点和发展状况，有针对性地提出不同要求，这在我们党的代表大会的报告中还是第一次。特别是提出要形成各具特色的经济区和经济带，这是实现区域经济协调发展的重要举措。

4. 坚持和完善基本经济制度，健全社会主义市场经济体制，提高对外开放水平和人民的生活水平

目前我国经济建设和经济体制改革的根本途径包括：第一，

坚持和完善基本经济制度，必须毫不动摇地巩固和发展公有制经济，必须毫不动摇地鼓励、支持和引导非公有制经济发展。第二，健全社会主义市场经济体制，主要是健全现代市场体系、宏观调控体系和社会保障体系。在现代市场体系中，强调创造各类市场主体平等使用生产要素的环境；在宏观调控体系中，强调扩大内需是我国经济长期发展的基本立足点，第一次把增加就业作为宏观调控的主要目标；在社会保障体系中，强调了“调高扩中提低”的分配格局，强调要建立基本养老保险制度、基本医疗保险制度、失业保险制度和城市居民最低生活保障制度等四大保险制度。第三，提高对外开放水平。坚持“引进来”和“走出去”相结合，进一步扩大商品和服务贸易，进一步吸引外商直接投资，提高利用外资的质量和水平。第四，提高人民的生活水平和质量。就业是民生之本，在工业化、城镇化过程中，要广开就业门路，积极发展劳动密集型产业。各级党委和政府必须把改善创业环境和增加就业岗位作为重要职责。要拓宽消费领域，发展社区服务，建立适应新形势要求的卫生服务体系和医疗保健体系。

三　政府体制改革与经济体制改革的关系

十三届四中全会以来，以江泽民为核心的党的第三代领导集体锐意创新、大胆改革，积极推进政府体制改革。

（一）政府机构改革是经济体制改革的必然结果

党的十四大明确提出我国经济体制改革的目标是建立社会主义市场经济体制，政府机构改革的原则是转变政府职能，实行政企分开，精简、统一、效能原则；改革的重点是适应市场经济体制转变政府职能，政企分开，理顺关系，转变管理方式。十五大提出了进一步深化经济体制改革，建立比较完善的社会主义市场经济体制，深化行政体制改革，实现国家机构组织、职能、编制、工作程序的法定化，严格控制机构膨胀，坚决裁减冗员的要求。十六大提出进一步转变政府职能，改进管理方式，推进电子政务，提高行政效率，降低行政成本，形成行为规范、运转协调、公正透明、廉洁高效的行政管理体制；依法规范中央和地方的职能和权限，正确处理中央垂直部门和地方政府的关系；按照精简、统一、效能的原则和决策、执行、监督相协调的要求，继续推行政府机构改革，科学规范部门职能，合理设置机构，优化人员结构，切实解决层次过多、职能交叉、机构臃肿、权责脱节和多重多头执法等问题；按照政事分开的原则，改革事业单位管理体制。我国的经济体制改革从总体上经历了三个主要阶段，即以农村的家庭联产承包责任制为核心的农村经济改革；以国有企业改革为核心的城市经济体制改革和以建立现代企业制度为核心的全面的经济体制改革。与经济体制改革相适应，我国的政府机构改革随之也经历了一个从单纯的机构精简到从政府职能转变入手进行综合改革的历史过程，大体有三个大的阶段，即 1982 年的机构改革，这次改革以实现各级领导班子年轻化为主要目标，在转变政府职能、理顺政企关系等方面进行了必要的探索；1988 年的机构改革，这次改革只在中央政府进行，改革的重点是那些与经济体制改革关系密切的经济管理部门；1993 ~ 1997 年的机构改革，这次是以适应建立社会主义市场经济体制的需要，按照政企职责分开和精简、统一、效能的原则，以转变职能、理顺关系、精兵简政、提高效率为指导思想，重点转变政府职能。这三次大的机构调整和改革，正如九届人大一次会议通过的政府工作报告指出的，“取得一些进展，积累了经验，但由于历史条件限制和宏观环境制约，很多问题未能得到根本性的解决，机构设置同社会主义市场经济发展的矛盾日益突出。机构庞大，政企不分，滋生官僚主义，助长不正之风，也给财政带来了沉重负担。”①

回顾总结几次机构改革的历程，最主要的有如下几点。

1. 马克思主义关于上层建筑一定要适应经济基础的论断至今仍具有巨大的指导意义

我国的机构改革始终围绕经济建设事业进行，并始终坚持与经济体制改革相衔接相配套。为此，邓小平早在《关于政治体制改革问题》中就明确提出过：“我们提出改革时，就包括政治体制改革。现在经济体制改革每前进一步，都深深感到政治体制改革的必要性。不改革政治体制，就不能保障经济体制改革的成果，不能使经济体制改革继续前进，就会阻碍生产力的发展，阻碍四个现代化的实现。”② 政府机构改革首先是要适应经济体制改革，并随着经济体制改革的进程向前推进，而经济体制改革又决定着政府机构改革的方向和进程。经济体制改革是各项改革的基础，只有经济体制发生变革后才能促进政府机构的改革，政府机构改革是经济体制改革的必然结果。

2. 经济体制改革与政府机构改革具有相关性

当经济体制改革由农村延伸到城市（特别是国有企业的改革）就必然会导致政府机构的改革；同时，加快机构改革的步伐，保持政府机构的活力，提高工作效率、调动广大人民群众的积极性，才能更好地促进经济体制改革的深化。为此，邓小平在1986年就明确指出：“政治体制改革同经济体制改革应该相互依赖，相互配合。只搞经济体制改革，不搞政治体制改革，经济体制改革也搞不通，因为首先遇到人的障碍。”③ 从这个角度看，

① 中共中央文献研究室编《十五大以来重要文献选编》上，第235页。

② 《邓小平文选》第3卷，第176页。

③ 《邓小平文选》第3卷，第164页。

经济体制改革取得每一步成功既是政府机构改革的催化剂，也是其成果。

3. 经济体制改革和政府机构改革均表现出阶段性

即经济体制改革和政府机构改革都不可能是一蹴而就的，本身存在着一个不断深化、发展的过程。比如，两者都有一个从表面的、粗放的改革逐渐转向深层次的、内涵改革的过程。

（二）政府机构改革随经济体制改革的深化而不断深化

十三届四中全会以来，进行的政府机构改革表现出两个特点：一是机构改革始终以邓小平行政改革理论为指导，其指导思想和基本原则没有实质性的改变。也就是说，适应社会主义市场经济体制改革的要求，按照转变政府职能、实现政企职责分开和精简、统一、效能的原则进行机构改革的总要求没有改变。这是由于十一届三中全会以来党的路线、方针、政策的一贯性，特别是经济体制改革方向的一贯性所决定的。二是在机构改革的内容和改革的力度上呈现出不断深化和加强的趋势。这是由于经济体制改革的目标和进程逐步清晰和加快所决定的。

1. 政府机构改革的指导思想和主要内容随着经济体制改革的深入而不断明晰，并逐步充实和完善

我国机构改革的指导思想从 1982 年以来，一直都将适应社会主义经济体制需要，与经济体制改革相适应相配套放在核心位置，并随着对经济体制认识的深化而深化，最终明确整个机构改革一定要适应社会主义市场经济体制要求。因此在这一思想指导下转变政府职能就成为其最重要的内容，也成为检验改革成败的重要标志，从而有效地克服了机构改革中就编制减编制的弊端。

2. 整个政府机构改革到目前为止均具有过渡性质

经济体制改革本身是一个较漫长的过程，与之相适应的政府机构改革也将是一个较长的过程。从党的十一届三中全会以来我们就在探索建设有中国特色的社会主义道路，整个改革是这项伟大事业的组成部分。要从过去传统的计划经济转变为社会主义市场经济，我们的政府（包括机构的设置、职能的配置）就需要经历一个从不适应到逐渐适应的过程。我们的企业也是长期在计划经济体制下运转的，在将它们全面推向市场的过程中也有一个从不适应到适应的过程。因此，从 1982 年以来进行的历次改革均有其特定的历史条件。既有阶段性成果，也有不可避免的缺陷和不足，而过去每一次改革都是在为今天的改革创造条件和铺平道路。

3. 政府机构改革必须具有适应性

经济体制改革是解放和发展生产力最根本和最有效的途径，反过来生产关系一定要适应生产力的发展状况。因此，机构改革要与经济体制改革的进程和力度相适应。

（三）加大机构改革力度是进一步深化经济体制改革的关键

机构改革、深化国有企业改革和深化金融体制改革共同构成今后我国政府的三大改革任务。国有企业改革与金融体制改革均是经济体制改革的主要内容。由此可见加大政府机构改革的力度尤其重要。

党的十四大以后，我国经济体制改革的力度进一步加大，在明确了建立社会主义市场经济体制，整个改革的方向和目标更加清晰。这样，政府、企业、市场三者的关系以及如何按市场经济的要求来科学调整三者的关系至关重要。

在传统的计划经济下，政府与企业（国有企业）是从属关系，企业没有自主权，不是独立的法人，仅仅是政府的附属物，也没有市场的地位，一切都由计划管理。在市场经济条件下，这种关系发生了根本性的变化。首先是政府要从计划管理中让渡出来，让市场在资源的配置中发挥基础性和主导性作用；其次是企业要从政府的襁褓中挣脱出来，成为独立经营和负责的法人；再次是政府要从过去包揽一切、掌管一切中转变过来，重新确立自己的地位，界定自己的职能。因此，从经济体制改革要求来看，加大对政府机构的改革力度成为必然。

（1）企业改革，特别是国有企业改革要取得突破性的进展，要真正建立起能适应市场经济体制要求的现代企业制度，就必须对政府经济管理部门实行较为彻底的改革。这一改革既是10余年改革摸索的结果，也是正确认识政府作用的必然结论。

（2）政府机构改革一方面要削弱专门经济管理职能，要撤减专门经济部门，但同时又要把综合经济部门改组为宏观调控部门。政府在市场经济中不是无所作为而是有所作为并且是大有作为，这是所有市场经济国家通过实践证明了的事实。我国在建立社会主义市场经济体制过程中，从现在开始就要避免走发达国家走过的弯路。因此，弱化微观管理职能，强化宏观管理和执法监督职能，包括强化社会保障职能是这次机构改革的重要特征。

（3）政府机构改革直接关系着经济的发展和社会的稳定，涉及许多干部职工的切身利益，不可掉以轻心。1993年江泽民在党的十四届二中全会上指出："在实施过程中，要切实加强领导，统筹规划，精心组织，妥善安排。既要顾全大局，又要照顾各方面的承受能力；既要积极推进，又要维护正常的工作秩序，避免大的波动。"① 1998年江泽民在党的十五届二中全会上进一步明确指出政府机构改革的原则有四条："一是按照发展社会主

① 中共中央文献研究室编《江泽民论有中国特色社会主义（专题摘编）》，第316页。

义市场经济的要求，转变政府职能，实现政企分开；二是按照精简、统一、效能的原则，调整政府组织机构，实行精兵简政；三是按照权责一致的原则，调整政府部门的职责权限，明确划分部门之间的职能分工；四是按照依法治国、依法行政的要求，加强行政体系的法制建设。”① 建立社会主义市场经济体制需要一个过程，建立与社会主义市场经济体制相适应的行政管理体制当然也需要一个过程，要分阶段进行。我们应当客观地分析和把握现实条件，把改革精神与求实态度统一起来。

① 中共中央文献研究室编《江泽民论有中国特色社会主义（专题摘编）》，第319页。

第七章　中国经济发展战略的日臻完善

发展是当代世界的主题，更是当代中国的主题。中国是世界上最大的发展中国家，中国的发展状况如何，对世界的影响很大。就发展理论本身而言，经济发展是发展的一个重要方面，处于发展中的基础地位。在生产力欠发达的社会主义初级阶段，经济发展更具有特殊的紧迫性。党的十一届三中全会后，党和国家的工作重点和中心转移到了经济建设上，但怎样在一个底子薄、人口多、耕地少的国家进行经济建设，仍然是一个亟待解决的问题。在新中国成立以后的经济建设中，我们党曾经犯过不少错误，其中一个重要的原因是对经济发展的战略目标规定过高和要求过快。以邓小平为核心的第二代中央领导集体从中国的国情出发，纠正了在经济建设问题上的脱离国情、急于求成的倾向，提出了“三步走”的经济发展战略，中国经济从此开始进入良性发展的阶段。

“三步走”的经济发展战略是一种宏观的发展战略，它体现的是中国经济发展的近期、中期和长期发展目标，随着经济的发展，原定的发展目标在逐步实现。为此，以江泽民为核心的党中央第三代领导人从实际出发，在20世纪90年代进行了前瞻性的战略思考，明确指出，总的目标是到21世纪中叶基本实现社会主义现代化，实现中华民族的伟大复兴。在这个过程中，我们已经经历了若干个具体的发展阶段，还要继续经历若干个具体发展阶段。他在党的十五大报告中初步勾画了实现第三步战略目标的蓝图：21世纪第一个10年实现国民生产总值比2000年翻一番，使人民的小康生活更加宽裕，形成比较完善的社会主义市场经济体制；再经过10年的努力，到建党100年时，使国民经济更加发展，各项制度更加完善；到21世纪新中国成立100年时，基本实现现代化，建成富强民主文明的社会主义国家。既提出了新的“三步走”的经济发展战略，在经济发展的具体战略上也提出了一系列的发展战略。

一 经济发展战略的新思考——可持续发展战略

经过十几年的经济发展以后，中国经济也出现了一些问题，人口、资源、生态和环境方面的问题已成为中国经济继续发展的制约因素。如何保证经济的持速长久的发展，成为江泽民这一代领导人急需解决的问题。以江泽民为核心的党的第三代领导集体根据世界经济发展的大趋势，适时地提出了经济可持续发展的战略。

（一）经济可持续发展的由来

可持续发展概念是联合国环境和发展委员会于1987年在其报告《我们共同的未来》中提出来的。可持续发展战略作为人类社会发展的共同战略是在1992年的联合国环境发展大会上得到确立。

可持续发展，就是既要考虑当前发展的需要，又要考虑未来发展的需要，不要以牺牲后代人的利益为代价来满足当代人的利益。它的具体内容包括经济可持续发展、社会可持续发展和生态可持续发展。它的核心是实现经济社会和人口资源环境的协调发展。可持续发展主要有三个原则：（1）公平性原则。它强调当代人之间、代与代之间在资源分配与利用的公平。（2）持续性原则。核心是人类经济和社会的发展不能超越资源和环境的承载能力。（3）共同性原则。国情不同，实现可持续发展的具体模式不可能是唯一的，但是上述的公平性原则和持续性原则是共同的，并且实现可持续发展的总目标，应有全球的联合行动。

从历史的观点看，可持续发展观念是在环境问题危及人类的生存和发展，传统发展模式严重地制约了经济发展和社会进步持续性的背景下产生的，是人们对传统发展观的反思和创新。18世纪产业革命以来确定的以工业化和经济增长为主要内容的传统发展观，乐观地看待由于科学技术进步和工业化引起的经济迅速增长，特别是第二次世界大战以来，世界各国一味追求经济的快速增长，并且以国民生产总值或国民收入的增长为重要目标，以工业化为主要内容。这种增长使社会生产力得到了极大提高，创造了前所未有的物质财富，大大推动了人类文明进程。但是，由此也引发了一系列负面影响，主要是导致全球性的资源短缺、环境污染和生态破坏、人口膨胀、南北差距的扩大等等。这些问题，打破了区域和国家的疆界而演变为全球性的问题，暂时性的问题相互贯通相互影响演变为长远问题，潜在问题进一步恶化蔓延为公开性的问题。如全球性的气候变化、臭氧层耗竭与破坏、生物多样性减少速度加快、有毒化学品的污染以及越境转移、土壤退化正在加速、森林面积急剧减少等等。综观世界的资源和环境问题，人们发现，除了自然界的变化和灾害以外，上述问题的出现主要来自于人类的活动，来自于人类经济和社会的发展。因此，从20世纪60年代开始，在经历了一系列全球生态环境破坏对社会所带来的负面影响的灾难之后，人类开始积极反思和总结传统经济发展模式不可克服的矛盾，努力寻找新的发展模式，探索能在提高经济效益的同时保护资源、改善环境的政策和发展战略。于是美国生物学家蕾切尔·卡逊的《寂静的春天》问世，意大利罗马俱乐部的“零增长理论”出台，直至可持续发展这一新的发展观应运而生。

（二）可持续发展在中国

中国是一个发展中的大国，目前又正处于经济快速增长的发展过程中，担负着实现工业化和现代化的双重历史任务。在发展过程中面临着人口资源环境的压力：（1）人口众多。第五次人口普查，我国大陆人口12.65亿。由人口众多产生的一系列问题，如吃饭问题、教育问题、就业问题、资源问题、环境问题等等，都会给经济与社会发展带来巨大的压力。（2）资源短缺。我国资源总量比较多，但人均资源占有量比较少，因而是一个资源短缺的国家，淡水、耕地、森林、矿产等资源的人均占有量远远低于世界人均占有量。我国技术水平比较低，资源利用率低，使得资源短缺和经济发展矛盾更为突出。（3）自然生态环境问题日趋严峻。本来中国的生态环境就比较脆弱，自然灾害频繁，不合理的生产活动和消费方式，又加剧了生态环境的恶化。

进入90年代以来，党中央把可持续发展放到了特别突出的位置和战略高度。1992年6月，中国政府在联合国召开的环境与发展会议上，作出了履行《21世纪议程》的庄严承诺，并于1994年3月通过了世界首部国家级可持续发展战略——《中国21世纪议程——中国21世纪人口、环境与发展白皮书》，并将其基本思想和内容，体现在“九五”计划和2010年远景发展目标中。1995年9月党的十四届五中全会上通过的《中共中央关于制定国民经济和社会发展“九五”计划和2010年远景目标的建议》，第一次把“实现经济社会可持续发展”作为主要奋斗目标和指导方针的重要内容，载入了党的正式文件中。党的十五大进一步指出："我国是人口众多资源相对不足的国家，在现代化建设中必须实施可持续发展战略。"党的十六大又把可持续发展能力不断增强作为全面建设小康社会的重要目标，并再次强调把可持续发展放在十分突出的地位。中国在可持续发展战略的实施过程中已经迈出了坚实的步伐，采取了许多切实可行的政策措施。

（三）江泽民对经济可持续发展战略的特殊贡献

江泽民作为党的第三代领导集体核心，始终关注着我国经济的可持续发展，并以马克思主义的基本原理和邓小平的经济可持续发展思想为依据，根据中国的国情，结合时代的特点，对经济可持续发展战略从提出到实施，作出了重大的贡献。

1. 提出控制人口增长，提高人口素质是经济可持续发展的关键

早在1992年的全国计划生育工作座谈会上，江泽民就指出："人口问题，既是一个社会问题，也是一个经济问题。""如果我们不能把人口控制住，大量的经济成果就会被过快增长的人口抵消掉，这是一个问题紧密联系的两个方面。"① 1995年3月，江泽民在中央计划生育工作座谈会上进一步指出："人口问题从本质上讲是发展问题。我们在经济、社会发展中遇到的许多问题，诸如吃饭问题、就业问题、教育问题、资源破坏、环境污染、生态失衡等都与人口基数大、增长快有着直接的关系。没有对人口增长的合理控制，没有人口与经济、社会、资源环境的协调发展，要实现国民经济持续、快速、健康发展和社会全面进步是很困难的。"②

---

① 中共中央文献研究室编《江泽民论有中国特色社会主义（专题摘编）》，第285页。

② 中共中央文献研究室编《江泽民论有中国特色社会主义（专题摘编）》，第287页。

从这以后，党的十五大、党的十六大和每年的政府工作报告都提到了人口问题的重要性。因为中国是世界上人口最多的国家，目前约占世界人口的21%左右，研究中国经济可持续发展问题，不能不研究中国的人口问题。新中国成立50多年来，人口由当初的4亿增长为今天的13亿，庞大的人口数量是影响经济可持续发展的基本因素之一。除了人口数量外，还有总体人口素质不高、人口结构不够合理等因素，都制约着我国经济的可持续发展。因此，江泽民在2001年的中央人口、环境、资源工作座谈会上深刻指出："未来几十年，我国人口还将持续增加，人口与经济、社会、资源、环境的矛盾仍将突出。对存在的这些突出问题，大家必须高度重视，能够马上解决的要抓紧解决，一时不能解决的，也要采取切实有效的政策措施，加大解决的力度。"① 同时还强调："中央已经明确，人口与计划生育工作的主要任务是稳定低生育水平，同时要提高人口素质"②。提高人口素质，直接关系到中国现代化建设和中华民族振兴的前途。因此，控制人口数量，提高人口质量，是实现我国经济可持续发展的关键因素。

2. 强调自然资源的永续利用是经济可持续发展的基础

现代科学技术创造了现代工业和现代农业，极大地丰富了人类的物质财富。但是工业的发展使自然资源逐渐枯竭，自然资源遭到了严重的破坏，人类的生存条件受到了严重的威胁。我国的自然资源从总量上看尽管不少，但由于人口基数太大，造成人均自然资源少，关系到人类生存的土地、淡水、森林、草地、矿产资源相对短缺。我国人均的国土面积不足世界平均水平的1/3，耕地仅为世界平均水平的1/4，淡水资源是世界平均水平的1/4，

---

① 《全党全国要大力增强紧迫感责任感　提高新世纪人口资源环境水平》，2001年3月12日《人民日报》。

② 《全党全国要大力增强紧迫感责任感　提高新世纪人口资源环境水平》，2001年3月12日《人民日报》。

草地是世界平均水平的1/2，人均矿产资源不足世界平均水平的1/2。同时，还存在不合理的开采和浪费。与国外先进水平相比，单位国民生产总值的能耗比世界平均水平要高得多，矿产资源的回收率发达国家为50%～60%，我国只有30%左右。2003年我国的GDP只占世界GDP总量的4%，但在能源的消耗上，石油占7.4%、钢占26.7%、水泥占48%、电解铝占18.8%，[①] 可见我们的能源利用率是很低的。其他如乱占耕地、滥伐森林、破坏植被、滥挖矿井等，对我国有限的资源造成了巨大的浪费。因此，江泽民在2001年的中央人口、资源、环境工作座谈会上一再强调资源对经济可持续发展的重要性，指出："保护和合理利用资源的工作，要按照'有序有偿、供需平衡、结构优化、集约高效'的要求来进行，以增强资源对经济社会可持续发展的保障能力。必须长期坚持保护和合理利用资源的方针，实行严格的资源管理制度，依靠科技进步，完善市场机制，推进资源利用方式的根本转变，处理好资源保护与经济发展的关系。要把节约资源放在首位，增强节约使用资源的观念，转变生产方式和消费方式，节约使用各种自然资源。这要从法律、制度、政策、规划、调控、监管等方面逐项落实。"[②] 使资源的永续利用能够适应经济可持续发展的需要。

3. 明确环境的治理是经济可持续发展的重要条件

十几年的经济发展后，我国的环境问题日趋严重，环境问题已经引起人们的重视。但仍很不够。为此，江泽民早在1995年《正确处理社会主义建设中的若干重大关系》一文中就指出："必须切实保护资源和环境，不仅要安排好当前的发展，还要为

① 《中国国力报告2005》，中国时代经济出版社，2005，第102页。

② 《全党全国要大力增强紧迫感责任感　提高新世纪人口资源环境工作水平》，2001年3月12日《人民日报》。

子孙后代着想，决不能吃祖宗饭，断子孙路，走浪费资源和先污染后治理的路子。”① 在2001年中央人口资源环境工作座谈会上更严肃地指出：“环境保护工作要充分认识治理污染，改善环境的长期性、艰巨性、复杂性，在保持我国经济持续健康发展的同时，力争环境污染的状况有所减轻，生态环境恶化的趋势得到遏制，重点城市和地区的环境质量得到改善。首先要防治新的环境污染和生态破坏。对重大经济社会发展政策及区域开发和城市规划，要进行环境影响评价，加强对资源开发和重大建设项目的监督管理。应抓住经济结构战略性调整的有利时机，努力解决结构性污染问题，确保全国污染物的排放总量在‘九五’的基础上继续下降。继续淘汰落后的、对环境造成严重影响的企业、产品和生产方法，采用技术改造、清洁生产等措施，从源头上控制工业污染。努力提高城市污水和垃圾处理水平，切实控制城市污水、大气、噪声、固体废物污染。积极发展生态农业、有机农副业，保证农产品安全。继续抓好重点环保工程，切实抓出成效。各地也要确定重点环保工程，抓紧解决一批群众反映强烈的环境问题。坚持预防为主，把防止人为生态破坏作为重点。继续有计划有步骤实施退耕还林还草工作。”② “要坚持不懈地搞好水土保持和水资源保护工作。通过扎实的工作，努力使我国江河安澜，青山常在，绿水长流。”③ 这对我国环境的有效治理指明了方向，促进了我国经济的可持续发展。

4. 从创新理论出发，明确科技创新是经济可持续发展的动力

江泽民提出：“创新是一个民族的灵魂，是一个国家兴旺发

① 中共中央文献研究室编《十四大以来重要文献选编》中，第1464页。

② 《全党全国要大力增强紧迫感责任感 提高新世纪人口资源环境工作水平》，2001年3月12日《人民日报》。

③ 《全党全国要大力增强紧迫感责任感 提高新世纪人口资源环境工作水平》，2001年3月12日《人民日报》。

达的不竭动力。"[1] 科技创新是创新理论的一个重要部分。科技创新是人类文明的基石，它的进步是人类社会发展阶段的标志。在每一个历史时期，科技创新都代表着人类智慧的发展水平，而促进当时经济的发展和社会的进步。因此，江泽民说："我们进行科技创新，就是要使科学技术成为我国跨世纪发展的强大推动力量。"同时，他十分明确地告诉人们："科学的本质就是创新。"[2] "21 世纪科技进步将进一步成为经济和社会发展的主导力量。"[3] 他殷切地希望"全国广大科技工作者要更加紧密团结起来继续开拓创新，为中华民族的伟大复兴建立新的更光辉的业绩！"[4] 这是江泽民对科技创新是经济可持续发展动力的生动描述。在十六大报告中，江泽民强调"加强基础研究和高技术研究，推进关键技术创新和系统集成，实现技术跨越式发展"。并通过"推进国家创新体系建设"[5]，促进科学技术与各生产要素的结合，形成新的生产力，促进我国经济持续快速发展，为全面建设小康社会提供持久的、永不衰竭的动力。

5. 明确人的全面发展是经济可持续发展的目标

经济的可持续发展不仅要解决人与自然之间的矛盾，更重要的是要协调人与人之间的关系，促进人的全面发展。根据江泽民在庆祝中国共产党成立 80 周年大会上的讲话精神，我们要在发展社会主义物质文明和精神文明的基础上，不断推进人的全面发

① 中共中央文献研究室编《江泽民论有中国特色社会主义（专题摘编）》，第 250 页。

② 中共中央文献研究室编《江泽民论有中国特色社会主义（专题摘编）》，第 250 页。

③ 中共中央文献研究室编《江泽民论有中国特色社会主义（专题摘编）》，第 249 页。

④ 江泽民：《在中国科学技术协会第六次全国代表大会上的讲话》，2001 年 6 月 23 日《人民日报》。

⑤ 《江泽民文选》第 3 卷，人民出版社，2006，第 545 页。

展。而人的全面发展的基本要求就是唤醒沉睡在人自身内的各种潜在的本质力量，使之获得最充分的表现和最全面的发展，从而使人的多样性要求得到满足。而人的全面发展的前提是经济的可持续发展。经济可持续发展的目的是满足人们对各种物质生活和精神生活享受的需要，即满足人们日益增长的物质和文化生活的需要。没有经济的持续发展，满足人们物质和文化生活需要就失去了基础和物质条件，人也就无法全面发展。同时，人的全面发展又促进着经济的可持续发展。江泽民指出："人越全面发展，社会的物质文化财富就越多，人民的生活就越能得到改善，而物质文化条件越充分，又越能促进人的全面发展。社会生产力和经济文化的发展水平是逐步提高、永无止境的历史过程，人的全面发展程度也是逐步提高、永无止境的历史过程。这两个历史过程应相互结合，相互促进地向前发展。"[①] 可见，人越是全面发展，人口的素质越高，社会物质文化财富就创造得越多，人们的生活就越能得到改善。而物质文化条件越充分就越能推进人的全面发展。因此，经济的可持续发展必须以人的全面发展为目标，提高劳动者的科学技术和文化水平，提高劳动者素质，为经济的可持续发展提供充足的人力资源和人才保证。

（四）实施经济可持续发展

实施可持续发展战略主要是正确处理经济与人口、资源、环境的协调发展关系。就我国的具体实践来说：（1）控制人口数量，提高人口质量。在人口问题上，我们一方面要利用经济与社会发展、教育普及、科学技术进步等有利条件，抓好计划生育工作；另一方面，要通过抓好计划生育工作，促进经济发展与社会进步，促进教育普及和人口素质的提高。创造良好的人口环境，即适度

---

① 《江泽民文选》第3卷，第295页。

的人口总量、优良的人口素质、合理的人口结构，促进人口与经济、社会、环境、资源的协调发展和可持续发展。（2）合理利用资源，提高资源的利用效率。资源开发与节约并举，把节约放在首位，增强节约使用资源的观念，转变生产方式和消费方式；建立适应社会主义市场经济要求的集中统一、精干高效、依法行政、具有权威的资源管理新体制，以加强对全国资源的规划、管理、保护和合理利用；按照“有序有偿、供需平衡、结构优化、集约高效”的要求使用资源，以增强资源对经济社会可持续发展的保障能力；依靠科技进步，完善市场机制，推进资源利用方式的根本转变。（3）保护和改善环境。环境意识和环境质量如何，是衡量一个国家和民族的文明程度的一个重要标志，环境保护工作，是实现经济和社会可持续发展的基础。保护和改善环境要从全局出发，统筹规划，标本兼治，突出重点，务求实效。（4）从经济结构调整入手，转变经济增长方式。从主要依靠增加投入、铺新摊子、追求数量的粗放型经济增长方式，转到主要依靠科技进步和提高劳动者素质的集约型经济增长方式上来，保证经济的持续健康发展。

二　全面体现科技是第一生产力的科教兴国战略

在当今世界各国的经济发展中，科学技术的作用越来越大，已成为推动经济发展的最主要的因素。针对这一状况，邓小平提出了科学技术是第一生产力的科学论断，江泽民在此基础上提出了必须把经济建设转移到依靠科技进步和提高劳动者素质的轨道上来的科教兴国战略，发展了邓小平的思想。

（一）从科技是第一生产力到科教兴国战略

科教兴国战略是邓小平科技是第一生产力论断的继承和发

展，而邓小平的科学技术是第一生产力的论断，是在重申马克思科学技术是生产力的思想过程中发展而来的。1975 年邓小平主持中央日常工作，在听取中国科学院工作汇报时，他肯定了《汇报提纲》中关于“科学技术也是生产力”的观点。在“文化大革命”结束后，他复出工作是从科技教育抓起的，他作了一系列谈话、讲话，强调科技教育的重要性。1978 年 3 月，在全国科学大会开幕式上的讲话中，他重申和系统论述了科学技术是生产力的观点。他指出：“科学技术是生产力，这是马克思主义历来的观点。早在一百多年以前，马克思就说过：机器生产的发展要求自觉地应用自然科学。并且指出：‘生产力中也包括科学。’”① 邓小平不但坚持马克思主义关于科学技术是生产力的基本观点，还结合现代正在兴起的世界范围内的新科技革命，阐明了科学技术与生产的关系是随着历史发展而不断发展的。他强调指出：“现代科学技术的发展，使科学与生产的关系越来越密切了。科学技术作为生产力，越来越显示出巨大的作用……当代的自然科学正以空前的规模和速度，应用于生产，使社会物质生产的各个领域面貌一新。”②

1988 年 9 月 5 日，邓小平明确表述了“科学技术是第一生产力”的论断。他说：“世界在变化，我们的思想和行动也要随之而变。”“马克思说过，科学技术是生产力，事实证明这话讲得很对。依我看，科学技术是第一生产力。”③

科技是第一生产力的论断，主要包括以下几个方面的内容：现代科技进步是生产力增长的第一位因素；现代科学技术加速转化为现实生产力，使科学、技术、生产越来越一体化，并起先导

① 《邓小平文选》第 2 卷，第 87 页。
② 《邓小平文选》第 2 卷，第 87 页。
③ 《邓小平文选》第 3 卷，第 274 页。

作用；现代科学技术是促进生产力变革的重要的推动力量；掌握现代科学技术的知识分子和技术工人的作用不断增强，日益成为生产力发展中第一位的人力资源。

为真正发挥科技是第一生产力的作用，1992 年，在中国共产党第十四届全国代表大会上，江泽民指出："经济建设必须依靠科技进步和劳动者素质的提高。"① 1995 年 5 月 6 日颁布的《中共中央国务院关于加速科学技术进步的决定》，首次提出在全国实施科教兴国的战略。决定中指出："科教兴国，是指全面落实科学技术是第一生产力的思想，坚持教育为本，把科技和教育摆在经济、社会发展的重要位置，增强国家的科技实力及向现实生产力转化的能力，提高全民族的科技文化素质。"② 同年，中国共产党第十四届五中全会在关于国民经济和社会发展"九五"计划和 2010 年远景目标的建设中把实施科教兴国战略列为今后加速我国社会主义现代化建设的重要方针之一。1996 年，八届全国人大四次会议正式批准的国民经济和社会发展"九五"计划和 2010 年远景目标中，"科教兴国"成为我们的基本国策。

（二）科教兴国战略的基本内涵

科教兴国战略，是指全面落实科学技术是第一生产力的思想，坚持教育为本，把科技和教育摆在经济、社会发展的重要位置，增强国家的科技实力及向现实生产力转化的能力，提高全民族的科技文化素质，把经济建设转移到依靠科技进步和提高劳动者素质的轨道上来，加速实现国家的繁荣强盛。

从总体上看，实施科教兴国战略必须把握世界经济和科技发展趋势，大力推进科技创新和科技进步；实施科教兴国战略的基

① 中共中央文献研究室编《十四大以来重要文献选编》上，第 11 页。

② 中共中央文献研究室编《十四大以来重要文献选编》中，第 1344 页。

础是教育，核心是人才。

1. 把握世界经济和科技发展趋势，大力推进科技进步和创新

科学技术是人类社会进步的重要标志，是生产力发展的重要动力。综观人类文明的发展史，科学技术的每一次重大突破，都会引起社会生产力的深刻变革和人类社会的巨大进步。18 世纪 60 年代以蒸汽机为标志的第一次技术革命，使人类从农业社会进入工业社会。19 世纪后半期以电力应用为特征的第二次技术革命，又一次极大地促进了社会生产力的发展。20 世纪 70 年代以来，新科技革命进入全面、深入发展阶段，科技已成为决定一个国家发展速度快慢、综合国力强弱的最重要因素。因此，江泽民强调世界经济发展的一个明显趋势，就是科学技术发展日新月异，科技在经济发展中的作用越来越大。这一趋势的主要特点是，一是以信息技术为主要标志的高新技术革命来势迅猛，高科技向现实生产力的转化越来越快，高新技术产业在整个经济中比重不断增加；二是经济与科技的结合日益紧密，国际科技、经济的交流合作不断扩大，产业技术升级加快，国际经济结构加速重组，科技、经济越来越全球化；三是科技革命创造了新的技术经济体系，产生了新的生产管理和组织形式，推动了世界经济的增长；四是各国更加重视科技人才，教育的基础作用日益突出。科学技术的突飞猛进，给世界生产力和人类经济社会的发展带来了极大的推动。未来的科技发展还将产生新的重大飞跃。我们必须敏锐地把握这个客观趋势，始终注意把发挥我国社会主义制度优越性，同掌握、运用和发展先进的科学技术紧密地结合起来，大力推动科技进步和创新，不断用先进科技改造和提高国民经济，努力实现我国生产力发展的跨越。

为此，必须推进科技进步和创新。科技进步必须面向国家经济建设的主战场，为增强我国的经济实力、科技实力和国防实力作出贡献。只有这样，科学技术才能获得持续发展的源头活水，也才能充分发挥第一生产力的巨大作用。科学的本质就是创新。创新是一个民族的灵魂，是一个国家兴旺发达的不竭动力。没有创新，就没有人类的进步，就没有人类的未来。当代科学技术的发展，更加雄辩地证明了这一点。对中国来说，大力推进科技创新、实现技术发展的跨越极为重要。基础研究和高技术前沿的创新探索，是科技进步的先导与源泉。要从我国的国情出发，紧紧围绕国家经济、文化、国防和社会发展具有战略性、基础性、前瞻性的重大课题，加强科学技术的研究和创新，力争取得突破性进展。同时，要积极推进国家知识创新体系建设，为技术创新和科技成果向现实生产力转化提供有效的保障与激励机制。

2. 实施科教兴国战略的基础是教育，核心是人才

教育是发展科技和培养人才的基础。近代以来，教育的创新和发展成为各强国兴盛的重要原因。战后东亚新兴工业化国家和地区经济高速增长的主要原因之一，就是拥有一支受过一定基础教育、素质较高的熟练劳动力队伍。1994 年初，联合国教科文组织发表的《世界科学报告》提出，“没有科学知识的传播就不会有经济的持续发展”。此后，许多国家纷纷将加速科技发展、抢占科技和产业的制高点作为其发展战略的重要内容。教育是立国之本，科技是强国之路。

当年邓小平就反复强调发展科学技术，不抓教育不行，抓科技必须同时抓教育。他要求各级党委和政府要把教育作为关系到社会主义现代化建设成败的大事来抓。教育是一项关系到国家、民族前途命运的事业。培养同现代化要求相适应的数以亿计的高素质的劳动者和数以千万计的专门人才，发挥我国巨大人力资源的优势，也关系到 21 世纪社会主义事业的全局。百年大计，教育为本。党的十六大报告深刻指出，教育是发展科学技术和培养人才的基础，在现代化建设中具有先导性、全局性作用，必须摆在优先发展的战略地位。这一论断，从我国现代化建设全局的高度，深刻阐明了教育的特殊作用和地位。

第一，教育与人才是增强我国综合国力和国际竞争力的决定性因素。当前，激烈的国际竞争实质上是综合国力的竞争。而综合国力的竞争，科技是关键，教育是基础，人才是核心。新世纪以经济实力、科技实力、国防实力和民族凝聚力为基础的综合国力将越来越集中地体现为高新技术和创新性人才拥有的数量和质量。教育越来越成为一个国家创新能力的基础，成为提高现实生产力和国际竞争力的重要力量。因此，实施教育优先发展战略，加快人才培养是增强我国综合国力、应对国际竞争的决定性因素。

第二，教育与人才培养是促进人的全面发展目标的根本途径。促进人的全面发展是马克思主义关于建设社会主义新社会的本质要求。促进人的全面发展是全面建设小康社会的重要目标和任务之一。教育的根本任务是培养，因而也必然成为促进人的全面发展的根本途径。

第三，教育与人才培养是实践“三个代表”思想的重要体现。在生产力要素中，人是最能动、最积极的因素。教育在培养创造先进生产力的知识分子群体和核心竞争人才，在培养素质优良的劳动者与高级专门人才方面具有不可替代的地位，是开拓、创造先进生产力的重要动力。发展先进文化的根本任务，就是培养一代又一代有理想、有道德、有文化、有纪律的公民，教育在传播、发展、创造先进文化方面肩负着重大使命。实现人民大众受教育的权利是社会主义制度的重要特征，享有接受教育权利和接受良好教育是现代社会人民群众的最根本的利益。

（三）科教兴国战略的实施

为全面落实科教兴国战略，农业、工业、国防、财贸等行业和部门都提出了依靠科技振兴行业的发展战略。各省、市、自治区及各地（市）、县（市）也制定了科教兴省、科教兴市、科教兴县的发展战略和发展方针。1988 年，江苏省率先提出实施“科教兴省”战略，决定转换经济增长方式，从过去主要依靠廉价资源和廉价劳动力逐步转换到主要依靠科技水平和劳动者素质上来。“科教兴国”作为一项全国性的战略提出后加速了地方科技事业和经济的发展。1996 年，国家科技领导小组成立，各地方随即成立了科技领导小组或科教兴省（区、市）领导小组，截至 1997 年 6 月，全国共有 26 个省（市、区）和计划单列市成立了科技领导小组。到 1997 年底，全国已有 20 多个省、200 多个城市制定了以科技促进经济发展的计划。

在组织明确以后，党和国家首先采取措施解决科技、教育与经济、社会发展相脱节的问题。截至 2003 年底，国家科技教育领导小组召开了 14 次会议，作出了一系列实施科教兴国战略的重大决策。其次是进一步明确工作思路。1999 年，党中央、国务院先后作出了《关于深化教育改革全面推进素质教育的决定》和《关于加强技术创新，发展高科技，实现产业化的决定》，相继召开了全国教育工作会议和全国技术创新大会，明确科技工作的重点是加强技术创新，发展高科技，实现产业化；教育工作的重点是深化教育体制改革，全面推进素质教育。第三，努力从体制、机制、政策以及思想观念等各个方面促进科技、教育与经济、社会发展的结合。通过全面深化科技、教育体制改革，加快建立适应社会主义市场经济、有利于产学研结合的新型科技和教育体制。第四，加大对科技、教育事业的投入，努力建立一个能够调动全社会力量支持科技教育发展的机制。第五，在继续实施科技攻关计划、星火计划、火炬计划的同时，启动了“973”计划、“面向 21 世纪教育振兴行动计划”等一系列国家级科技教育计划，直接推动科技教育的发展。

经过近 10 年的发展，我国科技事业实现了新的跨越。科技创新能力逐步增强，科学知识生产数量增长迅速。载人航天飞船、基因组研究等高科技领域取得突破性进展，一批具有重要影响的原始性创新成果相继涌现，表明我国在当今若干科学前沿领域取得了重要进展，某些重点和关键领域接近或达到国际先进水平。科技对经济社会发展的贡献不断增大。1991～2001年，我国高新技术产业的工业总产值从3000亿元左右增加到18000亿元左右，年均增长20%以上。高新技术产业在国民经济构成中所占比例由10年前的1%左右提高到目前的15%左右。[①] 高新技术产业的蓬勃发展成为拉动国民经济增长的重要力量，科技进步已成为我国经济和社会发展的强大动力。

与此同时，我国教育事业也不断跃上新的台阶，为社会主义现代化建设提供了有力的人才支撑和智力保证。基础教育快速发展，2000年，在大部分地区如期实现了基本普及九年义务教育、基本扫除青壮年文盲的目标。人口平均受教育年限从1990年的6年左右提高到2001年的8年左右。职业教育、成人教育总体规模扩大，结构改善。高等教育蓬勃发展，顺应了人民群众的强烈愿望，在一定程度上满足了经济社会发展对高层次人才的需求。2000年与20世纪70年代末期相比，我国具有中专以上学历或初级以上专业技术职称的专业技术人才总量增加了3.4倍。在培养人才的同时，教育的发展还为现代化建设作出了巨大的知识贡献。高等学校科研实力增强，已经成为我国科技创新特别是基础研究领域的生力军。2002年高等学校承担的国家自然科学基金项目占项目总数的77%以上，承担的国家社会科学规划基金项目占项目总数的60%以上。教育事业的发展已经成为推动我国经济总量提高和现代化建设各项事业迅速发展、社会全面进步的关键性因素。

---

① 秋石：《科教兴国论》，《求是》2004年第4期。

（四）落实科教兴国战略，必须正确认识和处理几个重要关系

正确处理科教兴国和国兴科教的关系。科教兴国战略内在地包含着国兴科教的要求和举措。国兴科教，关键是人才和投入。要在加快科技与教育改革步伐的同时，大力增加对科教的投入，使我国的科技和教育具备支撑经济持续发展的能力。

正确处理科技和教育的关系。科技和教育是相互支持的。实现中国的现代化，科技是关键，教育是基础。教育为科技进步培养必需的人才，科技发展为教育的发展提供最新知识。科技和教育比翼齐飞，国家才能兴旺发达。

正确处理自然科学和哲学社会科学的关系。实施科教兴国战略包括繁荣发展自然科学和社会科学两个方面。社会主义现代化，应该有发达的自然科学，也应该有繁荣的哲学社会科学。实施科教兴国战略，必须牢牢把握自然科学与哲学社会科学相互结合、相互促进的发展态势，同时发挥自然科学和哲学社会科学的作用。

正确处理经济和科技教育的关系，使它们相互促进、协调发展。当代世界，经济增长的速度和效益，特别是经济发展的后劲，越来越取决于由教育和科技决定的劳动者素质和专门人才的数量与质量；科技和教育的发展又依赖于由经济发展提供的资金和物质力量的支持。教育发展、科技进步与经济建设之间是相互依赖、相互促进的。经济建设必须坚定地依靠科技进步，科技进步必须面向国家经济建设的主战场，把促进经济发展作为中心任务和首要目标。

正确处理科教兴国战略和可持续发展战略的关系。科教兴国战略和可持续发展战略是保证我国社会主义现代化建设目标顺利实现的两大战略抉择，二者是不可分离的。科教兴国促进经济增长方式的根本转变，从而促使社会经济走上可持续发展的道路。

科技进步和劳动者素质的提高，是可持续发展的基本要求和坚实基础。合理开发资源、提高资源利用水平和效率，离不开科技进步；保护环境与治理污染、控制人口与防治灾害，都必须依靠现代科技。树立正确的科学的发展观是实施可持续发展战略的关键。

三 西部开发、中部崛起、东北振兴——区域经济协调发展战略

中国是一个地大人多，但人均资源占有并不丰富的发展中国家，由于各地区的自然环境、资源条件、经济基础、历史文化背景存在很大差异，地区间的经济发展很不平衡。这也是大国经济发展中的普遍现象。如何处理好区域间的协调发展，充分发挥各地区的优势，促进国民经济的合理布局，意义十分重大。

（一）建国后区域经济战略的发展沿革

建国后，党的三代领导根据我国各个时期的发展状况，分别提出了不同的区域经济发展战略。为了改变旧中国经济布局集中于东部沿海的状况，推动内地经济的发展，毛泽东采取了以缩小区域经济差距为目标的均衡发展战略；改革开放后，为了扩大对外开放，迅速实现经济“三步走”的发展目标，邓小平采取了优先发展东部沿海地区的非均衡发展战略；江泽民针对区域经济差距日益扩大的现象，在总结以往历史经验的基础上，提出了区域经济协调发展的新战略。

毛泽东区域经济均衡发展战略的提出，一是为了改变我国地区经济畸形发展的状况。新中国成立初期，我国的经济重心主要在东部沿海地区，全国 80% 以上的工业和交通运输设施集中在占全国面积不到 14% 的东部沿海狭长地带，广大内陆地区基本上没有工业基地，许多地区还是自给自足的自然经济。二是从国

防安全的需要出发，考虑到“冷战”时期“备战”的需要，需要加快内陆地区的工业发展。在《论十大关系》中，毛泽东指出：“我国的工业过去集中在沿海……全部轻工业和重工业，都有约百分之七十在沿海，只有百分之三十在内地。这是历史上形成的一种不合理的状况。沿海的工业基地必须充分利用，但是，为了平衡工业发展的布局，内地工业必须大力发展。”根据当时的国内外形势，毛泽东也曾辩证地指出，沿海也可以建立一些新的厂矿，要进一步利用和发展沿海的工业老底子，可以使我们更有力量来发展和支持内地工业。当然“新的工业大部分应当摆在内地，使工业布局逐步平衡，并且利于备战，这是毫无疑义的”。[①] 这些重要论述，构成了毛泽东关于我国区域经济均衡发展的理论框架。

在实践上，为了迅速拉平地区经济发展差距，同时出于政治因素的考虑，我国长期把有限的资金、设备、人才向中部地区倾斜，以推动生产力布局的大规模西移。从“一五”到“五五”计划期间，每年把60%以上的建设资金投入内陆地区，有些年份，内地的投资甚至更高。特别是在“三五”、“四五”计划时期，基于战争迫在眉睫的错误估计，以备战和建设战略后方为基调，实行经济布局跳跃式地向西推进。经过几十年的努力，中西部地区建立了一大批大中型骨干企业和高级科研机构，形成钢铁、煤炭、汽车、军工等产、学、研基地，崛起了一大批各具特色的新兴工业城市，使我国在较短的时期内建立了完整的国民经济体系。

这种均衡发展战略，基本上适应了当时国家经济建设的需要和国际政治环境，在较大的程度上改变了旧中国经济布局的畸形状况，对于开发西部资源，推动中西部地区城市的发展，以及维护民族团结和社会稳定都起到了重要作用。但也产生了一些不可

① 《毛泽东著作选读》下，人民出版社，1986，第723~754页。

忽视的问题。一是客观上抑制了东部地区的经济发展，使本来具有较好发展基础和条件的东部地区没有得到应有的发展，削弱了其对内地经济发展进一步支持的能力，国家经济整体发展的速度也因此受到了影响。二是中西部地区本身也没能像预期的那样，迅速缩短与东部地区的发展差距。

邓小平区域经济非均衡发展战略的提出，有其深刻的思考。首先，这是建立在对国际环境的正确分析和科学判断的基础上的。“这几年我们仔细地观察了形势……在较长时间内不发生大规模的世界战争是有可能的，维护世界和平是有希望的。”① 既然世界大战不会立即打起来，那么大幅度调整处于临战状态的国家经济布局，加快东部沿海地区发展也就成为自然而然的事。其次，这是建立在对我国国情科学判断的基础上的。优先发展东部沿海地区，可以充分发挥这一地区对外开放的区位优势。东部沿海地区是参与国际交往最活跃的地区，也是我国最发达的经济区。它除了对外交往的地理优势外，在人才、交往、加速经济发展等方面都能对内地的对外开放起着较强的辐射作用。第三，非均衡发展的目的是共同富裕。邓小平指出：“允许一些地区、一些人先富起来，是为了最终达到共同富裕。”② 1988 年邓小平提出的“两个大局”的思想：“沿海地区要加快对外开放，使这个拥有两亿人口的广大地带较快地先发展起来，从而带动内地更好地发展，这是一个事关大局的问题。内地要顾全这个大局。反过来，发展到一定的时候，又要求沿海拿出更多力量来帮助内地发展，这也是个大局。那时沿海也要服从这个大局。”③ 正是这一目的的体现。

① 《邓小平文选》第 3 卷，第 127 页。
② 《邓小平文选》第 3 卷，第 195 页。
③ 《邓小平文选》第 3 卷，第 277 ~278 页。

邓小平提出的“先富”带动“共富”的区域经济发展战略，打破了我国多年来的区域经济均衡发展思想，既体现了宏观经济的增长需求和效率优先原则，又体现了区域经济协调增长，实现共同富裕的公平原则。它适应了我国区域经济发展的客观规律，极大地刺激了我国区域经济的发展，使我国经济跨入持续、快速、健康发展的快车道。但非均衡发展战略的实施也引发了一些棘手的问题：随着我国经济的高速发展，区域之间的差异日趋明显，全国的经济差异也随之进一步扩大，在区域经济差异扩大的同时，区域经济内部结构的矛盾也日益突出，地方保护主义盛行，区域经济秩序日渐混乱。

上述问题的出现，使江泽民在新的历史条件下逐步提出了符合时代要求的区域经济协调发展战略。江泽民指出：“解决地区发展差距，坚持区域经济协调发展，是今后改革和发展的一项战略任务。”[①] 要从改革、发展和稳定的角度，来认识解决地区差距问题的重要性。地区之间的经济差距，实际上就是经济上的不平等。这种不平等会造成政治上的不平等，反过来又会强化经济的不平等，最终将导致严重的两极分化；如果不同地带经济发展差距日益拉大，必然会对社会正常秩序形成强大的冲击力，引发我国经济、政治、社会等方面的矛盾与冲突。这些矛盾一旦和民族情绪以及国外敌对势力的分裂活动交织在一起，则可能引发大的社会动荡。同时江泽民提出了促进地区经济的协调发展的原则“应当在国家统一规划的指导下，按照因地制宜、合理分工、各展所长、优势互补、共同发展的原则，促进地区经济合理布局和健康发展”[②]。在这个基础上，西部开发、中部崛起、东北振兴等区域经济协调发展的具体战略应运而生。

---

① 中共中央文献研究室编《十四大以来重要文献选编》中，第1467页。

② 中共中央文献研究室编《十四大以来重要文献选编》上，第27页。

（二）西部开发战略

西部开发战略是区域经济协调发展战略中最早提出的具体战略。江泽民很早就认识到我国地区经济发展不平衡的问题，20世纪90年代初他在贵州、甘肃考察时就一再提出地区间经济的协调发展和振兴中西部经济的问题。在党的十四大报告中，江泽民也特别强调我国地域广阔、各地条件差异很大、经济发展不平衡，应当在国家统一规划指导下，按照因地制宜、合理分工、各展所长、优势互补、共同发展的原则，促进地区经济合理布局和健康发展。

1999年6月9日，江泽民在中央扶贫开发工作会议上作了题为《全党全社会进一步动员起来，夺取八七扶贫攻坚决战阶段的胜利》的讲话。讲话在论述了邓小平关于“两个大局”的战略构想后明确指出实施第二个大局的战略构想即加快中西部地区的经济发展条件已经具备，江泽民强调：“改革开放以来，沿海发达地区运用自身较好的经济基础、优越的地理位置和一些特殊措施，经济和社会发展突飞猛进，积累了相当的实力。现在，加快中西部地区发展步伐的条件已经具备，时机已经成熟。如果我们看不到这些条件，不抓住这个时机，不把该做的事情努力做好，就会犯历史性的错误。在继续加快东部沿海地区发展的同时，必须不失时机地加快中西部地区的发展。从现在起，这要作为党和国家一项重大的战略任务，摆在更加突出的位置。”① 吹响了西部开发的号角。

西部开发有着极其重大的意义。从经济上看，我国西部地区（包括陕、甘、宁、青、新、藏、云、贵、川、渝）现有人口2.85亿，占全国人口总数的23%，是一个巨大的潜在的消费

---

① 中共中央文献研究室编《十五大以来重要文献选编》中，第855页。

市场。西部大开发，全面提升西部地区经济质量和经济水平，有利于扩大内需，促进西部乃至全国经济的快速增长。从生态环境上看，首先，我国西部地区目前正面临着严峻的生态环境问题。如干旱缺水、水土流失、自然灾害、草地退化、土地荒漠化、盐渍化等，亟待采取有效对策加以治理。其次，西部地区又是我国重要河流（黄河、长江等）的发源地和主要植物的生长带，西部地区的生态环境状况在很大程度上决定着整个国家的环境质量和生态平衡状况。第三，近几十年的生产实践表明，西部地区发展的缓慢又加剧了生态环境的恶化。从这个意义上来说，西部大开发，早日改善西部地区生态环境，将不仅仅关系到西部地区自身的发展，而且对改善、优化全国的生态环境，促进全国的经济发展意义重大。从减少社会矛盾走向共同富裕上看，西部大开发，有利于缩小东西部差距，实现全国协调发展；有利于发展少数民族地区，促进民族团结；有利于实现共同富裕，维护全社会的稳定。从国家安全上看，有利于确保国家安全。西部地区地处内陆边陲，与14个国家接壤，是通向东南亚、南亚、中亚以及欧亚大陆的重要通道，也是我国从这些地区和国家获得战略性资源，向西开拓制成品出口市场的主要地带。可以说，这不仅是我国经济进出口的渠道，更是确保国家安全的重要“大门”。总之，诚如江泽民指出的那样：“没有西部地区的稳定就没有全国的稳定，没有西部地区的小康就没有全国的小康，没有西部地区的现代化就不能说实现了全国的现代化。”①

西部开发的重点是基础设施和生态环境建设。西部地区“是我们中华民族的主要发祥地。陕西曾经是周、秦、汉、唐等

① 中共中央文献研究室编《江泽民论有中国特色社会主义（专题摘编）》，第177页。

十三个王朝的建都之地，在古代历史上相当长的时间内，陕西、甘肃等西北地区，曾经是植被良好的繁荣富庶之地，所谓‘山林川谷美，天材之利多’就是古来描绘陕西一带的自然风物的。司马光的《资治通鉴》中描述盛唐时期陕、甘的发展情景是‘闾阎相望，桑麻翳野，天下称富庶者无如陇右’。后来由于历经战乱的破坏，加上自然灾害和滥砍滥伐造成的损失，导致了陕、甘等西北地区的严重沙化、荒漠化，经济文化的发展也因此受到极大制约。”[①] 同时，西部地区交通运输、通讯、服务业等基础设施不足，是限制西部地区发展的主要原因。西部开发以来，即将这两个问题当作大事来抓，至2003年，从基础设施方面看，“五纵七横”国道主干线有9条涉及西部，西部地区省与省之间规划建设8条通道，都在积极推进。新建和改扩建机场开工31个，其中已经竣工17个。西电东送工程，在建项目装机容量2200万千瓦，500千伏输电线路6770公里。青藏铁路格尔木至拉萨段，2001年6月开工，计划2007年全线通车。西气东输工程新疆轮南至上海输气线路于2002年7月开工，2004年已全线送气。生态环境建设方面，退耕还林工程已在25个省区市全面启动，到2002年末，累计退耕还林5800万亩，荒山荒地造林6200万亩。环京津风沙源治理工程、天然草原保护与建设试点工程进展顺利，2003年还全面启动退牧还草工程。

科技、人才是西部开发的关键。为此，国务院有关部门制定了一系列的政策以发展西部地区的科技和教育事业。国务院西部开发办牵头研究制定了《西部地区人才开发十年规划》，提出了西部地区人才开发的目标、主要任务、组织措施和政策措施，会同有关部门制定了干部交流挂职工作和西部地区各类人才培训的

---

① 中共中央文献研究室编《江泽民论有中国特色社会主义（专题摘编）》，第176页。

实施方案。中央、国家机关选派到西部地区工作的一批年轻优秀干部已经到岗就职。国务院有关部门和东部地区一些省、市组织培训了西部地区科技、教育、工程、环保、城建、旅游、农业等方面人员约6000人次。公安部会同有关部门加大了户政管理改革力度，促进了人才交流和人口合理有序流动。科技部、国家计委、国家经贸委分别安排了西部开发科技专项、高技术产业化专项资金和技术创新资金，重点支持了西部地区生态环境综合治理、农业产业化、优势资源增值转化、现代中药产业化等工程和重点新产品试产项目，在西部地区建设了一批科技示范基地和高科技孵化器。国家在高校学科设置上对西部地区给予倾斜，继续扩大西部地区高校招生数量。教育部、国家计委、财政部实施了农村中小学危房改造工程和第二期贫困地区义务教育工程，以及西部高校校园网建设、贫困县职业教育中心建设、中西部中小学现代远程教育扶贫示范等工程。有关部门还实施了贫困县医院、血站、计划生育服务网络和流动服务车建设、基层文化设施建设、广播电视覆盖等工程，支持了卫生、文化等社会事业的发展。

此外，在对西部地区外商投资企业实行税收优惠政策、扩大西部地区外商投资的领域、拓宽西部地区外商投资的渠道、放宽西部地区利用外资的条件、实行鼓励外商投资于矿产资源开发、大力发展西部地区对外经济贸易、实行鼓励西部地区对内开放等方面优惠政策的实施，促进了西部开发的顺利进行。

（三）中部崛起战略

中部地区一般是指湖北、山西、安徽、江西、河南、湖南六省。根据有关统计资料，2001年，中部六省总人口为3.59亿人，国内生产总值2.15万亿元，分别占全国的28.1%和22.4%。经过20多年的改革开放，得改革开放先发效应的东部沿海地区一直是中国经济高速增长的最主要力量。随着2000年西部大开发战略的实施，西部省份的经济也一直保持着较高的增长速度。然而，中部经济整体发展已经出现了明显的趋缓势头。中部GDP虽逐年增长，但与其他地区差距却不断扩大。面对东部繁荣、西部开发和东北振兴，中部的“三农”问题越来越严重、产业结构转换越来越困难、资源被拉空现象越来越突出，中部正在塌陷。因此中部崛起战略的实施，有其重大意义。

中部崛起战略是区域统筹的必然要求。科学发展观要求区域之间合理分工，优势互补，梯度适宜，统筹发展。但是目前我国东中西差距较大，发展极不协调。东部地区经过二十多年的大开发，成功地构建了珠江三角洲、长江三角洲和渤海经济圈三大增长极，经济一日千里，日新月异。西部在大开发的带动下，奋起直追。中部地区在东部大发展和西部大开发的“夹击”下，正塌陷下去。据华中师范大学中国农村问题研究中心教授、博士生导师徐勇统计，1997~2002年，中部人均GDP相对东部的比重从54.14%下降到52.60%。2001年西部地区GDP增幅高达8.5%，高于全国7.4%的增长速度。2003年东部地区增长速度比中部地区快了2.5个百分点，比西部地区快了1.6个百分点，这就意味着中部地区不仅低于东部地区2.5个百分点，而且低于西部地区0.9个百分点。[①] 近两年来，区域经济发展排序已经发生了重大的变化，东部地区最高，西部地区位居其次，中部地区速度最低。中部塌陷导致整个全国经济被撕裂成三块，东中西的自然经济梯度被人为中断，进一步强化了东部地区的极化效应，区域“马太效应”隐然成形，东中西“供给—需求循环链”难以为继，影响了国民经济的可持续发展。

中部崛起战略是工农统筹发展的必然要求。科学发展观要求工业和农业互为市场、互相促进、协调增长、统筹发展。农业要

① 2004年7月1日荆楚网 www.chubei.com。

为工业提供产品贡献、市场贡献、因素贡献和外汇贡献。工业要为农业提供广阔的市场需求。只有工农、城乡需求互相满足，国民经济才能够健康的运行。但是我国农业，特别是中部地区的农业发展严重滞后，工农业极不协调。中部地区提供60%以上的商品粮食，70%以上的农产品，是“三农”的主体部分，只要中部地区工农关系出现问题，全国工农关系也会受到影响。长期我国经济发展战略对中部农业的挤压和索取，导致了工农关系严重失调。一是工农经济结构失调；二是工农就业结构失调。以中部为主体的工农关系的严重失调，割裂了工业和农业、城市和农村的内部联系，农业成了制约工业和国民经济持续发展的重大瓶颈。中部农业发展滞后及工农关系失调与科学发展观的要求大相径庭，与城乡统筹发展期望尤为相左，必须根据科学发展观的城乡统筹原则进行矫正，从中部着手调整工农关系。只要中部“三农”问题解决了，全国的“三农”问题和工农协调问题就会迎刃而解。可见，实施中部崛起战略是工农统筹发展的必然要求。

中部崛起战略是经济社会统筹发展的必然要求。传统发展战略片面强调经济增长，热衷于蛋糕做大，忽视了社会指标的改善和生存质量的提高，累积了不少社会问题，发展相对滞后的中部地区尤为严重。农民负担问题、下岗失业人口、涉农案件集中在中部；其中，中部劳动力过剩问题最为突出。中部地区农村过剩劳动力高达1.2亿，即使2003年全国各地打工岗位全部用来解决中部剩余劳动力也还有0.3亿的缺口。同时，中部地区的乡村债务和农民负担也极高。据农业部估计，全国乡村负债大约2000亿元左右。其中，湖南省85.4亿元，安徽省50.23亿元。河南、湖北、江西等中部大省也不会相差太远。农民反响强烈的负担问题也以中部为甚。税费改革前，湖南、湖北平湖区亩均负担300元左右，高的超过了400元。税费改革后，中部地区仍然最重。如洞庭湖区农民亩均负担仍然在120元左右。鉴于中部社会问题的严重性，必须实施中部崛起战略，以中部为突破口缓解和扭转经济发展与社会问题严重对立的问题。因此，实施中部崛起战略也是经济社会统筹发展的客观要求。

中部地区的问题很早就引起了中央有关领导的重视。2002年时任国务院总理的朱镕基在政府工作报告中，四次提出了“中部发展”的问题。2003年，面对中部的状况，中部各地政府先后提出了中部崛起口号。2004年温家宝总理在政府工作报告中指出“加快中部地区发展是区域协调发展的重要方面。国家支持中部地区发挥区位优势和经济优势，加快改革开放和发展步伐，加强现代农业和重要商品粮食基地建设，加强基层设施建设，发展有竞争力的制造业和高新技术产业，提高工业化和城镇化水平。”[①] 至此，中部崛起的战略正式提出。

中部崛起就其具体战略而言，国务院正在进行认真的研究。2006年2月15日温家宝总理主持的国务院常务会议，研究了促进中部地区崛起的问题。认为促进中部地区崛起，要以邓小平理论和“三个代表”重要思想为指导，全面贯彻落实科学发展观，坚持把改革开放和科技进步作为动力，着力增强自主创新能力、提升产业结构、转变增长方式、加强生态建设和环境保护、促进社会和谐，建设全国重要的粮食生产基地、能源原材料基地、高技术产业及现代装备制造基地和综合交通运输枢纽，在发挥承东启西和产业发展优势中崛起，实现中部地区经济社会全面协调可持续发展。[②] 因此，中部崛起的具体战略的制定应当注意以下方面：(1)“对症下药”。就是要找准中部欠发展和难发展的病因，如思想观念不解放、体制改革力度不够、内外开放度不够、资源和经济优势发挥不够、产业结构调整不到位、发展市场经济的环

① 中共中央文献研究室编《十六大以来重要文献选编》上，第834～835页。

② 《温家宝主持召开国务院常务会议》，2006年2月16日《人民日报》。

境不理想、农业弱势产业带来的“三农”问题突出等等原因，采取相应的重点解决策略。（2）“调整政策”。就是要对中部发展给予更加优惠、支持力度更大的政策。（3）“创新战略”。中部地区必须进行发展战略的创新再创新，力争在发展模式上有比较成功的突破。（4）“全面接轨”。就是要使中部地区全面与东部地区实现发展接轨，使中部尽快融入东部地区。（5）“自我发展”。就是要激发中部最大的自我发展活力，最大限度地释放中部地区的发展潜力。（6）“城市带动”。就是实施城市带动战略，通过发展武汉、长沙、郑州、太原、南昌、合肥等中心城市，使其成为经济、金融、贸易、交通、信息、科技和教育中心，发展中等城市和小城镇，以带动周围地区的发展。

（四）东北振兴战略

东北，位于我国山海关以东以北，包括辽宁、吉林、黑龙江三省。面积近80万平方公里，人口达1亿1千万，约占全国人口的8%。这一片白山黑水有着悠久的历史，是片富饶的土地。这里有丰富的矿产资源；广阔的海域和丰富的海域资源，以及浩瀚的“祖国林海”——我国最大的林区和木材工业，还有种类繁多的珍稀野生动物。东北的特产资源极其丰富，东北三宝（人参、鹿茸、貂皮）誉满中外，人参、鹿茸等珍贵药材的产量及质量居全国之首，灵芝、不老草名扬天下，松茸、猴头蘑、熊胆粉等深受国内外消费者的青睐。

东北是我国一个重工业的生产基地，其中以设备和原料生产尤为重要。主要的工业有钢铁业、汽车制造业、船舶制造业、飞机制造业、军用设备制造业等。上述重工业基地，为新中国的经济建设作出了巨大贡献。但长期以来，东北经济也存在着区域内缺乏产业关联的问题。从历史上看，东北在20世纪30年代的产业结构是依附于日本需要，自身却是残缺不全。新中国成立后东北产业结构也没有按经济规律发展，始终受外来因素影响，成为外部产业的补充。就地区经济的发展而言，产业关联对经济发展的影响是很大的，关联度大，则区域经济凝聚力强，产业之间可以相互促进，取长补短，企业生产成本低，产品在市场上具有竞争力。同时东北有许多城市属于资源型的工业城市，经过若干年的开发后，资源日渐枯竭，发展难以为继。

为振兴东北经济，2003 年 8 月，中共中央政治局常委、国务院总理温家宝在黑龙江、吉林两省考察工作，并在长春主持召开振兴东北老工业基地座谈会，指出要把振兴东北摆在突出位置，东北老工业基地要适应改革新形势，走出加快振兴新路子。被媒体称为“新辽沈战役”的振兴东北经济计划，拉开了序幕。2003 年 12 月 2 日，国家决定成立国务院振兴东北地区等老工业基地领导小组，温家宝总理亲自担任组长，黄菊、曾培炎两位副总理担任副组长，国务院 25 个主要职能部门负责同志作为领导小组成员。2004 年 3 月，领导小组召开了第一次会议，讨论并明确了 2004 年的工作要点。2004 年 4 月，国务院成立了振兴东北地区等老工业基地办公室，全面启动了振兴战略。

在国家实施老工业基地振兴战略的推动下，东北地区改革、发展、稳定等方面出现了新气象。经济增长速度加快，经济效益明显提高。2004 年，东北三省国内（地区）生产总值 15133.9 亿元，同比增长 12.3%，增幅高于全国平均水平 2.8 个百分点。东北地区规模以上工业企业共完成增加值 4869.6 亿元，比上年增长 19.7%，是连续多年来增长速度最快的一年；规模以上工业企业实现利润总额 1328 亿元，同比增长 35.5%。农业生产喜获丰收，农民收入显著提高。三省全年粮食总产量达 7231 万吨，增长 15.3%。粮食产量和肉类产量的增幅均比全国平均水平高出 6 个百分点。三省农民年人均纯收入首次超过 3100 元，增长 16.7%，扣除价格因素后，增幅仍大大高于全国平均水平。招商引资成绩突出，民营经济发展迅猛。东北三省实际利用外资59.4亿美元，虽然总量同沿海省份相比并不算高，但同比增长83.6%，增幅大大高于全国平均水平。辽、吉、黑三省非国有投资分别比上年同期增长55.8%、41.4%和34.5%，增幅分别高于各省固定资产投资增幅7个以上百分点。①

目前，为促进东北振兴，从中央到地方正在深入开展调查研究，在以下几个方面下工夫：

一是进一步加强农业，巩固东北作为中国粮食生产基地的地位，提高粮食综合生产能力。二是推进产业结构优化升级，加强对老工业基地产业结构调整的研究和规划工作，认真搞好重大项目布局。三是加快体制机制创新，推进国有经济战略性调整，加快国有企业股份制改造，发展国有、集体和非公有资本相互参股的混合所有制经济，鼓励和扶持民营经济的成长和壮大。四是继续扩大对内对外开放，积极吸收外资特别是国外战略投资者参与老工业基地调整改造，扩大金融、保险、旅游等服务业的开放。五是统筹人与自然和谐发展，加快推进资源型城市经济转型。六是大力加强东北地区人才队伍建设。七是切实解决好关系人民群众切身利益的问题。可以预测，不久的将来，一个新的东北，将在共和国的经济腾飞中再度辉煌。

四　从“引进来”到“走出去”——对外开放的新发展

实行对外开放，是邓小平理论的一个重要组成部分，十一届三中全会后明确的“一个中心，两个基本点”的基本路线，就对外开放而言，在解放思想打破传统观念方面，有其十分重大的

① 2005年3月3日中国网。

政治意义，同时，也是发展我国经济的一个重要战略，有着十分重大的经济意义。

新中国成立后，以毛泽东为首的中共领导人，曾经实行过积极的开放政策，我国的对外贸易包括对英美等资本主义国家的贸易，较之新中国成立前均有较大发展。随着朝鲜战争的爆发，以美国为首的资本主义国家对我国实行了经济封锁，致使我国的对外开放只能局限在社会主义国家和一些第三世界国家。“文化大革命”期间，尽管我们仍然保持着和国外的联系，但体现经济意义的对外开放已不复存在了。

“文化大革命”结束后，我们发现现在的世界是开放的世界。随着新科技革命的发展，生产的专业化和社会化程度不断提高，国际之间的经济联系也日益密切，而使生产、经营和消费越来越具有世界性，这一趋势决定了任何一个国家要发展，孤立起来，闭关自守是不可能的，不加强国际交往，不引进发达国家的先进经验、先进科学技术和资金，是不可能的。同时，中国十分缺乏实现现代化所需要的资金、技术和管理经验，因此必须实行对外开放，以吸收和利用国外和海外的大量资金、先进技术和现代化管理经验。即中国的发展完全离不开世界。这成为我国实行对外开放政策的一个最根本的原因。

（一）全方位、多层次、宽领域对外开放格局的形成

重新注重对外开放以促进我国的经济发展，是邓小平首先提出的。早在 1975 年，他就阐述过对外开放的思想，但由于“左”的思想干扰和“四人帮”的横行，实行对外开放的内部条件不具备。1978 年 10 月 10 日，邓小平正式提出并公开使用了“开放政策”一词[①]。党的十一届三中全会把“对外开放”确定

① 《邓小平文选》第 2 卷，第 133 页。

为我国的一项重要方针政策。邓小平在1980年12月的中央工作会议上，对“对外开放”政策进行了比较完整而科学的论述。他指出：“要继续在独立自主、自力更生的前提下，执行一系列已定的对外开放的经济政策，并总结经验，加以改进。”① 此后，邓小平又不断丰富发展和完善“对外开放”的思想，使其成为一个理论体系，成为邓小平理论的重要组成部分。

从1980年8月五届人大第十五次会议批准公布《广东省经济特区条例》，批准建立深圳、珠海、汕头、厦门四个经济特区起，中国开始了对外开放的历程。1984年5月，中共中央、国务院决定进一步开放天津、上海、大连、秦皇岛、烟台、青岛、连云港、南通、宁波、温州、福州、广州、湛江和北海等沿海14个港口城市。1985年把长江三角洲、珠江三角洲和闽南厦漳泉三角地区划为经济开放区。接着，辽东半岛、山东半岛、环渤海湾地区也被辟为经济开放区。1988年，海南建省，成为中国最大的经济特区。1990年4月国家又作出了开放和开发上海浦东新区的重要决定。加上1992年开始的沿边境、沿长江、沿主要交通干线的对外开放，至此，全方位、多层次、宽领域的对外开放格局基本形成。

所谓全方位，就是既对发达国家开放，也对发展中国家开放，即对世界所有国家开放。所谓多层次，就是根据各地区的实际和特点，通过经济特区、沿海开放城市、经济技术开发区、沿海经济开放区、开放沿边和沿江地区以及内陆省份等不同开放程度的各种形式，形成全国范围内的对外开放。所谓宽领域，主要包括：一是通过发展外资经济、发展对外经济贸易、引进先进技术、吸引利用外资、发展国际劳务合作与国际旅游业、跨国经营等各种方式与渠道，使国内经济面向世界，参与国际竞争，与世

① 《邓小平文选》第2卷，第363页。

界经济接轨。二是由一般加工工业开放逐步拓展到基础工业、基础设施和金融、保险、邮电通信等服务贸易以及环保、科技、医疗卫生、体育、文化、教育等领域的开放。这样的对外开放格局，始于邓小平，成于江泽民。

（二）经济特区——从基本不变到率先基本实现现代化，江泽民特区政策的新变化

1992年后，全国迅速形成了沿海、沿江、沿边、沿线多层次、全方位的对外开放新格局。在全国实行社会主义市场经济和改革开放的条件下，特区还要不要“特”下去，特区如何“特”下去，特区要负有什么样的使命，已成为人们关注的焦点。从经济学的角度考虑，特区诚然不能再“特”，但从政治的角度来看，特区作为我国最早进行市场经济创试的试验场和改革开放的窗口，现已经成为我国改革开放的标志，社会主义现代化建设成就的标志，是一个价值符号，如果取消特区，不仅会使国内对我国改革开放的政策产生怀疑，也会使国外对中国是否进一步改革开放产生疑虑，这必将对中国的改革开放和整个现代化过程产生十分不利的影响。基于上述考虑，江泽民于1994年6月考察珠海、深圳等地时，代表党中央对特区以后的发展提出“三个不变”的重要承诺：“中央对发展经济特区的决心不变；中央对经济特区的基本政策不变；经济特区在全国改革开放和现代化建设中的历史地位和作用不变。”他强调：“要把发展经济特区贯穿于社会主义现代化建设的整个过程，基本实现国家的现代化要搞多久，经济特区就要搞多久。”① 在这里，江泽民首先将现代化和经济特区建设联系在了一起。同时还强调要“增创特区优势，

① 中共中央文献研究室编《江泽民论有中国特色社会主义（专题摘编）》，第198页。

既包括增创经济优势，物质文明优势，也包括增创精神文明优势、思想政治优势、社会全面进步优势”①。

1997年党的十五大时，要求经济特区和浦东特区在体制创新、产业升级、扩大开放等方面继续走在前面，发挥对全国的示范、辐射、带动作用。明确指出再上一层楼的途径，即要求特区在体制创新、产业结构调整、对外开放方面求“特”。“特”出现代市场经济的体制优势、高新技术产业优势、现代城市的综合优势。这种“特”是特区利用自己的先行优势，来增创新优势。这种“特”不是中央赋予特区的特权，而是需要特区自身努力去争创的新优势。这就是说特区已不再是原来的享有特殊政策和特许进行市场经济的试验之“特”。因此，从本质上讲，此时特区的“特”已从享受政策之特演变为先行之特，率先之特，示范之特。

世纪之交，江泽民再次来到特区。他要特区人民认真总结成功经验，“继续‘增创新优势，更上一层楼’，努力创造新的业绩，率先基本实现现代化”②，为特区的发展赋予了新的使命。率先基本实现现代化，就是要特区继续充分发挥技术的窗口、管理的窗口、知识的窗口和对外政策的窗口的作用，带头增强服务全国的大局意识，加强与内地的经济技术交流与合作，积极支持实施西部大开发战略。这里江泽民不仅鲜明指出特区在现代化建设中的使命，而且指出中国现代化的战略部署，要经济特区和沿海发达地区在资金、技术、人才、信息、管理等方面支持西部发展，闯出一条从特区和沿海地区的现代化到中西部地区和整个中国的现代化之路，也就是邓小平提出的让一部分人先富起来，先

① 中共中央文献研究室编《江泽民论有中国特色社会主义（专题摘编）》，第200~201页。

② 中共中央文献研究室编《江泽民论有中国特色社会主义（专题摘编）》，第202页。

富带后富的共同富裕之路，为我国曾经在对外开放中发挥过特殊作用的经济特区，指明了新的发展道路。

（三）实施“引进来”和“走出去”相结合的开发战略

对外开放之初，鉴于当时我国的实际状况，虽说地大物博、人口众多、资源丰富，但也存在着很多问题。其一，从自然资源上说，我国的国土面积虽大，但可耕地并不多。我们常说，中国是用占世界7%的耕地养活了占世界22%的人口。这也就是说，我国的人均耕地面积是低于世界平均水平的。其他一些自然资源也大多是这样，按人均占有量一衡量，我国的资源不是很多而是很少。这就使得我们在发展中必须学会利用国内国外两种资源。只有尽可能地引进一些国内经济建设需要的国外资源，才能支持和保障我国以一定的速度稳步发展。其二，从人力资源这个角度来看，我国虽说人口众多，但在经济发展中能起关键作用的高素质人才却又很缺乏，包括科技人才、管理人才乃至受过一定专业和职业培训的劳动者，对我国现代化建设的发展目标来说，都是少了而不是多了。而人才的培养和国民素质的提高也离不开对外开放和国际交流。其三，从国民经济发展的规律来看，要想使一国的经济快速稳定健康发展，就必须使国民经济保持合理的比例关系，各行各业保持动态的平衡。要做到这一点，仅靠关起门来搞建设，仅靠利用国内的资源和市场来保持结构的平衡和优化是不行的，还必须在与其他国家的交流中，在国际市场上同其他国家互通有无、取长补短，吸收和引进我国发展急需或紧缺的资源、资金、技术和人才等，同时扩大出口，为国家创造更多的外汇收入。因此，最初的对外开放主要以引进我国经济建设急需的资源、资金、技术和人才为主。

随着我国经济的发展，综合国力不断提高，我国的外汇储备不断增加，人们收入提高后，居民储蓄也有了很大提高，经济建设的资金问题有了极大的缓解。同时，我国生产能力增加后对世界市场的依存度加大，但中国产品在国际市场上常常受到反倾销等不公正的待遇。在这种情况下，中国经济如何走出去，成为一个亟待解决的问题。

江泽民是很早认识到这个问题的领导人，早在1992年，他就指出“积极开拓国际市场，促进对外贸易多元化，发展外向型经济。扩大出口贸易，改善出口商品结构，提高出口商品的质量和档次，同时适当增加进口，更多地利用国外资源和引进先进技术。深化外贸体制改革，尽快建立适应社会主义市场经济发展的、符合国际贸易规范的新型外贸体制。赋予有条件的企业、科技单位以外贸自营权。积极扩大我国企业的对外投资和跨国经营。”① 1997年12月24日，江泽民在接见全国外贸工作会议代表时的讲话中，明确提出了“引进来”和“走出去”相结合的对外开放战略。“我们不仅要积极吸引外国企业到中国来投资办厂，也要积极引导和组织国内有实力的企业走出去，到国外去投资办厂，利用当地的市场和资源。视野要放开一些，既要看到欧美市场，也要看到广大发展中国家的市场。发展中国家的生产力水平比发达国家低，对产品和技术的要求相对也低一些，但市场十分广阔。在努力扩大商品出口的同时，必须下大力气研究和部署如何走出去搞经济技术合作的问题。‘引进来’和‘走出去’，是我们对外开放方针的两个紧密联系、相互促进的方面，缺一不可。这个指导思想一定要明确。现在国际竞争这样激烈，无论从目前搞活国有企业还是从我国经济的长远发展来看，非这样做不可。”②

---

① 中共中央文献研究室编《十四大以来重要文献选编》上，第23页。

② 中共中央文献研究室编《江泽民论有中国特色社会主义（专题摘编）》，第190～191页。

目前，我们对外开放的重点应该是“走出去”，其原因在于：一是世界和平与发展大趋势决定了中国必须走向世界。江泽民指出：“中国是国际大家庭的一员。中国离不开世界。中国的改革开放和现代化建设，需要一个长期的国际和平环境，需要同各国发展友好合作关系。”[①] 这一思想深刻地揭示了我国经济社会发展的命运同世界和平与发展的大环境是紧密联系在一起的道理。经济全球化必然使生产力超越国界，与先进的经营方式、组织形式相结合，实现生产要素在全球范围内的自由流动和合理配置。这种趋势营造良好的国际氛围，将极大地促进当代资本主义经济与社会主义经济打破隔膜融合生长，有力地推动中国参与国际经济事务合作与管理。当前，经济全球化一个显著特征是跨国公司迅猛发展，它们成为当代世界最主要的经济活动主体。有关资料表明：有6万多家母公司、50多万家子公司，年总产值占全世界GDP的40%以上，占发达国家GDP的50%以上，贸易额占全世界贸易总额的70%，控制着世界对外直接投资的90%，国际技术转让的75%，拥有世界90%的新技术、新工艺专利。1997年，世界最大的100支经济力量中，跨国公司占51个。如日本三菱公司的经济规模超过印尼，美国福特公司超过葡萄牙，沃尔玛公司超过以色列，世界首富微软公司总裁比尔·盖茨的个人资产超过新加坡。我国跨国公司刚刚出现，世界和平与发展的大潮流将有力地刺激我国跨国公司走向世界，发展前景远大。二是世界新技术革命运动要求我们参与世界技术合作。世界经济快速增长是以新技术革命为动力的。世界经济每一个长周期的高潮都是由新技术革命运动带来的。20世纪90年代以来，信息、生物工程、新材料、新能源、空间技术、海洋技术迅速发展和广泛

---

① 江泽民：《让我们共同缔造一个美好的世界》，《江泽民文选》第2卷，人民出版社，2006，第481页。

应用，出现了经济全球化、信息高速公路和知识经济等重大现象，电子商务、网络经济、海洋开发、新材料新能源的发现、太空航运，使世界范围内的产业结构、产品结构、能源结构、技术结构、投资结构、市场化水平呈现新的特点，特别是发达国家和跨国公司凭借发达的信息技术和管理技术实现了公司内部活动的高度组织化与计划性，极大地推动了资本、资源跨境流动和优化配置，提高资本资源的运营效率。技术革命浪潮以及由其带来的新的经济发展高潮，要求我们抓住机遇，主动走进世界技术市场，参与世界科技合作，掌握技术革命的主动权，使我国国民经济整体素质有一个较大的提高。三是促进建立国际政治经济新秩序的客观现实需要。实施“走出去”战略，必将有力地推动世界格局向多极化发展，建立国际经济政治新秩序。1999 年 3 月，江泽民出访欧洲时在瑞士发表重要讲话，阐明了中国关于建立国际经济政治新秩序的五大原则主张。他指出良好的国际新秩序，“第一，应当坚持互相尊重主权和领土完整、互不侵犯、互不干涉内政的原则；第二，应当坚持用和平方式处理国际争端的原则；第三，应当坚持世界各国主权平等的原则；第四，应当尊重各国国情、求同存异的原则；第五，应当坚持互利合作、共同发展的原则。”① 世界各国力求在和平、稳定、公正、合理的环境中友好合作、共同发展，这是经济全球化的内在要求，也是中国人民与世界人民一道不懈追求的美好愿望。四是我国对外开放极大地增强了综合国力，为“走出去”奠定了雄厚的经济基础。党的十一届三中全会以来，我国实行对外开放战略，改革了体制，在平等互利、和平共处五项原则基础上发展一切经济、贸易、技术、信息、管理方面的协作关系，增进了解与友谊，扩大合作领域，从根本上把以往的闭关锁国转向全方位多渠道的对外

① 江泽民：《为建立国际新秩序而努力奋斗》，1999 年 3 月 28 日《人民日报》。

大开放，充分吸收一切人类优秀文明成果。同时，我国深化改革经济体制和转变经济增长方式，从传统的计划经济体制逐步转向社会主义市场经济体制，建立起比较完备齐全的国民经济体系，钢铁、机械、化工、纺织、服装、轻工、电子、工程建筑、旅游等一批产业素质良好，具有较强的综合协调发展能力和国际竞争优势。社会主义精神文明建设卓有成效，综合国力日益增强，为我国“走出去”奠定了坚实的经济社会发展基础。五是我国改革开放20年来积累了丰富的国际竞争经验，具备了“走出去”的良好综合素质。我国积极参与世界经济技术激烈竞争，不仅推动了世界经济社会发展，同时也丰富了经验，提高了国际竞争的综合素质。这些良好的综合素质是我们在世界经济科技竞争中扬长避短、趋利避害、积极参与国际经济科技事务的有利条件。

实施“走出去”的对外开放战略，应该注意抓好以下几方面的工作：

第一，要加快政府职能的转变，制定完善的法律制度。江泽民指出，“适应经济发展和社会全面进步的要求，建立办事高效、运转协调、行为规范的行政管理体系……按照依法治国、依法行政的要求，加强……法制建设。”[①] 在市场经济的运行机制下，政府的主要职能是运用法律、经济和必要的行政手段来调控对外投资，维护国家利益和经济安全。要加大改革的力度，简化和规范各项审批制度，提高运行效率。各相关部门要加强合作，对凡是涉及对外直接投资和跨国经营的申请、办证、审批等各项相关手续，尽量采取“一站式”的审批模式，简化程序，提高效率，避免公文旅行。政府要加大和完善在对外直接投资、申办

① 中共中央文献研究室编《江泽民论有中国特色社会主义（专题摘编）》，第319页。

条件、经营方式、行业政策、资金融通、利润分配、人员选拔和对外承包工程、对外劳务合作等方面的立法工作，使我们的“走出去”战略在相应的法律框架内有序进行。要抓紧签订投资保护协定、司法协助协定、经济合作协定等政府间协定，保护企业的合法权益。

第二，要加强科技创新，促进产业结构的升级。世界经济快速增长是以高新技术革命为动力的，世界经济每一个增长周期的高潮都是由高新技术革命运动带来的。在刚刚过去的20世纪里，信息、生物工程、空间技术、新材料、新能源等科学技术突飞猛进的发展和广泛运用所推动的生产力的巨大发展和社会的全面进步，以及由此创造的人类社会的巨大财富已经向我们全新地展示了科学技术的巨大力量。在它们的推动下，世界范围内的产业结构、产品结构、能源结构、技术结构、投资结构等都呈现出新的水平和特点，资本得到合理流通，资源得到优化配置。当今世界，科学技术向现实生产力转化的周期越来越短，科技进步对经济社会的发展越来越成为决定性的因素。技术革命的浪潮和由它带来的新的经济发展的浪潮要求我们必须敏锐地抓住当今科学技术发展的大趋势，增强紧迫感和创新意识，主动走进世界技术市场，参与世界科学的合作，掌握技术革命的主动权，努力开创我国科技事业的新局面，并以此来推动我国产业结构的战略性调整，促进我国经济社会的全面发展。江泽民明确指出：“要迎接科学技术突飞猛进和知识经济迅速兴起的挑战，最重要的是坚持创新。创新是一个民族的灵魂，是一个国家兴旺发达的不竭动力。”①

第三，要尽快成立有关对外投资的信息采集中心，强化政府

① 中共中央文献研究室编《江泽民论有中国特色社会主义（专题摘编）》，第244页。

信息和政策服务的职能。国家要尽快在国内外建立信息中心，建立专门的网站，完善信息服务网络，拓展信息采集渠道，系统地向投资者提供各个国家和地区的基本国情、法律法规、经商惯例、行业水平、政策环境、经营环境和我国的相关法律法规等信息。要定期和不定期举办各种形式的国内外企业投资贸易洽谈活动和信息发布会、研讨会，帮助企业承揽业务。要强化人才队伍的培训和建设，努力造就一大批能够开展跨国经营的高水平的企业家和管理队伍。

第四，要努力培育一批资产一体化的具有国际竞争力的企业集团。衡量一个国家的企业是否具有国际竞争力，主要是看这个国家的企业在一定的外部环境下能否成功地进行国际生产与经营。我国要实施“走出去”战略，就必须积极培育一批大型的具有国际竞争力的企业集团，因为参与全球化的主角是企业，当今世界最主要的经济活动主体是跨国公司。要培育一批世界知名的跨国公司，实施大企业战略，借助企业集团提高我国企业的国际竞争力。江泽民指出：“要重点培育和抓好一批……大型企业和企业集团，发挥这些大企业在资本运营、技术开发、开拓国际市场等方面的优势……成为参与国际竞争的骨干。”①

第五，要加大对国有资产特别是海外国有资产的监管力度。要尽快建立以外汇、税收和国有资产安全为核心的符合我国国情的监管体制。要加强宏观调控，建立预警机制，严格税收管理。对海外企业要定期向国有资产管理的相关部门呈报财务报表，详细报告海外企业资产负债变化情况。国家审计、税务、央行等部门要强化对海外企业的监督。要制定海外企业国有资产的管理办法，建立科学的运行机制，防止海外企业盲目投资，确保国有资

① 中共中央文献研究室编《江泽民论有中国特色社会主义（专题摘编）》，第149页。

产的保值增值。

总之，“引进来”和“走出去”战略的实施，必将推动我国更好地利用世界经济发展提供的有利条件，尽快融入世界经济之中，加快培育我国的国际品牌，提高我国企业的国际竞争力，提高我国的国际地位，拓展我国的国际影响力，提高我国的综合国力，更好地促进世界和平。

第八章　现阶段中国三农问题
柳暗花明又一村

“三农”问题，即农业、农村、农民问题，它是中国革命、建设和改革的根本问题，历来为我们党和政府所重视，特别是21世纪我国进入新的发展阶段后，解决好“三农”问题已成为全党工作的重中之重，成为我们必须面对的一个重大课题。

一　中国“三农”问题的由来与发展

（一）“三农”问题的提出

“三农”问题即农业问题、农村问题和农民问题的总称，三者既有联系，也有区别。中国的“三农”问题现已构成当今中国改革与发展中的突出问题和最大难题。中国“三农”问题的复杂性、严重性和解决的艰巨性，堪称世界之最。

中国“三农”问题的出现和提出，有多种因素，具有很深的历史、体制和现实原因。因此，我们必须从多角度、多方面深入剖析，才能很好地破解“三农”问题的成因和对策。

1. 历史渊源

“冰冻三尺，非一日之寒。”中国的“三农”问题是社会历史发展长期积累的结果，与中国的特殊国情密不可分。

众所周知，中国是一个历史悠久的农业大国，曾经创造出世界领先的农业文明。同时中国在历史上也曾具有高度的技术文明和发达的经济文化。比如明代，郑和28年间，七下西洋，遍及亚非30多个国家和地区，这不仅是中华民族历史上的伟大创举，也充分显示了我国科学技术的进步和经济的繁荣。但在1840年遭遇以工业文明为基础的资本主义国家入侵后，锁定了近代中国的弱势地位和农民的悲惨命运。一方面是帝国主义列强的入侵掠夺了中国大量的财富和资源，影响了中国工业化资金的积聚；另一方面是长期形成的强大的中央集权统治又使得中国的工业化出于积累资金的需要，必然将人口庞大但又非常分散的农民作为工业化初始阶段的纯贡献者，并且很容易将这些投资集中于重工业和城市。正如一位西方学者所指出的："中国是一个由小批精英统治的国家。历代统治者具有至高无上的权力，不受任何监督。他们视农民为其'鱼肉'，在不激发农民起义的前提下，可以为所欲为，向农民榨取税收，专横地、任意地没收财产……无动力去培育共同财产。""缺少（适当）秩序和信任，以及官方任意没收财产的惯例抑制了对工业和企业的投资。""在中国和其他亚洲大国中，缺乏一定的社会、政治和法律前提——简言之，缺乏一定的制度。在那些巨大的封闭的经济中，统治者在其疆域内无须为吸引和留住有知识的、具备企业家才能的人而竞争。统治者们也无须培育那些聚集资本和对企业有吸引力的制度。"① 因此，对于中国来说，现代化面临着比欧美国家更多的困难。

与此同时，中国"三农"问题与中国的基本国情有很大关系。人多地少对于农业、农村、农民的生存与发展有着重大影响。据史料记载，清末，1840年全国人口由清初（1644年）的

① 〔德〕柯武刚、史漫飞：《制度经济学——社会秩序与公共政策》，商务印书馆，2000，第21～22页。

1.43 亿猛增至 4 亿多，耕地增加到 8.5 亿亩，但人均占有耕地却减少至 2.1 亩。从此，中国就一直是人多地少。新中国的人口（主要是农村人口）增长十分迅速，到 1984 年就已突破 10 亿，人均占有耕地下降为 1.43 亩。现在，我国人口已达 13 亿，人均占有耕地减少到 1.2 亩，相当于世界平均值的 1/3，约有 1/3 的省份人均耕地不足 1 亩。如此紧张的人地关系意味着什么？意味着农民越来越穷，农业越来越弱，农村困难会越来越多。

总之，“三农”问题的出现，正如毛泽东所说的，中国是一个“农业大国”，“人口多，底子薄”，“一穷二白”。因此，“三农”问题要想在短期内完全解决，这是不现实的，也是不可能的。

2. 体制根源

中国经济结构的最基本特征是自然经济与商品经济、农村传统农业与城市现代工业并存。中国“三农”问题的出现与我国长期实行城乡分隔的二元结构政策体制有关。

城乡二元结构政策体制的一个集中表现就是国家从农村大量抽取资金，然后投向工业化和城市化的发展，这样导致的结果必然是影响农业、农村和农民的发展。据统计，1952～1989 年，国家通过工农产品价格“剪刀差”和税收，从农村中汲取资金 7000 多亿元（扣除国家支农资金），约占农业新创造价值的1/5，超过当时国有工业固定资产原值；1990～1998 年，国家通过财政渠道、工农产品价格“剪刀差”和金融渠道，又从农村汲取资金 1.9 万亿元。从 1950～1996 年，我国农民为国家工业化和城市发展提供资金积累（农村资金净流出）超过 2 万亿元，大约相当于我国社会资本存量的 2/3。①

城乡二元结构政策体制的另一个表现就是国家在制定发展战

---

① 牛若峰：《中国的‘三农’问题：回顾与反思》，中国农村研究网 2004－10－8。

略和政策措施时，自觉或不自觉地割裂了农业与非农业的经济联系和农村与城市的联系，确立了偏向城市政策，形成城市对乡村的优势地位，且城市与乡村极不对称的状况日趋加剧。比如户籍制度的客观存在；财政资源、社会资源和教育资源在城乡之间的分配失衡；劳动待遇和社会保障严重不等。

因此，中国城乡长期以来一直存在的巨大反差，政策制度安排长期整体地对农民不利，使得农业、农村、农民问题愈益突出。

3. 现实总结

“三农”问题，这是中国特有的问题，在国外没有“三农”问题的提法。改革开放之前中国虽然存在“三农”问题，但还没有把它作为一个整体概念提出来。20 世纪 80 年代后期，随着改革开放的不断深入，体制性矛盾日益凸现，虽然农业生产连年丰收，但农业、农村、农民的问题还是不断涌现和逐渐突出，引起了一部分学者和实际工作部门的深刻反思，他们在总结社会主义现代化建设经验和教训的过程中，依据中国的特有国情，即特有的城乡关系，深深地意识到，在我国不仅要解决好农业问题，与此同时，还要解决好农民问题和农村的问题，并且必须对农业、农民、农村这三个方面联系起来进行分析和研究，只有这样才能解决好中国的一系列现实问题。同时，有的学者在大量调查研究基础上，还写出了一批具有说服力的著作，初步提出了“三农”问题的分析框架，作为认识中国实际和分析现实问题的理论框架。经过二十多年的实践和宣传，“三农”问题业已成为中国政界和学界的共识，同时被广泛引用于各种文件、媒体和论著中。

总之，“三农”问题的提出，反映了人们对这一问题的重视程度与日俱增，对这一问题的认识在不断深化。“三农”问题不仅具有十分重大的理论意义，而且具有十分重要的社会实践意义。

（二）“三农”问题的地位

农业兴，百业兴；农民富，国家富；农村稳，天下稳。现实和形势的发展都要求我们必须比以往任何时候都需要加深对解决“三农”问题重要性和紧迫性的认识。

1.“三农”问题是贯穿中国现代化过程的基本问题

“三农”问题在不同的历史时期，尽管它的焦点和任务会有所不同，但是它始终是中国现代化过程中的基本问题。

中国是一个农业人口占大多数、经济发展很不平衡的大国。近代中国，“三农”问题一直成为制约中国现代化的主要因素之一，这是由中国国情所决定的。目前我国正在实施“三步走”战略的第三步战略目标，即在本世纪中叶达到中等发达国家的水平，基本实现现代化。而要实现现代化，不仅需要工业现代化、科技现代化、国防现代化等，还迫切需要农业实现现代化。因此，在当前我国必须实现两个过渡：从“三农”为主体的农业经济向工业经济的过渡；从传统工业经济向知识经济的过渡。新中国成立五十多年，特别是从党的十一届三中全会以来二十多年的改革开放，我国农业经济已经加快了向工业经济的过渡，并且在积极培育和发展我国的知识经济。但是，我国的“三农”问题仍然是我国经济建设中不能绕过的、必须解决的首要问题，是实现工业化或者说实现农业现代化的前提。“三农”问题解决之日，就是中国现代化实现之时。

2.“三农”问题是中国共产党所致力解决的主要问题

中国的特殊国情即农业大国的现实，决定了中国共产党自建立之日到作为执政党，都将农业、农村和农民问题作为立党建国的立足点和出发点。八十余年的奋斗实践，国家的昌盛与挫折都与“三农”问题息息相关。

以毛泽东为代表的第一代中国共产党人深刻地认识到，占人口绝大多数的农民问题是中国革命的中心问题。农民的力量，是中国革命的主要力量。农民是工人阶级的可靠的同盟军。谁赢得了农民，谁就会赢得中国。农业是国民经济的基础。农民情况如何，对于我国经济发展和政权巩固关系极大。因此，如何维护农民的经济利益，从而组织起浩大的农民革命队伍，参加中国革命，是第一代中国共产党人面临和着重解决的历史课题。

以邓小平为代表的第二代中国共产党人，1978 年改革开放以后，高度重视“三农”问题。邓小平指出：“中国有百分之八十的人口住在农村，中国稳定不稳定首先要看这百分之八十稳定不稳定。城市搞得再漂亮，没有农村这一稳定的基础是不行的。”[①] 党的十一届四中全会正式通过的《中共中央关于加快农业发展若干问题的决定》强调：“确定农业政策和农村经济政策的首要出发点，是充分发挥社会主义制度的优越性，充分发挥我国八亿农民的积极性。”[②] 对如何调动农民群众的积极性，邓小平认为最基本的途径有两条，即尊重农民的自主权和保证农民的经济利益。根据这一思想，我们党对农村集体经济组织内部的分配关系进行了改革，肯定了农民创造的“交够国家的，留足集体的，剩余都是自己的”分配模式。同时，大幅度提高了农产品价格，按价值规律调整了工农关系、城乡关系，给社会主义的改革开放事业带来了勃勃生机。

以江泽民为核心的第三代中国共产党人，高举邓小平理论伟大旗帜，总结我们党革命和建设过程中取得的宝贵经验，特别强调农业、农村、农民问题是关系改革开放和现代化建设全局的首要问题。同时把解决“三农”问题不仅看作是一个经济问题，而且看作是一个极其重要的政治问题。针对农业经济结构调整中

---

① 《邓小平文选》第 3 卷，第 65 页。

② 中共中央文献研究室编《三中全会以来重要文献选编》上，第 183 页。

出现的农民收入增长缓慢和负担过重的问题，党中央采取了一系列政策措施，比如延长土地承包期、减轻农民负担、按保护价敞开收购农民余粮等等。这些都是切实维护农民经济利益的重大举措，不仅关系到农业和农村的发展，而且关系到国民经济的全局，关系到党的第三步战略目标的顺利实现。

改革开放以来，党的第二、第三代领导集体出台的五个“一号文件”，再一次具体体现了中国共产党对“三农”问题的高度重视。

第一个，1982 年 1 月中共中央发布了《全国农村工作会议纪要》，这个文件不但肯定了“双包”（包产到户、包干到户）制，而且说明它“不同于合作化以前的小私有的个体经济，而是社会主义农业经济的组成部分”。

第二个，1983 年 1 月中共中央发布了《当前农村经济政策的若干问题》，这个文件从理论上说明了家庭联产承包责任制“是在党的领导下中国农民的伟大创造，是马克思主义农业合作化理论在我国实践中的新发展”。

第三个，1984 年 1 月中共中央发布了《关于 1984 年农村工作的通知》，为鼓励农民增加对土地的投资，规定土地承包期一般应在 15 年以上，生产周期长的和开发性的项目，承包期应当更长一些。

第四个，1985 年 1 月中共中央发布了《关于进一步活跃农村经济的十项政策》，文件的中心内容是：调整农村产业结构，取消 30 年来农副产品统购派购的制度，对粮、棉等少数重要产品采取国家计划合同收购的新政策。国家还将农业税由实物税改为现金税。

第五个，1986 年 1 月中共中央发布了《关于 1986 年农村工作的部署》，文件肯定了农村改革的方针政策是正确的，必须继续贯彻执行。针对农业面临的停滞、徘徊和放松倾向，文件强调进一步摆正农业在国民经济中的地位。

这五个“一号文件”，真实地反映了亿万农民的心声和要求，顺应和指导了农村改革，有力地促进了农村改革和农业生产，给我国农村带来了巨大的变化。

总之，无论在战争年代，还是在建设时期，中国共产党始终明确农业的基础地位，把农业看做是关系国计民生、社会安定的基础产业；始终明确农村的关键地位，把农村的发展看做是关系到国民经济全局发展的关键环节；始终明确农民的主体地位，把农民看做是推动中国社会前进的主体力量，是国民经济发展的主力军。

3. “三农”问题是全面建设小康社会的关键问题

当前，我国已进入了全面建设小康社会、加快推进社会主义现代化建设的新的发展阶段。但我国绝大部分人口在农村，农业占国民经济比重还很高，城镇化的水平还很低。在这种情况下，我国全面建设小康社会必然重点在农村，难点也在农村，没有农民的小康就没有全国人民的小康。只有大力发展农业和农村经济，努力增加农民收入，才能加快全面建设小康社会的进程。全面建设小康社会，必须不断强化农业的基础地位，大力发展农村生产力。只有做好“三农”工作，才能不断增强我国农业和农村经济实力，为我国农村小康建设乃至全面建设小康社会奠定雄厚基础。同时，做好“三农”工作还是为全面建设小康社会创造良好社会环境的前提条件。保持社会稳定，是全面建设小康社会、顺利进行改革开放和现代化建设的保证。做好“三农”工作，可以化解农村一些不稳定因素，有力维护农村乃至全国大局的稳定，为全面建设小康社会创造稳定的社会环境。

总之，农业是国民经济的基础，全面建设小康社会，推进社会主义现代化建设，实现中华民族伟大复兴，必须重视和解决“三农”问题。

（三）“三农”问题的现状

改革开放以来，党和政府对“三农”问题给予高度重视，使农业经济有了一定发展，农民的生活也有了较大的改善，绝大多数人解决了温饱问题。但由于“三农”问题由来已久、积重难返，这方面的问题还一时难以从根本上解决。

当前，“三农”问题主要体现在以下几个方面：

1. 农业发展相对滞后

农业是特殊产业，既是基础产业，又是弱质产业；既受土地和经营规模的限制，又受不可抗拒的自然灾害的影响。其中，主要是受自然和市场的双重约束。

受自然约束，是由农业本身的弱质性决定的。一方面，我国人均耕地面积少，水资源严重短缺，农业生态环境恶化；另一方面，由于农业投入不足，水利等基础设施建设还不理想，抗灾防灾的能力有限，结果一遇较大的自然灾害，农业就大幅度减产减收。

受市场约束，是因为农业产业循环能力差，市场信息不灵，产供销分割，一、二、三产业脱节的问题较为突出，市场机制不健全。加之农业科技落后，市场开发能力有限，劳动生产率和农产品的商品率很低，产品附加值低、竞争力差，一旦市场供求关系发生变化，就会出现“卖粮难”、“卖猪难”等问题，谷贱伤农情况时有发生。因此，目前我国离现代化的农业目标还有很大距离。

2. 农民生活相对贫困

农民问题是三农问题的核心问题。农业是农民从事的产业，也可说是职业，农民是从事农业的劳动者。农村是农民生产生活和居住的社区。农民问题在中国这样一个传统的农业大国具有特殊重要性。当前农民问题主要表现在：

一是农民太多。我国一方面在加快工业化和城市化建设步伐，另一方面农业人口仍然偏多，这是同工业化发展规律完全不相符的。因此，必然会引起种种社会问题。

据国家统计局公布的《2005年国民经济和社会发展统计公报》显示：2005年末全国总人口为130756万人，其中乡村人口为74544万人，占总人口的57%。[①]

同时，在农村，70%以上的劳动力拥挤在农业领域，农民收入的60%左右来自农业产业，农业劳动生产率仍然低下。如果按每个农业劳动力耕种1公顷计算，全国耕地只需1.28亿劳动力，加上从事林渔业的劳动力，共计只需要劳动力1.8亿左右，农业劳动力严重过剩。

因此，如何减少农民这是我们今后要解决的重大任务之一。

二是农民收入太低。虽然改革开放以来，农民的收入有了一定的提高，但是与城市居民相比较，农民的收入还是太低。据国家统计局公布的《2005年国民经济和社会发展统计公报》显示：2005年农村居民人均纯收入3255元，扣除价格上涨因素，比上年实际增长6.2%；城镇居民人均可支配收入10493元，实际增长9.6%。农村居民家庭恩格尔系数（即居民家庭食品消费支出占家庭消费总支出的比重）为45.5%，城镇居民家庭恩格尔系数为36.7%。按年人均纯收入低于683元的标准，年末农村贫困人口为2365万人；按年人均纯收入684~944元的标准，年末农村低收入人口为4067万人。[②]

三是农民收入增长太慢。1997~2003年的7年间，全国农民人均纯收入增幅最高的年份为4.8%，最低只有2.1%，7年

---

① 中华人民共和国国家统计局网站：《全国年度统计公报》，2006年2月28日。

② 中华人民共和国国家统计局网站：《全国年度统计公报》，2006年2月28日。

平均下来只有4%，仅相当于同期城镇居民收入平均增幅的一半。

农民收入与城镇居民的收入差距持续拉大，1997年农民人均纯收入为2090元，城镇居民的人均可支配收入为5160元，两者的收入差距比例为1∶2.47。到了2003年，农村人均收入为2622元，城镇居民为8500元，差距已扩大到了1∶3.24。

以粮食生产为主的农民收入增长尤为困难。过去的几年里，不少农产品供大于求，价格下跌，致使农民来自农业的收入额减少。1997年，农民人均来自农业的纯收入为1268元，但从1998～2003年，农民来自农业的收入已连续6年低于这一水平。

虽然2005年农村居民人均年纯收入达3255元，实际增长6.2%，实现了1997年以来的第二个高幅度增长，然而，农民增收困难仍然是中国农村发展面临的最大问题。现实表明，农民收入问题不仅关系到农民生活的改善、农民对农业的投入，还关系着整个国民经济发展的全局。

四是城乡收入差距太大。在当前工业化、城镇化不断加速的背景下，城乡差距呈扩大之势。2005年，农民的人均纯收入是3255元，城镇居民的可支配收入为10493元，两者的收入比为3.22∶1。

五是农民就业太难。目前，除1.3亿乡镇企业务工人员和1亿进城农民工外，中国农村还有近2亿失业、隐性失业人口，这是农村收入低、收入增长慢的根本原因。农民收入问题的本质是就业问题。

在全国各大中小城镇务工的进城农民工数量之多、规模之大，不可避免地会对中国现行户籍制度和社会保障等制度产生巨大冲击，必然导致相应的社会后果和政治后果。同时，广大农民工与城里劳动者处于不平等的竞争环境，他们之间存在着文化教育水平的差异，存在着城乡分割的体制性歧视。在就业准入、住房交通、安全保障、工资收入、医疗卫生、子女教育、打工收费、养老与失业保险、学习与进修、城乡文明的交融、户口限制等方面的种种烦恼，导致了农民工在就业和生活方面的不稳定，导致了他们的合法权益得不到有效的保护。

3. 农村现状相对落后

由于各方面的原因，目前中国农村还相对落后，发展能力较低。主要表现在：

一是农村组织机构庞大。目前一个乡镇正式编制平均只有30人左右，但实际平均在100人以上（这还不包括乡村教师），全国共超编300万人以上。

二是乡镇债务沉重。据1998年农业部等6部委调查，中西部的乡镇平均负债是400万元，村级负债是20万元。财政部财政所的统计是乡村两级2000年的债务是3200亿元，据估算，现在实际已超过5000亿元以上。

三是农村干群关系紧张。农村社会矛盾冲突严重，群体事件时有发生。在沿海发达地区，一些乡村干部，为了搞“政绩”，以地生财，滥占乱占农民的耕地；在中西部地区，乡镇财政拮据，债务沉重，通常向农民摊派，导致干群关系紧张，冲突屡有发生，民告官的案件日渐增多。2000年农民上访上告的总数第一次超过了城镇。国家信访局2002年受理土地征用的信访共4116件，都是农民反映失地失业的问题。

与此同时，当前农村的突出问题还表现在社会事业发展严重滞后。农村的教育文化、医疗卫生、社会保障、交通基础设施等，与城市差距太大。以至于一些学者发出这样的感叹：“我国城市像欧洲，农村像非洲。”

（四）“三农”问题的出路

我国“三农”问题的特殊性和复杂性，决定了解决“三农”

问题的长期性和艰巨性。当前，我国农业和农村经济正处在一个新的发展阶段。党的十六大为我们指明了新阶段发展农业和农村经济的大政方针，我们必须坚定不移地贯彻落实。我们认为，当前主要应在以下几个方面做好工作。

首先在思想认识上，进一步充分认识解决“三农”问题的重要性、必要性和紧迫性。思想是行动的先导，只有思想问题解决了，行动起来才能自觉和迅速，否则即使再好的路线方针政策，也难于得到真正贯彻落实。以前中央虽然颁布了很多关于解决“三农”问题的方针政策，但一到下面基层，执行起来往往出现偏差。曾有人比喻，中央的“经”是好的，但总是被下面一些“歪嘴和尚把经念歪了”，这固有失偏颇，但问题的出现主要还是在于思想认识不到位。

近年来，我国“三农”问题受到了越来越多人的关注。党的十六大报告用很大的篇幅论述“三农”问题。2004年“中央农村工作会议”将“三农”问题的解决提到了很高的位置，认为：“农村工作是全党工作重中之重，没有农村的现代化，就没有全国的现代化；没有农村小康社会的全面建设，就没有全国小康社会的全面建设。”因此，我们要把解决“三农”问题放在经济社会发展的优先位置来考虑，充分认识其重要性、必要性和紧迫性。

其次在发展方略上，按照党的十六大所提出的要求，统筹城乡发展，缩小城乡差距。统筹城乡发展，是新时期解决“三农”问题、全面建设小康社会的重大方略，是“三农”发展理论和思路的重大创新。实施城乡统筹，最重要的是实行三个“统筹”：把农业和农村经济放到整个国民经济发展中统筹部署，把农村社会事业放到全面建设小康社会进程中统筹协调，把农民增收放到全国人民共同富裕中统筹安排，形成促进农村经济和农民收入持续增长的长效机制。

再次在具体政策措施上，近年来，党中央、国务院采取了一系列重大措施，已经收到了明显的效果，但当前仍须加强落实：

在农业问题上，一是加强农业基础地位，加大政府对农业的支持和保护力度。农业的发展，一靠政策，二靠科技，三靠投入；其中投入是保证，是关键。因此，我们必须切实落实"多予、少取、放活"和工业反哺农业、城市支持农村的方针。二是推进农业经济结构调整，其中包括调整农产品结构、调整种养业结构、调整农业布局结构、调整农村就业结构。三是保护和提高粮食综合生产能力，确保主要农产品供求基本平衡。四是积极推进农业产业化经营，促进农业走向规模化、市场化进而走向现代化，不断提高农业综合效益。

在农村问题上，一是坚持党在农村的基本政策，长期稳定并不断完善以家庭承包经营为基础、统分结合的双层经营体制。这是农村经营制度的基础，也是农村改革发展稳定的基础。二是不断改革农村金融体制，改善农村金融服务，为农村和农业的发展提供强有力的资金保障。三是逐步提高城镇化水平，坚持大中小城市和小城镇协调发展，走中国特色的城镇化道路。目前我国城镇化滞后、农村剩余劳动力多，是我国经济社会发展面临的最大结构性问题。四是推进相关的各项配套改革，如改革农村义务教育管理体制、推进乡镇机构改革、加强农村基础设施建设、健全公共财政、加快农村保障制度建设等等。

在农民问题上，提高农民收入、维护农民权益、保护农民利益是解决"三农"问题的重中之重。一是要更新致富观念。首先要引导农民解放思想，更新观念，让农民充分发挥聪明才智，以实现农民的合法劳动收入和合法的非劳动收入。二是要大力发展劳务经济促增收。目前，增加农民收入最根本、最直接、最有效的途径就是转移农村剩余劳动力。只有减少农民，才能富裕农民。这就要求我们改革城镇户籍制度，支持农民进城就业务工，促进农业剩余劳动力转移。三是要大力提高农民的科学文化素质，扎扎实实地做好农民教育工作，教育农民学习新知识，炼就新本领，适应新形势。有针对性地搞好专业培训，造就一支高素质的农业高级人才队伍，培养一大批农业技术蓝领，为农业发展和农村劳务输出提供智力和技术支持。四是要完善农村服务体系。可以组建为农民服务的市场网络体系，把农民和龙头企业连接在一起，有利于解决农民增收和农民发展机制问题，增强农民在市场中的地位和抵御市场风险的能力，有利于农民取得社会平均利润。五是调整农村税赋政策，彻底减轻农民负担，同时加大农村财政支农政策力度，增加中央对地方的财政转移支付，尽快消除和减轻针对农村基层和农民的行政性收费支出。六是加快农业科技进步。这是提高农产品科技含量，增加农民收入，推进农村小康社会建设的强大动力。当前，新的农业科技革命促进世界农业呈现出新的发展趋势。面对世界农业科技发展的新形势，我们必须不失时机地推进农业新的科技革命。要大力调整农业科技的发展方向和重点，从注重农业数量的增长转向注重农业整体效益的提高。

二　邓小平关于“三农”问题的论述

农业、农村和农民问题是关系中国革命和建设的根本问题。作为改革开放的总设计师，邓小平一直十分重视农业和农村工作，始终关注农民问题，在领导社会主义改革开放和现代化建设的过程中，从中国实际出发，为解决“三农”问题进行了一系列的重要探索，提出了一系列发展农业、富裕农民、繁荣农村的思想观点和政策思路。他关于“三农”问题的论述，具有鲜明的中国特色和时代特征，是邓小平理论的重要组成部分。

（一）从战略高度充分重视“三农”的地位与作用

在《邓小平文选》3卷共222篇文章中，约1/4的文章论及“三农”问题，其中有多篇专论“三农”问题，充分体现了邓小平对“三农”问题的高度重视。

1. 强调农业的基础地位

在我国，农业始终是一个意义十分重大的问题，它影响着整个国计民生。实践经验表明，什么时候都不能对它有任何的松懈和忽视：什么时候重视农业、农村和农民问题，我们的事业就向前发展；反之，就停滞甚至倒退。正是基于对现实国情的深入了解，邓小平历来十分重视农业在国民经济中的基础地位。

早在1962年7月，他就指出：“农业搞不好，工业就没有希望，吃、穿、用的问题也解决不了。”① 他认为，人类要生存，要发展，一天也不能停止消费，而消费资料的大部分又来源于农业。农业是最重要的最基本的生活资料部门，是“吃饭”产业，其首要职能是为人们提供粮食。像中国这样一个有十多亿人口的大国，如果不发展农业，不生产足够的粮食，不仅会影响经济发展，还会受制于人。

20世纪70年代中期，邓小平在恢复工作后不久，就强调首先要抓好农业，指出：实现四个现代化，关键是农业现代化。

20世纪80年代初期，我国进入社会主义现代化建设新时期。在规划国民经济发展战略目标时，邓小平及时总结了我国社会主义建设和农业发展经验教训，从战略高度确立了农业在国民经济中的优先地位，把农业列为战略重点的首位，他一再告诫人们：农业是根本，不要忘掉。1982年5月，他在向外宾介绍我国经济建设的经验时又说要重视发展农业。不管天下发生什么

① 《邓小平文选》第1卷，人民出版社，1994，第322页。

事，只要人民吃饱肚子，一切就好办了。

关于农业与工业及整个国民经济的关系，邓小平要求，发展工业，发展其他非农业产业，都要“确立以农业为基础、为农业服务的思想……工业越发展，越要把农业放在第一位。”① 农业搞不好就要拖工业的后腿。因为，农业要为国民经济其他部门的发展提供粮食等主要生活资料；农业是工业特别是轻工业原料的主要来源；农村是工业品的主要销售市场；农业还是国家资金积累的重要来源。因此，邓小平强调：工业的发展，商业的和其他的经济活动，不能建立在80%的人口贫困的基础之上。我们要克服困难，争取财政经济状况的根本好转，要从恢复农业开始。

邓小平关于农业基础地位的论述，深刻说明了农业是发展国民经济的前提和基础，农业发展水平在很大程度上决定着工业和整个国民经济发展的规模和速度，从而为我国农业在国民经济中的定位提供了科学依据，也揭示了我国社会主义现代化经济建设的战略重点所在。我国经济建设的历史经验证明：农业兴，则百业兴。

2. 突出农村的战略地位

我国的改革发端于农村。邓小平以极大的热情、敏锐的眼光，积极倡导、支持和推动农村改革。他通过对农村改革实践的科学总结，深刻阐述了农村改革的重要性、本质、根本出发点、基本方法等重大问题，提出了一系列关于农村改革的重要思想。

改革之所以首先要从农村开始，邓小平认为，中国人口的80%在农村，如果不能解决80%的人的生活问题，社会就不会安定。工业的发展，商业的和其他的经济活动，不能建立在80%的人口贫困的基础上，中国经济能不能发展，首先要看农村能不能发展。因此，邓小平特别强调，农村稳定是中国稳定的基

① 《邓小平文选》第2卷，第28、29页。

础。1984年，邓小平在会见外宾时指出："中国有百分之八十的人口住在农村，中国稳定不稳定首先要看这百分之八十稳定不稳定。城市搞得再漂亮，没有农村这一稳定的基础是不行的。"①

农村改革的核心是什么？就是保护和调动亿万农民的积极性，解放和发展农村生产力。邓小平认为：农村改革之所以见效，就是因为给农民更多的自主权，调动了农民的积极性。

"农村改革的内容总的说就是搞责任制，抛弃吃大锅饭的办法，调动农民的积极性"②。在推进农村改革的实践中，邓小平十分注重尊重群众的首创精神，尊重实践，一切从实际出发。他说："农村搞家庭联产承包，这个发明权是农民的。农村改革中的好多东西，都是基层创造出来，我们把它拿来加工提高作为全国的指导。"③ 家庭联产承包责任制确立后，邓小平多次强调要保持农村基本政策长期稳定不变。他说："城乡改革的基本政策，一定要长期保持稳定。当然，随着实践的发展，该完善的完善，该修补的修补，但总的要坚定不移。"④ 邓小平的这些论述，揭示了农村改革成功的基本经验。

3. 明确农民的主体地位

农民问题在我国具有特殊的重要性，农民多是我国的特殊国情，中国共产党依靠农民的力量，建立了社会主义新中国。进入社会主义现代化建设新时期，我国农民问题的重要性依然没有改变。邓小平指出：耕地少，人口多特别是农民多，这种情况不是很容易改变的，这就成为中国现代化建设必须考虑的特点。

对于农民问题在"三农"问题中的地位，邓小平认为，农民是农村生产力中最活跃、最具有决定意义的因素，农村改革的

---

①《邓小平文选》第3卷，第65页。

②《邓小平文选》第3卷，第117页。

③《邓小平文选》第3卷，第382页。

④《邓小平文选》第3卷，第371页。

根本出发点和落脚点是调动亿万农民群众的积极性。为此，首先要改革不适应农村生产力发展的经济体制。同时，邓小平指出：农业本身的问题，现在看来，主要还得从生产关系上解决。这就是要调动农民的积极性。其次，树立大农业观念，因地制宜，发展多种经营。邓小平认为，发展多种经营可以加快农村商品经济的发展，增加农民收入，从而更好地调动农民的积极性。再次，必须坚持物质利益原则，实行多劳多得，允许一部分农民先富起来，逐步实现共同富裕。邓小平指出：不讲多劳多得，不重视物质利益，对少数先进分子可以，对广大群众不行，一段时间可以，长期不行。他强调，要允许一部分人先富起来，先富带后富，最终达到共同富裕。"我们坚持走社会主义道路，根本目标是实现共同富裕，然而平均发展是不可能的。过去搞平均主义，吃'大锅饭'，实际上是共同落后，共同贫穷，我们就是吃了这个亏"[①]。此后，他又从多方面、多角度阐述了这一思想。

邓小平还十分重视提高农民的收入问题。邓小平反复强调，中国经济发展与否，首先要看"农民生活是不是好起来。翻两番，很重要的是这百分之八十的人口能不能达到"。九亿农民不富，农民就没有积极性；九亿农民不富，全国小康就不能实现；九亿农民不富，中国就不能强大。

由此可见，农民是"三农"问题的主体和核心，农民问题是社会主义初级阶段的根本问题。

（二）从国情出发加快"三农"发展步伐

邓小平不仅在思想认识上对"三农"问题予以高度重视，而且在制定路线、方针、政策时，对解决"三农"问题提出了许多具体对策措施，加快了"三农"发展步伐。

---

① 《邓小平文选》第3卷，第155页。

1. 在农业上，保证农业的优先发展地位和基础地位

一是坚持为农业服务。邓小平认为，工业支援农业，农业反过来又支援工业，这是个加强工农联盟的问题。同时，邓小平还认为，必须从“投资方向、资金使用方向等”方面支持农业。农业问题的实质是农业投入问题，树立为农业服务的思想，加强对农业的投入，有助于改变工业化进程中客观上农业受挤压的地位，通过政府行为来促进农业的稳定发展。

二是坚持遵循“两个飞跃”。十一届三中全会以后，邓小平把实行家庭联产承包责任制作为经济体制改革的突破口，并多次在不同的场合高度评价了农村这一改革“是一种带革命意义的改革”，多次谈到农村家庭联产承包带来的巨大变化和伟大意义，强调“长期坚持不变”。家庭联产承包责任制的推行，极大地解放和发展了农村的生产力。但随着农村经济社会的发展，单家独户式的小生产方式逐渐不适应社会化大生产和农业现代化的需要，千家万户的小规模生产与千变万化的大市场之间的矛盾日益突出。邓小平在分析总结我国农业和农村改革的历史经验和发展趋势的基础上，创造性地提出了“两个飞跃”的思想。他说：“中国社会主义农业的改革和发展，从长远的观点看，要有两个飞跃。第一个飞跃，是废除人民公社，实行家庭联产承包为主的责任制。这是一个很大的前进，要长期坚持不变。第二个飞跃，是适应科学种田和生产社会化的需要，发展适度规模经营，发展集体经济。这是又一个很大的前进，当然这是很长的过程。”①“两个飞跃”的思想是邓小平“三农思想”的重要组成部分，为我国农村社会主义现代化建设指明了方向，对推动农村改革与经济发展具有重大的理论意义和实践意义。“两个飞跃”思想是一个完整的体系。以确立家庭联产承包责任制为核心内容的第一个

① 《邓小平文选》第3卷，第355页。

飞跃是第二个飞跃的前提和基础，以发展规模经营、发展集体经济为主要特征的第二个飞跃是家庭联产承包责任制进一步发展的必然趋势。今后农业改革的迫切任务或重点，就是要在第一个飞跃的基础上完成第二个飞跃，促进农业、农村经济社会更快发展。

三是坚持依靠政策和科技，保证农业发展。1982 年 10 月，邓小平在同国家计委负责同志的谈话中强调指出：农业发展一靠政策，二靠科学。邓小平还认为：农村改革的内容总的说就是搞责任，抛弃吃大锅饭的办法，调动农民的积极性。他在 1992 年初视察南方谈话中还指出：城乡改革的基本政策，一定要长期保持稳定。当然，随着实践的发展，该完善的完善，该修补的修补，但总的要坚定不移。总之，邓小平认为，发展农业，政策的作用非常大。

与此同时，邓小平关于农业发展根本保证的思想还包括依靠科技。1988 年，他在提出第一生产力著名论断时指出“将来农业问题的出路，最终要由生物工程来解决，要靠尖端技术。对科学技术的重要性要充分认识。”① 他还指出：科学技术的发展和作用是无穷无尽的。“要大力加强农业科学研究和人才培养，切实组织农业科学重点项目的攻关。”② 这些思想不但科学地揭示了现代农业发展的客观规律和趋势，而且为我国农业生产的发展、为农业现代化的实现和农民脱贫致富问题的解决指明了前进的方向。

四是理顺工农关系和城乡关系。早在 1962 年，邓小平在谈到如何克服国民经济困难时就明确指出：“我们要克服困难，争取财政经济状况的根本好转，要从恢复农业着手。农业搞不好，工业就没有希望，吃、穿、用的问题也解决不了。”③ 强调要恢

① 《邓小平文选》第 3 卷，第 275 页。

② 《邓小平文选》第 3 卷，第 23 页。

③ 《邓小平文选》第 1 卷，第 322 页。

复农业，还要解决好城市与农村的关系问题。改革开放以来，随着我国经济体制改革的不断深化和乡镇企业的发展，邓小平又明确指出："乡镇企业的发展，主要是工业，还包括其他行业，解决了占农村剩余劳动力百分之五十的人的出路问题。农民不往城市跑，而是建设大批小型新型乡镇。"①

邓小平还强调："农民积极性提高，农产品大幅度增加，大量农业劳动力转到新兴的城镇和新兴的中小企业。这恐怕是必由之路。总不能老把农民束缚在小块土地上，那样有什么希望？"②正是在邓小平这些思想指导下，我国农村乡镇企业迅速发展，农村工业化和城镇化的进程加快，农民收入水平、生活水平有了较大提高。

五是坚持把农业放在首位，加快农业发展，最重要的是要抓好粮食生产。1986 年，针对当时粮食生产出现的滑坡局面，邓小平指出：农业，主要是粮食问题。要避免过几年又出现大量进口粮食的局面，如果那样，将会影响我们经济发展的速度。在发展粮食生产上，邓小平还特别强调要有长远规划，并提出了到 20 世纪末全国粮食生产的发展目标。他指出：农业要有全面规划，首先要增产粮食，2000 年要生产多少粮食，人均粮食达到多少斤才算基本过关，这要好好计算。2000 年总要做到粮食基本过关。这是一项重要的战略部署。邓小平把粮食问题摆在农业的首要位置，充分体现了他作为一位英明的政治家的战略眼光。对于我们这样一个拥有 10 多亿人口的大国，粮食问题始终是关系经济安全和国计民生的重大战略问题。因此，必须要始终坚持立足国内解决粮食供给不动摇，确保国家粮食安全。要把粮食生产作为农业发展的首要任务来抓，下大气力加强粮食综合生产能

① 《邓小平文选》第 3 卷，第 238 页。

② 《邓小平文选》第 3 卷，第 213 ~ 214 页。

力建设。要实行严格的耕地保护制度，确保基本农田稳定。要加快科技成果转化，充分发挥科技对粮食生产的支撑和促进作用。要加快中低产田改造，建设高标准农田，扩大高产稳产、旱涝保收面积。

六是农业发展必须全面协调发展。邓小平一贯主张抓农业要有全局观念，要因地制宜、综合经营，全面发展。他指出：农业实行多种经营，因地制宜，该种粮食的地方种粮食、该种经济作物的地方种经济作物，不仅粮食大幅度增长，经济作物也大幅度增长。他主张既要发展粮食，又要发展多种经营和经济作物，同时要大力发展非农产业，实现农工商的全面发展。邓小平还用唯物辩证法来认识农业和工业的关系，强调农业哺育工业，工业反哺农业，实现相互促进、共同发展，指出这是个加强工农联盟的问题。邓小平关于发展农业要有全局观念的思想，纠正了人们长期形成的传统单一农业的观念，确立了农、林、牧、副、渔、工、商、建、服务业相互促进，全面发展以及农业和工业协调发展、相互促进的现代大农业思想。

2. 在农村问题上，必须加快改革步伐，发展农村经济

万里曾经说过：中国农村改革，没有邓小平的支持是搞不成的。长期以来，中国农村改革可以说是“摸着石头过河”。包产到户、包干到户能在尖锐的斗争中取胜，是以生产力标准理论指导改革的成功典范。因此，邓小平农村改革思想具有鲜明的特点，即不是从某个社会主义的抽象原则出发，而是以思想解放为先导，发展生产力为主线，以中国农村的实际情况为基本立足点，提出改革的。

一是必须加快农村改革。加快发展农村生产力，就必须对传统的僵化的农村计划经济体制进行改革。邓小平强调：除了走改革的道路，中国没有别的道路，因为只有改革才能导致中国发达。同时，邓小平在深刻总结建国 30 多年农村经济发展的经验教训时指出：多年的经验表明，要发展生产力，靠过去的经济体制不能解决问题。因此，他十分强调农村改革和整个改革的紧迫性："如果现在再不实行改革，我们的现代化事业和社会主义事业就会被葬送。"① 农村改革的实质是一场革命，其目的是解放生产力。早在1984年，邓小平就明确指出："这几年进行的农村的改革，是一场带革命意义的改革。"② 邓小平把改革同革命联系在一起，促使我们对农村改革的艰巨性、复杂性和长期性有了清醒认识。在1992年的视察南方谈话中，邓小平又进一步把农村改革同解放生产力联系在一起，从理论上作了系统地全面阐述。

正因为农村改革是一场前无古人的革命，所以推进农村改革就要有大胆创新和勇于探索的精神。邓小平强调："改革开放胆子要大一些，敢于试验，不能像小脚女人一样。看准了的，就大胆地试，大胆地闯。深圳的重要经验就是敢闯。没有一点闯的精神，没有一点'冒'的精神，没有一股子气呀、劲呀，就走不出一条好路，走不出一条新路，就干不出新的事业。"③

二是全面发展农村经济。邓小平站在社会主义大农业的高度，在强调粮食生产的特殊重要性的同时，非常重视全面发展农村经济。他指出："农业翻番不能只靠粮食，主要靠多种经营。"④ 最直接的措施，邓小平认为有两条：一是饲养业；二是林果业。大中城市郊区要大力发展牛、羊、鸡、鱼饲养业，国家给予帮助，要供给优良品种，供给饲料。全国都要搞饲料加工，要搞几百个现代化的饲料工厂。邓小平的这个重要思想，突破了传统的单一农业观念，确立了农林牧渔等各业相互促进、全面发

① 《邓小平文选》第2卷，第150页

② 《邓小平文选》第3卷，第78页。

③ 《邓小平文选》第3卷，第372页。

④ 《邓小平文选》第3卷，第23页。

展的大农业思想，全面发展农村经济。

三是大力发展乡镇企业，走农村城镇化、农村工业化同步发展道路。九亿农民，数亿农村剩余劳动力，这是中国最大的国情，也是事关农村现代化、实现农村小康的一个大问题。

20世纪80年代初期，农村乡镇企业“异军突起”，这是我国农民的伟大创造。邓小平曾给予了充分肯定和热情支持，并及时总结了我国乡镇企业和农村小城镇建设的发展经验，创造性地提出了我国农村应走农村工业化、农村城市化同步发展的重要思想。他认为乡镇企业很重要，要发展、要提高，乡镇企业是大量吸纳农村剩余劳动力的大型蓄水池。他指出：“农村实行承包责任制后，剩下的劳动力怎么办，我们原来没有想到很好的出路。长期以来，我们百分之七十至八十的农村劳动力被束缚在土地上，农村每人平均只有一两亩土地，多数人连温饱都谈不上。一搞改革和开放，一搞承包责任制，经营农业的人就减少了，剩下的人怎么办？十年的经验证明，只要调动基层和农民的积极性，发展多种经营，发展新型的乡镇企业，这个问题就能解决。乡镇企业容纳了百分之五十的农村剩余劳动力。”① 同时，邓小平指出：“大量农业劳动力转到新兴的城镇和新兴的中小企业。这恐怕是必由之路。总不能老把农民束缚在小块土地上，那样有什么希望？”② “农村改革中，我们完全没有预料到的最大的收获，就是乡镇企业发展起来了，突然冒出搞多种行业，搞商品经济，搞各种小型企业，异军突起……农民不往城市跑，而是建设大批小型新型乡镇。”③ 邓小平关于发展乡镇企业、农村城镇化和工业化的思想，为我们指明了一条符合中国国情的农村工业化和城镇

① 《邓小平文选》第3卷，第251～252页。

② 《邓小平文选》第3卷，第213～214页。

③ 《邓小平文选》第3卷，第238页。

化的道路。

3. 对于广大农民，必须调动其积极性，满足其根本利益

一是调动农民的积极性。没有农民的积极性，农村改革和发展的任何问题都无法解决。因此，解决“三农”问题归根结底要靠发挥亿万农民的积极性和创造精神。邓小平始终把调动农民积极性作为制定农村政策的出发点，他指出：我国80%的人口是农民。农民没有积极性，国家就发展不起来；农业本身的问题，主要还得从生产关系上解决。这就是要调动农民的积极性。他强调：生产关系究竟以什么形式为最好，恐怕要采取这样一种态度，就是哪种形式在哪个地方能够比较容易比较快地恢复和发展农业生产，就采取哪种形式；群众愿意采取哪种形式，就应该采取哪种形式；哪种形式能够调动群众的积极性就采用哪种形式。多年来的经验教训反复证明：什么时候农民有了积极性，农业就发展，农村就繁荣；什么时候农民的积极性受到挫伤，农业就萎缩，农村就凋敝。邓小平总结我国农业发展的经验教训，始终把调动广大农民的积极性作为制定农村政策的基本出发点。邓小平关于调动和保护农民积极性的思想核心是，在经济上切实维护农民的物质利益，在政治上充分保障农民的民主权利。这两个方面的问题解决好了，农民的积极性就会迸发出来，并且会保持下去。按照邓小平这个思想，在农村开展任何一项工作、实行任何一项政策，都必须首先考虑是维护还是损害了农民的物质利益和民主权利，是有利于调动还是会挫伤农民的积极性。能够调动和保护广大农民积极性的政策就是好政策，就要不折不扣地落实并坚持下去；否则，就应当调整和改正。

二是尊重农民的首创精神。“从群众中来，到群众中去”，总结农民的创造，经过加工提炼，形成正确的政策，用于指导全国农村工作，这是邓小平推进农村改革的基本方法，也是农村改革取得成功的重要经验。实行家庭承包经营和发展乡镇企业这两项农村最重要的改革，都是农民的伟大创造。邓小平以彻底的历史唯物主义者的眼光和勇气，高度赞扬农民的创造，使这两项具有重大意义的改革迅速推广到全国。邓小平认为：乡镇企业容纳了50%的农村剩余劳动力。那不是我们领导出的主意，而是基层农业单位和农民自己创造的。在这里，邓小平实际上提出了指导农村工作的基本原则，这就是尊重实践、尊重群众。广大农民是农村改革与发展的直接参与者，农民中间蕴藏着巨大的创造力。由于农村地域广阔，经济发展水平、自然地理条件、社会文化环境等都有很大差异，8亿农民的生产生活、脱贫致富，靠政府是包不下来的。只有放开农民手脚，鼓励农民大胆实践，大胆创造，才能找到适合当地情况、各具特色的发展路子，找到解决农业和农村发展中各种问题的有效办法。我们正处在新旧体制转变的历史过程中，正处在统筹城乡发展、逐步消除二元经济结构的历史阶段，农村经济社会发展面临许多新情况、新问题。只有在总结农民实践创造的基础上，才能制定出为农民接受、受农民欢迎的政策，才能对农村工作实施正确的领导。

三是保障农民的生产经营自主权。邓小平指出：我们农村改革之所以见效，就是因为给农民更多的自主权，调动了农民的积极性。农村改革实际上就是从给农民自主权开始的，打破了高度集中统一的人民公社体制，实行家庭承包经营，取消对农民生产经营活动的诸多限制，允许农民根据市场的需要和自己的意愿，选择生产经营项目和经营方式，允许农村剩余劳动力跨区域合理有序地流动就业。农村改革，纠正了违背经济规律的“一刀切”、“瞎指挥”、“大呼隆”和“大锅饭”等做法，把农民的手脚放开了，积极性调动起来了，因而非常见效。这是20多年农村改革的一条重要经验。在市场经济条件下，农户是独立的市场经营主体，我们在农村办任何事情、做任何工作，都必须承认和充分尊重农民的自主权，而不能侵犯、更不能剥夺农民的自主权，否则就会在农民那里碰钉子。

四是满足广大农民的根本利益。农民最讲实惠，农民问题的核心是利益问题。能不能使农民得到更多看得见的利益，是能否把农民积极性调动起来的关键。邓小平指出：不讲多劳多得，不重视物质利益，对少数先进分子可以，对广大群众不行，一段时间可以，长期不行。根据这一思想，我们对农村集体经济组织内部的分配关系进行了改革，肯定了农民创造的“交够国家的，留足集体的，剩余都是自己的”分配模式。同时，调整工农关系、城乡关系，改革农产品流通体制，按市场规则与农民打交道，因而激发了农民发展生产的积极性。农民是最讲实际的。有利于他们发展生产、脱贫致富的政策，就能够得到他们的拥护。谁能帮助他们过上好日子，他们就拥护谁。可以说，物质利益不仅决定农民是否有积极性，也决定他们的政治取舍。党的十一届三中全会以来，党的农村政策之所以得到亿万农民的拥护，就是因为这些政策给农民带来了实惠，使农民的日子一天天地好起来，解决了温饱，走上了小康之路。

三　江泽民对“三农”问题的新探索

在建立社会主义市场经济体制的新形势下，以江泽民为核心的党的第三代领导集体，高举马列主义、毛泽东思想和邓小平理论的伟大旗帜，紧密结合社会主义初级阶段我国农村经济发展的阶段性变化，与时俱进，不断探索，创造性地提出了一系列解决“三农”问题的方针、政策和策略，形成了具有时代特征的“三农”思想，极大地丰富和发展了建设有中国特色社会主义理论。

（一）江泽民“三农”思想的新特点

江泽民的“三农”思想不仅继承了毛泽东、邓小平的有关

“三农”思想，而且结合新形势丰富和发展了毛泽东、邓小平的“三农”思想，具体来说，主要有以下几个方面的特点：

1. 善于把握全局，从战略高度认识“三农”问题

1990 年 6 月，江泽民在担任总书记的第二年就明确指出：“我国十一亿人口，八亿多在农村。农村稳定了，农民安居乐业了，也就从根本上保证了我们国家和社会全局的稳定。”①

1993 年 10 月，江泽民在中央农村工作会议上又强调：“农业基础是否巩固，农村经济是否繁荣，农民生活是否富裕，不仅关系农产品的有效供应，而且关系工业品的销售市场，关系国民经济发展的全局。如果农业没有更大的发展，农村经济不能登上新的台阶，我国现代化建设的第二步和第三步发展目标就不可能顺利实现……全党同志应该站在这样的高度来看待加强农业的深远意义。”②

1996 年，江泽民在河南考察农业和农村工作时再一次指出：“中央所以反复强调农业的特殊重要性，是从我国人多地少这个基本国情，从保持全国经济、社会稳定发展的全局性要求出发的，也是从保持和加强我国在国际竞争中独立自主地位的战略性要求考虑的。”③

1998 年 9 月 25 日，江泽民在《全面推进农村改革，开创我国农业和农村工作新局面》的讲话中强调指出：“实现跨世纪发展的目标，难度最大而又非完成不可的一项任务，就是保持农业和农村经济的持续稳定增长。我国的基本国情决定了，抓住农村这个大头，就有了把握经济社会发展全局的主动权。面对亚洲金融危机的挑战，我们必须更加重视和加强农业，把农村经济搞上去，

---

① 中共中央文献研究室编《江泽民论有中国特色社会主义（专题摘编）》，第 117 页。

② 江泽民：《论社会主义市场经济》，第 142 页。

③ 江泽民：《论社会主义市场经济》，第 300 页。

这样才能保持经济和社会的稳定，才能增加发展的回旋余地。”①

经过多年的实践与思考，1998 年 10 月，江泽民在党的十五届三中全会上对“三农”问题进行了全面的阐述，强调农业、农村和农民问题是关系改革开放和现代化建设全局的重大问题。没有农村的稳定，就没有全国的稳定，没有农民的小康，就没有全国人民的小康，没有农业现代化就没有整个国民经济的现代化。稳住农村这个大头，就有了把握全局的主动权。

总之，江泽民思考和论述“三农”问题，都是站在改革开放和现代化事业的大局高度，站在建设有中国特色社会主义的全局高度进行阐述的，这些重要论述对于我们加强农业和农村经济工作具有很强的指导作用。

2. 善于总结历史经验教训

新中国成立以来，我们在“三农”问题上有过沉痛的教训和曲折的发展历程。对此，以江泽民为核心的党的第三代中央领导集体，始终保持清醒的头脑，并经常加以总结。

1993 年 10 月，江泽民在中央农村工作会议上指出：“我们必须牢记建国以来几次由于农业大起大落而导致国民经济大上大下的教训。在建立社会主义市场经济体制的过程中，要继续坚定不移地贯彻以农业为基础的方针，坚定不移地把农业放在经济工作的首位。越是加快改革开放，越要重视农业、保护农业、加强农业。要真正地而不是表面地、实际地而不是口头地、全心全意地而不是半心半意地加强农业这个基础。”②

1998 年 9 月 25 日，江泽民在安徽省考察工作时明确指出：“建国以来的历史经验证明，什么时候农民有积极性，农业就快

① 中共中央文献研究室编《江泽民论有中国特色社会主义（专题摘编）》，第 121 页。

② 江泽民：《论社会主义市场经济》，第 144 页。

速发展；什么时候挫伤了农民的积极性，农业就停滞甚至萎缩。党的十一届三中全会提出，确定农村经济政策的首要出发点，是充分发挥我国亿万农民的积极性。必须在经济上充分关心农民的物质利益，在政治上切实保障他们的民主权利。并且提出，我们一切政策是否符合发展生产力的需要，就是要看这种政策能否调动农民的积极性。这是我们花了很大代价才认识的真理。农村改革之所以获得巨大成功，就是坚持了这个正确的出发点。家庭承包经营所以能够起到这么大的作用，就是给了农民自主权，使农民得到了实惠。在农村开展任何一项工作，实行任何一项政策，都必须首先考虑，是有利于调动还是会挫伤农民的积极性，是维护还是会损害农民的物质利益和民主权利，是解放和发展还是会阻碍农村生产力。这是我们制定农村政策必须坚持的基本准则，也是检验政策是否正确的根本标准。”①

3. 善于结合新形势，发现新问题，提出新要求

改革开放以来，农村有了举世公认的巨大变化，但由于错综复杂的种种原因，农村问题的解决还远远未达到理想的程度，农村问题仍是我们走向现代化进程中最艰巨的任务，是我们全面建设小康社会面临的最大难题，对于这一点，以江泽民为核心的党的第三代领导集体有着更为清醒的认识。

20世纪90年代中后期，出现了一些地方政府只重视工业而忽视农业，整天忙于招商引资办企业，只重视城市建设而忽视农村发展，整天忙于拆房子建公路、建公园的现象。江泽民对此问题高度重视，经过调查研究，他明确指出：“在一些贫困地区，由于群众生活非常困苦，潜伏着不少不稳定的因素。如果社会秩序稳不住，就谈不上改革和发展。”同时还会使“非法宗教势力乘虚而入，与我们争夺基层领导权。如果这些贫困地区特别是少数民族

① 江泽民：《论社会主义市场经济》，第399页。

地区和边疆地区贫困问题长期得不到解决，势必影响民族的团结、边疆的巩固，也会影响整个社会的稳定……这不仅是个经济问题，而且是关系国家长治久安的政治问题，是治国安邦的一件大事。”①

对于农业问题同样如此。改革开放以后，随着第二产业和第三产业的不断发展，有些人对农业的重要地位和加快农业发展的思想有所松懈。江泽民及时发现了这一问题，并严肃地告诫人们：“在我们这样一个人口众多、底子又薄的大国里，农业问题、粮食问题，始终是国计民生第一位的大问题。农业始终是战略产业，粮食始终是战略物资，必须抓得很紧很紧，任何时候都松懈不得。”②

进入21世纪，随着我国加入WTO，农业发展的新情况新问题不断出现，江泽民对农业问题又进行了更深入的论述。2002年5月，江泽民在重庆围绕党建和西部大开发进行调研时强调，要继续高度重视“三农”问题，推进农业和农村经济全面发展。农业是国民经济的基础。尤其是在我们这样一个农村人口比重很高的农业大国，农民的收入和生活水平如何，农业和农村经济状况如何，在很大程度上决定和影响着我国改革发展的进程，决定和影响着我国社会稳定的全局。在任何时候和任何情况下，我们都不能放松农业、农村和农民工作。对农业、农村和农民问题可能带来的全局性影响不能低估，对农业、农村和农民工作中的一些突出矛盾和问题不能低估，对做好新阶段农业、农村和农民工作的难度不能低估。

4. 善于用科学理论指导、推动“三农”发展

江泽民指出：“一个党、一个国家、一个民族，特别是像我

① 中共中央文献研究室编《江泽民论有中国特色社会主义（专题摘编）》，第138页。

② 中共中央文献研究室编《江泽民论有中国特色社会主义（专题摘编）》，第120页。

们这样的大党，这样的大国，这样人口众多的民族，如果没有正确的理论为指导，如果没有以正确理论为基础的强大的精神支柱，那末，我们的党、国家和民族将是不可想象的，就会成为一盘散沙，就谈不上凝聚力、战斗力、创造力，就不会有美好的未来。全部近代中国史充分说明了这一点。”①

那么，用什么科学理论来推动我国“三农”发展呢？江泽民多次强调必须以邓小平的“三农”思想来指导我国“三农”的发展。

1998年9月25日，江泽民在安徽省考察工作时明确指出：“农村改革的成功是邓小平理论的伟大胜利。邓小平同志关于农业、农村、农民问题的一系列论述，关于农村改革、发展、稳定的一系列论述，给农村改革指明了方向。在每一步关键的时候，都是邓小平同志旗帜鲜明地支持和推动改革。农村改革的历程说明，只有坚持以邓小平理论为指导，解放思想、实事求是，才能冲破旧的观念和僵化体制的束缚，进行建设有中国特色社会主义的新探索。可以说，没有邓小平理论，就不可能进行农村改革，也不可能有现在这样一整套党在农村的基本政策，更不可能有今天的巨大成就。认真总结这二十年的宝贵经验，对于全党更加自觉地高举邓小平理论伟大旗帜，坚定不移地贯彻十一届三中全会以来党的路线方针政策，进一步深化农村改革，实现农业和农村跨世纪发展的宏伟目标，具有重大意义。”②

（二）江泽民对“三农”问题的新认识

党的十三届四中全会以来，以江泽民为核心的第三代中央领

---

① 中共中央文献研究室编《江泽民论有中国特色社会主义（专题摘编）》，第10页。

② 江泽民：《论社会主义市场经济》，第398页。

导集体十分重视“三农”问题，时刻关注“三农”问题。江泽民强调：“农业、农村、农民问题是关系改革开放和现代化建设全局的首要问题。”“农业、农村和农民问题，始终是一个关系我们党和国家全局的根本问题。”江泽民关于“三农”问题是“首要问题”和“根本问题”的重要论述是在新世纪新形势下对“三农”问题的新认识，是确保国民经济持续、健康、顺利发展和国家长治久安的大思路、大举措，具有很强的针对性和指导性。

1. 强调“三农”问题是关系改革开放和现代化建设全局的首要问题

中国是一个农业大国，农业在革命和建设中一直占有十分重要的地位。1990 年 6 月，江泽民在农村工作座谈会上对“三农”的重要地位和作用进行了重要论述。他指出，农业是国民经济的基础，要保持国民经济稳定发展，首先就要抓好农业这个基础产业，真正把农业放在国民经济的首位。农村稳定了，农民安居乐业了，也就从根本上保证了我们国家和社会全局的稳定。

在 1994 年 11 月召开的中央经济工作会议上，江泽民又强调：“我们的工作千头万绪，而农业、农村、农民问题始终是第一位的大问题，任何时候都不能麻痹大意。”①

1995 年 3 月，江泽民在江西考察时指出：“我国是一个人口多、底子薄、工业化程度不高的发展中大国，十二亿人口有九亿在农村，吃饭穿衣问题始终是第一位的问题，全国的安定首先取决于农村的安定，工业和其他事业的发展在很大程度上都要取决农业的发展水平和提供的条件……农业必须始终放在整个经济工作的首位，农村的发展必须始终作为全国改革、发展、稳定全局中的首要环节来考虑和筹划。这些基本原则任何时候都不要

① 江泽民：《论社会主义市场经济》，第 190 页。

动摇。”①

2. 明确“三农”问题是关系我们党和国家全局的根本问题

1992 年 12 月，江泽民在“六省农业和农村工作座谈会上”指出：“农业是国民经济的基础，农村稳定是整个社会稳定的基础，农民问题始终是我国革命、建设、改革的根本问题。这是我们党从长期实践中确立的处理农业问题、农村问题和农民问题的重要指导思想。”②

1993 年 10 月，江泽民在中央农村工作会议上又强调指出：“关于农业和农村工作的重要地位和作用，已经讲过多次。但是，从实际情况看，在相当一些领导干部中认识问题还没有完全解决，从指导思想到实际工作还没有真正把农业放在经济工作的首要地位，有的地方甚至出现忽视和放松农业的倾向。因此，中央认为有必要再次强调这个问题，以进一步统一全党同志特别是各级领导干部的认识。”“农业、农村和农民问题，始终是一个关系我们党和国家全局的根本性问题。新民主主义革命时期是这样，社会主义现代化建设时期也是这样。党的十一届三中全会以后，我国的改革就是从农村开始的。农村改革取得的重大成功，有力地促进了农村经济和整个国民经济的发展，为城市改革和其他方面改革的顺利进行积累了重要经验。可以肯定地说，没有农村改革的成功和农村经济的繁荣，整个经济体制改革就不可能全面展开，国民生产总值就不可能提前实现翻一番，我们的国家就不可能出现今天这样生机勃勃的局面。改革和发展的实践，充分说明了农业和农村工作在我们国家发展中所处的极端重要的地位。”③

---

① 江泽民：《论社会主义市场经济》，第 209 页。

② 中共中央文献研究室编《江泽民论有中国特色社会主义（专题摘编）》，第 117、118 页。

③ 江泽民：《论社会主义市场经济》，第 139、140 页。

总之，江泽民对“三农”重要地位和作用的反复强调，不仅说明了重视“三农”是由我国国情和农业的特殊性所决定的，而且说明了坚持农业是国民经济的基础，并把农业放在国民经济的首位，是一条长期的全局性的方针，经济不发达时要坚持，经济发展了仍然要坚持。农业在我国经济和社会发展中的基础地位和战略作用，永远忽视不得，只能加强，不能削弱。

（三）江泽民对解决“三农”问题提出的新举措

正由于对“三农”问题的高度重视和正确认识，党的十三届四中全会以来，以江泽民为核心的第三代中央领导集体，在新的历史阶段，继承和发扬邓小平的改革理论，不断探索，开拓创新，努力进取，提出了一系列解决“三农”问题的新思路、新举措。

1. 加快农业发展

一是加强农业保护。这是江泽民“三农”思想的一大亮点，是对邓小平“三农”思想的发展，是我们党坚持不懈建设社会主义新农村的指导思想。胡锦涛总书记提出的统筹城乡发展、实行工业反哺农业、城市支持农村和多予少取放活的方针，就是江泽民“加强农业保护”思想的具体体现。

纵观世界市场经济发达国家的发展经验，农业一般是加以保护的。农业保护是市场经济发展的一个必然现象，是经济发展到一定阶段的产物，是一种非市场安排的政府行为。1992 年，党的十四大确立了建立社会主义市场经济体制的改革目标，我国经济由此驶入了市场经济的快车道。那么，我国在实行社会主义市场经济的新形势下，要不要保护农业，如何保护和调动农民积极性就成为亟待解决的新课题。

1993 年 10 月，江泽民在深入分析现实国情的基础上，在中央农村工作会议上首次提出：在市场经济条件下，我国农业也是需要加以保护的产业。这一判断是党的第三代领导集体及时准确把握国内外形势的明智之举，它对我们党制定正确有力的农业政策发挥了重要作用。

1995 年 12 月 5 日，江泽民在《统一思想，齐心协力，奋发进取，讲求实效，做好明年经济工作》的讲话中对农业保护政策进行了全面阐述，指出必须积极探索扶持、保护、促进农业发展的新机制、新办法。农业是社会效益大而比较效益低的产业，光靠市场调节不行，必须通过国家宏观调控加以扶持和保护，这也是世界上许多国家的共同做法。要制定引导资金等生产要素向农业流动，多方筹集农业发展资金的政策。合理调整工农、城乡利益关系，按价值规律同农民打交道。健全主要农产品风险基金和储备调节制度，减少农业的市场风险。引导二、三产业加强对农业的支持，逐步形成以工补农、以工建农、以工带农的机制。充分运用对外开放的有利条件，更多一些利用国外资金、技术，促进我国农业发展。

1998 年 10 月，在十五届三中全会上，江泽民又进一步提出，要适应发展社会主义市场经济要求，基本建立国家对农业的支持保护体系，要加强农业立法和执法，规范市场行为，降低市场风险，保护和支持农业。正是在这一思想的指导下，我国目前已初步建立了农产品收购最低保护价、粮食专项储备和风险基金制度。

江泽民还特别强调："市场经济越发展，工业化程度越高，越需要加强对农业的保护和扶持。这是历史已经证明的客观规律。"①

二是依靠科教兴农。

---

① 中共中央文献研究室编《江泽民论有中国特色社会主义（专题摘编）》，第 129 页。

科教兴农是时代的要求，必然的选择。江泽民一向重视科教兴农。还在他担任总书记不久，即1989年12月19日，在对农业问题发表的重要讲话中，明确指出：要依靠科技进步振兴农业。各地应根据经济文化发展水平、自然条件和耕作特点，紧紧抓住科技进步这个环节，在提高农业劳动生产率、增加农作物单位面积产量和有效利用资源上下工夫。

1990年6月，江泽民又指出，进一步发展农村生产力，很重要的一条措施就是科教兴农。科教兴农是一条投入少、收效大的重要途径，许多农业适用技术一经推广，立即就收到了良好的效果。同时他认为，农业方面的基础科学和新技术研究也不能忽视，因为我们要不断增加农业的科技储备。

1991年10月，江泽民在农业科学家座谈会上首次谈到了科技兴农战略问题。江泽民指出：近年来，我国农业有了很大发展，主要原因有两个方面：一方面，由于我们注意解决好生产关系中的问题，实行以家庭联产承包为主的责任制、完善统分结合的双层经营体制、发展社会化服务体系、逐步壮大集体经济实力，解决了农村经济体制方面的许多问题；另一方面，实施科技、教育兴农战略，对促进农业生产力的发展也发挥了巨大的作用。

1991年11月29日，江泽民在十三届八中全会闭幕会上正式提出了科教兴农战略。他指出，要高度重视科学技术的作用，积极实施科技教育兴农的战略。我国农业发展中科技进步因素在不断提高，已经取得很大进步，但同国际先进水平相比，仍处于较低水平。农业现代化的实现和大农业经济的发展，最终取决于科学技术的进步和适用技术的广泛应用。先进的农业科学技术的运用，不仅可以有效地弥补农业资源的短缺，而且可以提高物质投入的有效性。为此，我们一定要以技术是第一生产力的马克思主义观点，积极创造条件，把农业和农村经济的发展，逐步地转移到依靠科技进步和提高劳动者素质的轨道上来。

1992 年 10 月，江泽民在十四大报告中明确指出：坚持依靠科技、教育兴农，多形式、多渠道增加农业投入，坚持不懈地开展农田水利建设，不断提高农业的集约经营水平和综合生产力。

1997 年 9 月，江泽民在十五大报告中要求，大力推进科教兴农，发展高产、优质、高效农业和节水农业。

科教兴农战略是江泽民“三农”思想的一个重要闪光点，它顺应科技全球化潮流，紧扣科技日新月异的时代脉搏。

三是加快农业可持续发展。

可持续发展战略是我国经济社会发展的一个重大战略，农业发展同样需要可持续发展。

1991 年 11 月，江泽民在谈到如何提高农业综合生产能力时，提出了农业可持续发展的发展思路。他指出，我们必须按照大农业的观点，坚持农林牧副渔全面发展。要在确保粮食生产持续稳定增长的同时，合理安排农林牧副渔各业和粮食、经济作物、饲料与其他作物的结构，提高资源的综合利用率。他又指出：农田基本建设是增强农业后劲的一项根本性措施。要进行严格的可行性论证，制定科学规划，综合治理，珍惜民力，讲求实效。

1993 年 10 月，在谈到如何千方百计加快农村经济发展和社会进步时，江泽民十分明确地论述了农业可持续发展问题。他说，加强农业基础设施建设，改善农业生产条件，这是关系农业稳定增长，增强农业后劲的一个重要问题。因此，必须把水利等农业基础设施放在与能源、交通、重要原材料等基础产业同等重要的地位。他强调：确保农业可持续发展，要坚持不懈地开展以改土、治水、植树造林为重点的农田基本建设，加快水土流失严重地区治理的步伐，改善农业生态环境。

1996 年 6 月，江泽民在河南考察农业和农村工作时，从农业增长与农业自然资源的关系的角度再一次论述了农业可持续发展问题。他指出：为什么要强调农业增长方式的转变呢？这是由我国国情决定的。我国农业自然资源相对稀缺，人均耕地只有世界平均水平的1/3，人均水资源只有世界平均水平的1/4。人口还在增加，对农产品的需求不断增长，靠什么来满足需求的增长呢？农业要增加投入，单靠大规模增加新的资源尤其是自然资源的投入显然是不现实的，根本的出路是提高资源的利用效率，提高农业投入中的科技含量，提高农业劳动者的素质。也就是说，必须转变农业的增长方式。江泽民特别强调：各级领导都要有一种强烈的意识，就是十分注意节约用地，节约用水。这两件事涉及农业的根本，人类生存的根本，在我国尤其意义重大。我们已经确立了可持续发展重大战略，应该把节约耕地、节约用水提高到贯彻实施这一战略高度来认识。办工厂、盖房子，要注意节约用地。要为子孙着想，珍惜每一寸土地，存得方寸地，留与子孙耕。乡镇企业再发达也要把耕地保住，把地种好。对水资源也要统一规划，科学管理，节约使用。

四是加快农业现代化建设。

1998 年 10 月，江泽民在党的十五届三中全会上强调：没有农业现代化就没有整个国民经济的现代化。农业现代化一直是江泽民关注的问题。农业现代化在整个国家现代化建设中具有十分重要的地位，而要建设农业现代化，沿海发达地区要先行。

1998 年，江泽民到安徽、江苏、上海和浙江，深入农村就农业和农村工作进行调查研究。他指出：沿海发达地区要高度重视农业和农村工作，继续深化农村改革，加强发展农业生产力，建设发达农业，争取率先基本实现农业现代化。江泽民还指出：沿海经济发展较快的地区，二、三产业比较发达，农业的比重相对小一些，但农业的基础地位没有变，也不能变。越是二、三产业发展快、越需要牢固的农业基础提供有力的支持。

江泽民这次视察对关于“沿海发达地区要率先基本实现农业现代化”的重要讲话，是党的第三代领导集体在改革开放的关键时刻所作出的重大决策，指明了经过20年改革，全国多数地区在2000年基本实现从温饱到小康的历史性巨变后，新世纪农业和农村工作新的奋斗目标。它确立了“三农”问题在现代化建设中的重要地位，进一步指明了沿海地区经济发展和实现中国现代化宏伟目标的正确方向，具有重大的战略意义。

五是明确农业产业化是我国农业逐步走向现代化的现实途径。

农业产业化是继家庭土地承包制后的又一重大制度创新。农业产业化是以国内外市场为导向，以提高经济效益为中心，对当地农业的支柱产业和主导产品实现区域化布局、专业化生产、一体化经营、社会化服务、企业化管理，形成产供销、贸工农、科教紧密结合的一条龙经营体制。

在党的十五届三中全会上，江泽民明确指出：农村出现的产业化经营，不受部门、地区和所有制的限制，把农产品的生产、加工、销售等环节连成一体，形成有机结合、相互促进的组织形式和经营机制。这样做，不动摇家庭经营的基础，不侵犯农民的财产权益，能够有效解决千家万户的农民进入市场、运用现代科技和扩大经营规模等问题，提高农业经济效益和市场化程度，是我国农业逐步走向现代化的现实途径之一。

2. 深化农村改革

现实和形势的发展都要求我们必须比以往任何时候都需要加深对解决农村问题重要性和紧迫性的认识，农村的发展，是我们这个农村人口占绝大多数的最大的发展中国家实现现代化的重点所在，难点所在。江泽民对此提出了许多新措施。

一是深化改革，走农村经济体制创新之路。

解决“三农”问题，我们主要靠什么？党的十一届三中全会以来，我们主要依靠改革，农村经济实现了历史性的飞跃，取得了显著成就。新时期“农村问题”仍需要进一步改革和创新。

江泽民多次强调：农村改革还要继续深化。他在不同场合就加快农村经济体制改革问题作出了多次重要阐述。同时，江泽民历来十分重视创新。他指出：创新是一个民族进步的灵魂，是一个国家兴旺发达的不竭动力，也是一个政党永葆生机的源泉。解决“三农”问题也需要用创新的方式去解决。他认为：过去很长时期把农民搞包产到户的要求当作资本主义自发倾向，现在看来是不对的。实践看，家庭经营再加上社会化服务，能够容纳不同水平的农业生产力，既适应传统农业，也适应现代农业，具有广泛的适应性和旺盛的生命力，不存在生产力水平提高以后就要改变集体承包经营的问题，等等。江泽民在农村问题上的创新思想，为我们新时期解决“三农”问题，提供了新的思路，指明了方向。

二是进一步明确我国农村改革和发展的方向和目的。

1990 年 6 月，在全国农村工作座谈会上，江泽民指出：农村改革总的方向是发展集体经济，引导农民走共同富裕的道路；深化农村改革的目的，是保护和促进农村生产力的发展，提高农业的综合生产力。江泽民强调，农村改革的具体办法有三种：一是要稳定和完善以家庭承包为主的联产承包责任制；二是要适应生产发展的需要，发展各种形式的社会化服务；三是努力疏通和拓宽农村商品流通渠道，逐步推进农村流通体制改革，促进农村商品经济发展。

三是进一步强调家庭承包经营是我国农村必须长期坚持的基本经营制度。

早在 1990 年 6 月 19 日，江泽民就指出：“要稳定和完善以家庭承包为主的联产承包责任制。这是一项必须长期坚持的政策，一定要非常明确地向农民讲清楚。农民常常怕政策变。思想一波动，就会造成损失。”①

① 中共中央文献研究室编《江泽民论有中国特色社会主义（专题摘编）》，第 121 页。

1993 年 10 月，江泽民在中央农村工作会议上又明确指出：以家庭联产承包为主的责任制、统分结合的双层经营体制，是我国农村经济的一项基本制度，必须长期保持稳定，并在实践中不断完善。1996 年 6 月，江泽民在河南考察农业和农村工作时又重申：稳定和完善以家庭联产承包为主的责任制和统分结合的双层经营体制，是党在农村的基本政策，必须长期坚持。

1998 年 9 月，江泽民在总结 20 年农村改革经验的基础上强调，深化农村改革，首先必须长期稳定以家庭承包经营为基础的双层经营体制。这是党的农村政策的基石，任何时候都不能动摇。他进一步强调，稳定家庭承包经营，核心是要稳定土地承包关系。长期稳定农村土地承包关系，既是发展农业生产力的客观要求，也是稳定农村社会的一项带有根本性的措施。中央的土地政策是非常明确的，就是承包期再延长 30 年不变，而且 30 年以后也没有必要再变。

1998 年 10 月，十五届三中全会通过的《中共中央关于农业和农村工作若干重大问题的决定》对家庭承包经营的农村基本经营制度作了进一步的表述，概括为四个方面：（1）实行家庭承包经营，符合生产关系要适应生产力发展要求的规律，使得农户获得了充分的经营自主权，能够极大地调动农民的积极性，解放和发展农村生产力，具有广泛的适应性和旺盛的生命力，必须长期坚持。（2）稳定完善双层经营体制，关键是稳定完善土地承包关系，这是党的农村政策的基石，决不能动摇。要坚定不移地贯彻土地承包期再延长 30 年的政策，同时要抓紧制定确保农村土地承包关系长期稳定的法律法规，赋予农民长期而有保障的土地使用权。（3）在家庭承包经营的基础上，积极探索实现农业现代化的具体途径。（4）要从农村经济现状和发展要求出发，继续完善所有制结构。

四是坚持以市场为导向，大力发展农村社会主义市场经济。

1992 年 12 月 25 日，在全国六省农业和农村工作座谈会上，江泽民指出：发展农村社会主义市场经济，总的讲，必须坚持以市场为导向，充分利用农村人力、土地和各种资源，农、林、牧、副、渔全面发展，第一、二、三产业综合经营，科、贸、工、农相结合，以星罗棋布的新型集镇为依托，形成一个大农业、大流通、大市场的新格局，从而提高农业的整体经济效益和综合生产能力，走出一条建设有中国特色的社会主义新农村的路子。这也是我国农村改革走向新阶段的目标。

五是发展乡镇企业，推动小城镇建设，提高城镇化水平。

1992 年 12 月，江泽民指出：发展农村社会主义市场经济，必须坚持不懈地发展乡镇企业，特别是要同建立社会主义的新型小集镇结合起来。这是具有战略意义的大事。

1999 年 11 月，江泽民又指出：发展小城镇是一个大战略。城乡差距大，农业人口多，是长期制约我国经济良性循环和社会协调发展的重要因素。加快小城镇建设，不仅有利于转移农业富余劳动力，解决农村经济发展的一系列深层次矛盾，而且有利于启动民间投资，带动最终消费，为下世纪国民经济发展提供广阔的市场空间和持续的增长动力。

3. 提高农民收入

无论是革命、建设和改革时期，解决“三农”问题，一个重要的方面就是要重视“农民问题”。“农民问题”是“三农”问题的核心问题。江泽民自担任总书记以来，一直关注农民问题，在农民问题上也提出了一系列重要观点。

一是加快农村税费改革，减轻农民负担。

20 世纪 90 年代出现了农民负担过重、干群关系紧张的现象，严重影响了农业和农村社会的稳定，同时也损害了党在农民群众中的形象，农民负担重已成为“三农”问题中一个突出问题。对此，江泽民高度重视，他指出：减轻还是加重农民负担，决不是多拿少拿几个钱的问题，而是维护还是挫伤农民积极性的问题，是促进还是阻碍农村生产力的问题，是增强还是丧失农民群众信任和拥护的问题。“增加农民收入问题是一个带有全局性的问题，不仅直接关系到农村实现小康，还直接关系到开拓农村市场，扩大国内需求，带动工业和整个国民经济增长，从长远看还可能影响农产品的供给。现在农民收入增长缓慢的问题越来越突出，必须引起高度重视”①。

为此，他提出一系列解决措施：“在农民增收困难的情况下，尤其要高度重视减轻农民负担，让农民休养生息，加快农村税费改革，是减轻农民负担的治本之策。这项重大改革事关广大农民的切身利益和农村的长治久安……要认真搞好乡镇机构改革，下决心精简财政供养人员，转变政府职能，调整支出结构，确保税费改革取得成功。”②“要引导农民根据市场需求调整和优化产业结构，发展高产优质高效农业，发展贸工农一体化的农业产业化经营，提高农业综合效益。要继续大力发展乡镇企业，发展小城镇，使它们在带动农业发展、增加农民收入方面发挥更大作用。要广泛开辟农村就业空间，向农业生产的深度和广度进军，同时合理有序地转移农业富余劳动力。现在国家增加投入，搞基础设施建设，要多搞点以工代赈，多用点农民工，让农民多得点劳务收入。”③

二是加快扶贫开发，实现农民小康。

由于地理、历史等方面的原因，我国地区经济发展很不平

---

① 中共中央文献研究室编《江泽民论有中国特色社会主义（专题摘编）》，第130、131页。

② 中共中央文献研究室编《江泽民论有中国特色社会主义（专题摘编）》，第132页。

③ 中共中央文献研究室编《江泽民论有中国特色社会主义（专题摘编）》，第131页。

衡，某些地区还很贫困，农民的温饱问题还没解决。江泽民对此忧心忡忡。他指出："解决农村贫困人口的温饱问题，关系到'九五'计划目标的全面实现，关系到整个国家经济和社会的协调发展和长期稳定，关系到社会主义的优越性和党在人民群众中的威信。这不仅是个经济问题，也是一个政治问题。"①

因此，解决扶贫开发问题事关重大，时间紧迫，任务艰巨。他主张："由传统的救济式扶贫转向开发式扶贫。走开发式扶贫的路子，增强自我发展能力，才能稳定地走上脱贫致富的道路。"②"要在贫困地区干部群众中大力倡导自力更生、艰苦创业的精神，克服无所作为的思想、克服单纯等、靠、要的思想。"③"解决中国的所有问题，最根本的要靠发展。解决贫困地区的问题，最根本的也要靠发展。坚持开发式扶贫的方针，就贯彻了邓小平同志关于发展是硬道理的重要思想，目的是为了解放和发展生产力……要加强贫困地区基层组织建设，特别是村级组织建设。一个贫困村要改变面貌，关键是要有好的带头人。抓扶贫要同抓基层组织建设紧密结合。给钱给物，更要帮助建一个好支部。这是解决贫困村问题的治本之策。"④

同时，江泽民还特别告诫人们："基本解决农村贫困人口的温饱问题这项任务完成以后，扶贫开发仍然不能放松，要继续抓下去。当然，这是在更进一个层次上的扶贫开发。下个世纪继续开展扶贫开发，要首先解决剩余贫困人口的温饱问题，巩固扶贫

---

① 中共中央文献研究室编《江泽民论有中国特色社会主义（专题摘编）》，第136页。

② 中共中央文献研究室编《江泽民论有中国特色社会主义（专题摘编）》，第136页。

③ 中共中央文献研究室编《江泽民论有中国特色社会主义（专题摘编）》，第137页。

④ 中共中央文献研究室编《江泽民论有中国特色社会主义（专题摘编）》，第138页。

成果，使已经解决温饱的人口向小康迈进，同时在稳定解决温饱的基础上，全面推进贫困地区经济社会发展。这项工作，必须同我们对下个世纪整个经济发展战略的考虑结合起来，同加快中西部地区建设、缩小东西部地区发展差距，实现共同富裕的目标结合起来。这是一个大战略，要早作筹划。”①

综上所述，以江泽民为核心的第三代中央领导集体，不仅在思想上高度重视“三农”问题，而且在实际行动上也作出了一系列加强农业、发展农村、富裕农民的重大决策，使我国农业和农村发生了前所未有的历史性变化。但解决“三农”问题还任重而道远。我们坚信，以“三个代表”重要思想为指导，真正把“三个代表”重要思想落到实处，关注农业、关心农村、关怀农民，就一定能从根本上解决“三农”问题。

新形势、新任务、新要求，以胡锦涛为总书记的新一届中央领导集体丰富和发展了党的三代领导人的“三农”思想，进一步高度关注“三农”问题，提出了一系列关于“三农”问题的新政策、新措施，开创了“三农”工作的新局面。

---

① 中共中央文献研究室编《江泽民论有中国特色社会主义（专题摘编）》，第138～139页。

第九章　统领经济社会发展全局的科学发展观

中共十六届三中全会明确系统地提出以人为本的科学发展观。科学发展观是以胡锦涛为总书记的党中央，坚持以邓小平理论和“三个代表”重要思想为指导，立足于新世纪新阶段我国经济社会发展的实际，提出并不断完善的重大战略思想，是新一届党中央对经济社会发展一般规律认识的深化，是指导发展的世界观和方法论的集中体现。科学发展观重点解决新阶段中国“为什么发展”、“为谁发展”、“靠什么发展”和“怎样发展”等一系列重大问题，标志着我国经济社会经历了改革开放20多年快速发展后发展思路、发展战略、发展方式的根本性转变。认真落实科学发展观，把我国经济社会发展切实转入科学发展的轨道，是全面建设小康社会和现代化相当长时期内一项重大而紧迫的任务。

一　科学发展观的提出

从一般意义上说，发展就是事物由小到大、由简到繁、由低级到高级、由旧质到新质的运动变化过程。发展作为当代世界政治经济生活中的一个专门名词，是指从传统农业社会向现代工业和信息社会转型的进步过程，与“现代化”一词同义。发展观是关于发展的本质、目的、内涵和要求的总体看法和根本观点。

科学发展观是关于发展问题的正确观点和主张。经过改革开放20多年的快速发展，中国社会经济面貌发生了深刻的历史性变化，进入了全面建设小康社会的重要发展阶段。以胡锦涛为总书记的党中央以邓小平理论和“三个代表”重要思想为指导，根据新阶段面临的新问题，提出了科学发展观。

（一）新阶段我们党对科学发展观的认识，经历了一个不断深化、完善的过程

2002年11月召开的中共第十六次代表大会，明确提出全面建设小康社会的目标和任务。全面建设小康社会理论包含着科学发展观的重要思想。十六大报告指出：我国正处于并将长期处于社会主义初级阶段，现在达到的小康还是低水平的、不全面的、发展很不平衡的小康。我们要在本世纪头20年，集中力量，全面建设惠及十几亿人口的更高水平的小康社会，使经济更加发展、民主更加健全、科教更加进步、文化更加繁荣、社会更加和谐、人民生活更加殷实。这“六个更加”的具体目标是：在优化结构和提高效益的基础上，国内生产总值到2020年比2000年翻两番，综合国力和国际竞争力明显增强；社会主义民主更加完善，法制更加完备，依法治国基本得到全面落实，人民的政治、经济和文化权益得到切实尊重和保障；全民族的思想道德素质、科学文化素质和健康素质明显提高；可持续发展能力不断增强，生态环境得到改善，资源利用效率显著提高，促进人与自然的和谐，推动整个社会走上生产发展、生活富裕、生态良好的文明发展道路。为推进全面建设小康社会的目标，十六大还确立了走新型工业化道路、加快城镇化进程、推进西部大开发，促进区域经济协调发展、深化分配制度改革，健全社会保障体系、扩大就业，改善人民生活等一系列战略措施。可见，十六大确立的全面建设小康社会目标及其战略，包含着经济、政治、文化全面协调

发展、可持续发展、以人为本等科学发展思想。

2003年上半年我国遭遇了严重的非典疫情，引发了我们党对我国社会发展中存在的一系列经济社会问题的深刻思考。2003年4月16日，胡锦涛在非典疫情非常严重时视察广东，第一次提出了科学发展观的基本思想。他指出，要认清形势，进一步增强加快发展、率先发展、协调发展的历史责任感和使命感。2003年7月1日，温家宝总理在深圳视察工作时强调，“要统筹发展、协调发展、坚持全面的发展观”，促进经济社会协调发展，城乡协调发展，人与自然和谐相处，实现可持续发展。同一天，胡锦涛在“七一”讲话中指出：“发展是我们党执政兴国的第一要务，发展是以经济建设为中心，经济政治文化持续发展。”[①] 2003年10月14日，中共十六届三中全会召开，全会作出了《关于完善社会主义市场经济体制若干问题的决定》。《决定》指出：“坚持以人为本，树立全面、协调、可持续的发展观，促进经济社会和人的全面发展”；“按照统筹城乡发展、统筹区域发展、统筹经济社会发展、统筹人与自然和谐发展、统筹国内发展和对外开放的要求”[②]，推进改革和发展，进一步系统完整地提出了科学发展观。

2004年9月，中共十六届四中全会召开，全会作出了《关于加强党的执政能力建设的决定》，明确把新时期党的建设同贯彻落实科学发展观紧密联系在一起，强调要通过努力，使党始终成为立党为公、执政为民的执政党，成为科学执政、民主执政、依法执政的执政党，成为求真务实、开拓创新、勤政高效、清正廉洁的执政党。《决定》指出：“提高党的执政能力，首先要提高党领导发展的能力”[③]，要坚持以人为本的科学发展观，“深入

① 中共中央文献研究室编《十六大以来重要文献选编》上，第363页。

② 中共中央文献研究室编《十六大以来重要文献选编》上，第465页。

③ 中共中央文献研究室编《十六大以来重要文献选编》中，第276页。

体察人民群众的意愿，切实把维护和实现最广大人民的根本利益体现在党领导发展的大政方针和各项部署中，落实到经济社会发展的各个方面”①。

2005年10月，中共十六届五中全会召开，全会通过了《关于制定国民经济和社会发展第十一个五年规划的建议》。“十一五”规划《建议》，全面贯彻落实科学发展观，强调“以科学发展观统领经济社会发展全局”，“发展必须是科学发展，要坚持以人为本，转变发展观念、创新发展模式、提高发展质量、落实‘五个统筹’，把经济社会发展切实转入全面协调可持续发展的轨道”。② 为此，《建议》提出未来五年要始终坚持“六个必须”，即必须保持经济平稳较快发展，不是简单地追求较快的增长速度，而是更要注重提高增长的质量和效益，强调平稳运行；必须加快转变经济增长方式，不仅要追求产出指标国民生产总值的增长，更要重视投入指标，《建议》首次把“十一五”期末单位国民生产总值能耗比“十五”期末降低20%，作为强制性指标列入规划；必须提高自主创新能力，在贸易领域不只关注利用外资的规模和数量，更要重视利用外资的质量和效益，转变外贸增长方式，重视自身消化吸收的能力；必须促进城乡区域协调发展，不是走“地毯式”城镇化道路，而是强调建立集约型、紧凑型的城市群；必须加强和谐社会建设，统筹城乡发展，实行工业反哺农业，城市反哺农村，在利益分配上更加重视社会公平，扩大政府公共服务在农村的覆盖面，强调各阶层群众都能分享改革发展和社会进步带来的利益；必须不断深化改革开放，在更大程度上发挥市场在资源配置中的基础性作用，更大程度地释放经济社会的活力，深入推进以政府职能转变和行政体制改革

① 中共中央文献研究室编《十六大以来重要文献选编》中，第277页。
② 中共中央文献研究室编《十六大以来重要文献选编》中，第1063页。

为重点的各项改革。总之，科学发展观是贯穿《建议》的一条红线。

（二）科学发展观的内涵和实质

科学发展观的内涵极为丰富，涉及经济、政治、文化、社会发展各个领域，既有生产力和经济基础问题，又有生产关系和上层建筑问题；既管当前，又管长远；既是重大的理论问题，又是重大的实践问题。根据中共十六届三中、五中全会精神和胡锦涛、温家宝的有关论述，可以把科学发展观的基本内涵和精神实质概括为“一个本质”、“三个基本点”、“五个基本要求”。

1. 以人为本是科学发展观的本质和核心

以人为本，就是要以实现人的全面发展为目标，从人民群众的根本利益出发谋发展、促发展，不断满足人民群众日益增长的物质文化需要，切实保障人民群众的经济、政治和文化权利，让发展的成果惠及全体人民。具体地说，就是在经济发展的基础上，不断提高人民群众物质文化生活水平和健康水平；就是要尊重和保障人权，包括公民的政治、经济、文化权利；就是要不断提高人们的思想道德素质、科学文化素质和健康素质；就是要创造人们平等发展、充分发挥聪明才智的社会环境，牢固确立人民群众在经济社会发展中的主体地位。可见，科学发展观强调的以人为本，不仅包含了发展“为了谁”的价值内涵，而且也包含了发展“依靠谁”的深刻内容。科学发展观强调的以人为本，同我们党的性质、宗旨所强调的全心全意为人民服务的执政目的，同邓小平关于消除两极分化、实现共同富裕这个社会主义本质规定，同江泽民提出的“三个代表”重要思想所强调的坚持立党为公、执政为民的根本要求是完全一致的；同党的基本路线强调的以经济建设为中心、“三个代表”重要思想强调的发展是第一要务并不矛盾。在社会主义初级阶段，我们党中心工作是经济建设，党执政兴国的第一要务是发展，首先是发展经济。但发展本身不是目的，以人为本是发展的目的。以经济建设为中心是达到这个目的的手段。以人为本的科学发展观，其根本着眼点是要用新的发展思路实现更快更好的发展，是在发展过程中十分注意妥善处理人民群众根本利益和具体利益、长远利益和眼前利益的关系，从而使广大工人、农民、知识分子和其他群众能够越来越充分享受发展的成果，是把调动和发挥人们的积极性、创造性，全面提高人的素质作为发展的首要因素和根本动力，从根本上摒弃“见物不见人”的传统发展模式。科学发展观强调的以人为本，同建立在抽象人性论基础上、缺乏实践基础的西方人本主义有着本质区别。我们党坚持“以人为本”中的“人”，首先指的是广大人民群众，即实现最广大人民群众根本利益是一切发展的根本目的。西方当代人本主义强调的“人”，是所谓“感性的”、“个别的”主体，主张理性、意志和爱是人的本质，主张人的价值实现主要靠修炼和精神体验。科学发展观强调的以人为本，同建立在封建专制主义基础之上、围绕君主和臣民关系展开的中国传统民主思想也有着本质区别。中国传统民主思想强调的“民”，是君王的臣民和子民，所谓“重民”、“亲民”，实质是君主的用民之道、驭民之术。

2.“全面、协调、可持续发展”，是科学发展观内涵的“三个基本点”

“全面”是相对于“片面”而言，指社会的各个方面都要发展，强调经济、政治文化、物质政治精神三大文明的整体推进。“协调”，是相对于“失衡”而言，指社会各个方面的发展要相互衔接适应，是社会各要素之间的动态平衡。“可持续发展”是相对于“不持续”而言，指发展进程的持久性、连续性和可再生性，强调发展既要考虑当前发展的需要、满足当代人的基本需求，又要考虑未来发展的需要，不要以牺牲后代人的利益为代价来满足当代人的利益。全面、协调、可持续发展作为科学发展观的基本内容是相互联系的整体，不可分割，也不可对立。实现全面、协调、可持续发展，就要正确处理经济增长速度与结构、质量、效益的关系，实现速度和结构、质量、效益的统一；就要正确处理经济社会和人口、资源、环境的关系，经济社会发展要充分考虑人口承载力、资源支撑力、生态环境和社会承受力；就要正确处理经济发展、社会发展和人的全面发展之间的关系；就要正确处理社会主义物质文明、政治文明、精神文明之间的关系，在社会主义现代化实践中努力实现三个文明的统一。

3. 统筹城乡发展、统筹区域发展、统筹经济社会发展、统筹人与自然和谐发展、统筹国内发展和对外开放，是科学发展观的五个基本要求

统筹就是总揽全局，科学筹划，协调发展，兼顾各方，目的是充分调动一切积极因素，妥善处理各种利益关系，实现良性互动。统筹城乡发展的实质，是要促进城乡二元结构的转变，更加注重加快农村发展，解决好“三农”问题，实现以城带乡、以工促农、城乡互动、协调发展。统筹区域发展的实质，是要继续发挥各个地区的优势和积极性，逐步扭转地区差距扩大的趋势，形成东中西互动、优势互补、相互促进、共同发展的新格局。统筹经济社会发展的实质，是要切实解决目前经济发展和社会发展存在的“一条腿长、一条腿短”的问题，加快包括科技、教育、文化、卫生、体育等社会事业的发展，在经济发展的基础上实现社会全面进步，增进全体人民的福利。统筹人与自然和谐发展的实质，是人口适度增长、资源的永续利用和保持良好的生态环境，推动整个社会走上生产发展、生活富裕、生态良好的文明发展道路。统筹国内发展和对外开放的实质，是要适应经济全球化深入发展和我国加入世贸组织的新形势，坚持“引进来”与“走出去”相结合，统筹利用国际国内两个市场、两种资源，更好地促进我国现代化建设。

“全面、协调、可持续发展”和“五个统筹”，深刻回答了“怎样发展”的问题，指明了中国经济社会发展必须遵循的基本原则和基本要求。

（三）科学发展观是指导发展的世界观和方法论的集中体现

科学发展观全面系统地回答了中国特色社会主义的发展是什么样的发展、为什么发展、怎样发展等涉及发展问题的基本立场、观点和方法，体现出我们党对于什么是社会主义、怎样建设社会主义的指导思想和思维方式的转变。

1. 科学发展观进一步解决了发展的目的问题，是指导发展的世界观的集中体现

世界观是人们对世界的根本看法，表现在发展问题上，主要是人们对发展目的的认识。科学发展观认为经济社会的发展要坚持以人为本，发展为了人民，发展依靠人民，发展成果由人民共享，不断实现好、维护好、发展好广大人民群众的根本利益和现实利益。这就进一步明确了发展的目的。

2. 科学发展观进一步解决了如何发展的问题，是指导发展的方法论的集中体现

方法论是指认识世界、改造世界的根本方法。世界观决定方法论，方法论又是世界观的具体体现。科学发展观主张全面、协调、可持续发展，实质就是既快又好地发展。它要求按照统筹兼顾的要求，正确认识和处理以经济建设为中心同全面发展的关系、加快发展同协调发展的关系、当前发展同长远发展的关系，在保持经济较快平稳增长的前提下，实现速度和结构、质量、效益的有机统一。为此，科学发展观强调加快转变经济增长方式，坚持节约发展、清洁发展、安全发展；提高自主创新能力，依靠科技进步和提高劳动力素质促进发展；保持城乡区域协调发展；更加注重社会公平、更加注重民主法制建设；不断深化改革，增强在扩大开放条件下促进发展能力等。

3. 科学发展观进一步明确了新的发展阶段和我国经济社会发展的方向

2005年党的十六届五中全会通过的《中共中央关于制定国民经济和社会发展第十一个五年规划的建议》，以科学发展观为指导，提出了“十一五”期间我国经济社会发展的指导思想、目标和发展战略，特别是“五个统筹”指明了今后党和国家工作的重点。在新的发展阶段，全党全国人民必须用科学发展观统一思想，提高认识，按照十六届五中全会的部署，采取有力措施把科学发展观落到实处。用科学发展观统一思想行动，就要坚决克服重经济轻社会、重速度轻效益、重城市轻农村、重工业轻农业等片面思想；在实际工作中坚决克服把工作重点放在搞开发区、搞项目、搞工业上，以及大量占用耕地、浪费资源、污染环境、盲目铺摊子、粗放式经营等错误倾向；在党的建设上坚决反对严重脱离群众、损害群众利益和形式主义的政绩工程等错误行为，加强党的先进性建设，牢固树立正确的政绩观、权力观、利益观和群众观。

（四）科学发展观提出的现实依据

科学发展观之所以在十六届三中全会提出，是对以下重大课题的战略思考。

1. 全面建设小康社会的必然要求

党的十六大提出，要在本世纪头20年，集中力量全面建设惠及十几亿人口的更高水平的小康社会，使经济更加发展、民主更加健全、科教更加进步、文化更加繁荣、社会更加和谐、人民生活更加殷实，并明确提出了经济、政治、文化、社会发展等方面的目标和任务。但是，在传统发展观的指引下，这些目标和任务都不能顺利实现。传统发展观偏重于物质财富的增长而忽视人的全面发展，简单地把经济增长等同于经济发展，国内生产总值被看做是衡量发展的主要指标，追求国内生产总值的高速增长就成为发展的主要目的，而经济高速增长，主要靠“高投入、高消耗、高排放、不协调、难循环、低效率”粗放型增长方式来实现的。至于政治文明、精神文明，以及自然资源紧缺、环境污染、生态恶化、人民群众生活质量不高等问题则成为次要问题。要把目前的小康由低水平变成高水平、由不全面变成全面、由发展很不平衡变成发展比较平衡，必须变革传统的发展观，树立和落实科学发展观。如从经济总量看，我国国内生产总值已经超过11 万亿元，综合国力明显增强，但要实现到 2020 年国内生产总值比 2000 年翻两番的全面小康指标，需要在经济总量已经很大的基础上，继续保持持续快速增长，如果没有科技进步、结构优化、质量改善和效益提高，没有经济增长方式的根本转变，这样的经济增长目标是不能实现的。从人均收入水平看，我国人均国内生产总值已超过 1000 美元，由低收入国家进入中低收入国家行列，但要实现全面小康社会确定的人民生活水平显著改善的目标，必须使经济社会发展更加关注民生，切实解决好人民群众眼前切身利益问题和贫富差距日益扩大问题。而且，进入 21 世纪后，农民收入增长率连续 3 年下降，城乡差别进一步扩大。从经济社会结构看，我国正处于城乡二元结构转换加快的时期，也是各种经济社会矛盾较多的时期，要求我们必须重视统筹发展和全面发展。从经济体制看，目前改革已经进入完善社会主义市场经济体制的新阶段，但新旧体制的冲突还很激烈，经济利益主体多元化趋势加强，要求我们妥善处理改革发展稳定的关系。从对外开放看，我国加入世贸组织后，在更大范围更深程度上加入国际经济技术合作和贸易，给我国经济社会发展带来了活力与机遇，也带来了国际贸易摩擦增加和经济发展的不确定性，要求我们统筹国内发展和对外开放。[①] 一句话，科学发展观的形成和提出，是同全面建设小康社会的目标有着直接的、内在的联系。

2. 经济社会发展新阶段应对各种风险和挑战的正确选择

2003 年我国人均国内生产总值突破 1000 美元。国际经验表明，一国人均国内生产总值达到 1000 美元，意味着经济社会发展进入一个新的关键阶段。这个新阶段的主要特点是：经济结构变动深刻，技术进步、产业升级和城市化进程加快，如果能够顺利实现经济转型和结构优化，经济发展就会跃上一个新台阶，否则就有可能停滞不前；城乡、区域、产业、阶层之间的收入差距拉大，各种利益关系日益复杂，如果处理不当，就会引发社会不稳定。拉丁美洲和东南亚一些国家都在这一阶段出现经济停滞和社会动荡。而且，社会消费升级并且日益多样化，人们对社会政治生活的参与要求愈益提高，而新的制度体系的完善和定型同样需要一个较长的过程，如果不能妥善处理，就有可能产生社会无序、行为失范。由于经济总量很大而且粗放增长方式还没有根本转变，资源消耗增加；加之我国资源相对短缺，对国外资源和国际市场的依赖程度加强，使来自国际上的经济摩擦高发。[②] 世界上许多国家发展进程表明，人均国内生产总值 1000 美元至 3000 美元的发展阶段，有两种发展结果，一种是搞得好，经济社会继续向前发展，顺利实现工业化、现代化；另一种是搞得不好，出现贫富悬殊、失业人口增多、城乡和地区差距拉大、社会矛盾加剧、生态环境

① 参见曾培炎《深入研究和全面贯彻科学发展观》，2004 年 2 月 16 日在省部级主要领导干部“树立和落实科学发展观”专题研究班上的讲话，http://www.qingdaonews.com/qxw/content/2004-04/28/content_3318754.htm。

② 参见曾庆红《领导干部要带头树立和落实科学发展观》，2004 年 2 月 16 日在省部级主要领导干部“树立和落实科学发展观”专题研究班开班式上的讲话，http://www.qingdaonews.com/qxw/content/2004-04/28/content_3318753.htm。

恶化等问题，导致经济社会发展长期徘徊不前，甚至出现社会动荡和倒退。国际正反两方面经验教训提醒我们，在发展的新阶段，一定要正确处理好经济发展与社会发展、城乡发展、地区发展、不同利益群体的关系，处理好经济增长与资源、环境的关系，处理好改革发展稳定、物质文明建设同政治文明建设、精神文明建设的关系，处理好国内发展与对外开放的关系。科学发展观是指导我们正确处理好上述一系列重要关系、顺利跨越关键发展阶段、实现现代化建设第三步战略目标的正确思想和行动指南。[①]

3. 基于我国国情和解决现实矛盾的战略考虑

我国正处于并将长期处于社会主义初级阶段，人口多、资源相对不足、经济发展很不平衡，现在达到的小康还是低水平、不全面，人民日益增长的物质文化需要同落后的社会生产之间的矛盾仍然是我国社会的主要矛盾。这就是初级阶段我国的基本国情。人口多，表现为我国有 13 亿人口，人口总量大，今后 30 年仍将处于人口的增长期；人口素质较低；人口结构不合理，提前进入老龄化社会；就业压力大，城乡每年新增近 1000 万劳动力需要就业，还面临着农村 2 亿左右富余劳动力转移的压力，这就决定了改善民生的任务特别繁重。资源相对不足，表现为我国人均水资源拥有量仅为世界平均水平的 1/4，人均耕地拥有量不到世界平均水平的 40%，石油、天然气、铜和铝等重要矿产资源的人均储量仅分别相当于世界人均水平的 8.3%、4.1%、25.5% 和 9.7%，而我国目前正处于资源消耗强度较高的工业化阶段，这就决定了我国必须走资源节约型的经济社会道路。发展很不平衡表现为我国有近 60% 的农业人口、50% 的劳动力以家庭为生，城乡差距仍在扩大，二元经济社会结构没有根本改变。地区差距仍在扩大，西部地区人均国内生产总值不到东部地区的 40%，生产力水平先进

① 参见中共中央文献研究室编《十六大以来重要文献选编》上，第 760 页。

与落后并存，制约着经济发展的良性循环。这也决定了我国必须走全面、协调的发展道路。① 早在改革开放初期，邓小平就设想在20世纪末我国达到小康水平的时候，应突出地提出和解决贫富差距和地区差异问题。他认为这是与允许一部分人和地区先富起来的“第一个大局”相联系的“另一个大局”。可以说，现阶段我国已经到了贯彻邓小平“另一个大局”思想，突出地提出和解决先富带后富、推进共同富裕的时候。

但另一方面，传统发展观主导下的经济发展加剧了经济与社会、人与自然的矛盾。传统发展观把GDP作为衡量一个国家或地区发展的单一标尺而忽视人文的、资源的、环境的指标，把自然界看做是生存和发展的索取对象而忽视自然界首先是人类赖以生存和发展的基础。在传统发展观的影响下，我国经济快速增长在很大程度上是依靠资金、劳动力和自然资源等生产要素的粗放投入实现的，如按照与国际可比的支出法核算，我国资本形成占GDP的比重，1980年为34.9%，1995年为40.8%，2000年为36.4%，2003年高达42.7%，大大高于美国、德国、法国、印度等一般20%左右的水平。我国经济快速增长在很大程度上是靠消耗大量物质资源实现的，如与世界先进水平相比，我国单位产出的能耗和资源消耗水平明显偏高，从主要产品的单位能耗来看，火电供电煤耗比国际先进水平高22.5%，大中型钢铁企业吨钢可比能耗高21%，水泥综合能耗高45%，乙烯综合能耗高31%。高消耗换来的高增长，必然是废弃物的高排放和高污染，如2003年我国工业和生活废水排放总量453亿吨，其中化学需氧量排放1348万吨，居世界第一；二氧化硫排放量2120万吨，

① 参见曾培炎《深入研究和全面贯彻科学发展观》，2004年2月16日在省部级主要领导干部“树立和落实科学发展观”专题研究班上的讲话，http://www.qingdaonews.com/qxw/content/2004-04/28/content_3318754.htm。

居世界第一；二氧化碳排放量仅次于美国，居世界第二。我国每年工业固体废弃物产生量近10亿吨。我国经济快速增长在很大程度上是不协调状态下的增长，无论是三次产业结构、产业内部结构、企业组织结构、产品结构、技术结构，还是城乡结构、地区结构、重大生产力布局等都存在不合理、不协调问题，严重制约着经济的整体增长和总体效益的提高。如我国“三农”问题长期没有得到有效解决；服务业发展相对滞后，服务业增加值占GDP的比重只有32.3%，不仅低于全世界平均64%水平，也低于低收入国家平均45%水平；传统产业、低技术含量和低附加值的产业仍占我国工业的主导地位，高技术产业发展滞后，装备制造业水平不高，许多关键设备都要依赖进口；我国企业组织结构相对落后，“大而全”、“小而全”在一些行业依然突出，专业化分工不发达，行业集中度不高。目前我国资源回收率还比较低，经济运行表现为难循环的特征。我国经济运行还表现为低效率，全社会从业人员的劳动生产率只相当于美国的1/46、日本的1/41、法国的1/34、德国的1/32。资源产出效率大大低于国际先进水平，按现行汇率计算，我国单位资源的产出水平相当于美国的1/10、日本的1/20、德国的1/6。所有这些都迫切要求我们摒弃传统发展思维和发展模式，把发展观转变到坚持以人为本，全面、协调、可持续的科学发展观上来。①

4. 加强和改善宏观调控的现实需要

2003年以来，我国经济社会运行中出现了较为突出的矛盾和问题，这就是投资规模偏大、就业压力加大、土地供给紧张、资源约束增强、环境污染加剧、钢铁和电解铝等行业出现严重产能过剩。党中央和国务院采取果断措施，加大宏观调控力度。这

---

① 参见马凯《树立和落实科学发展观　推进经济增长方式的根本性转变》，《宏观经济研究》2004年第3期。

是一项非常艰巨的工作。以胡锦涛为总书记的党中央坚持把又快又好地发展作为搞好宏观调控、促进科学发展的根本要求，运用经济和法律手段推进结构调整，转变增长方式和实现总量平衡；深化改革，进一步完善社会主义市场经济体制机制；加强城乡统筹，以城带乡，以工支农，加快建设社会主义新农村；坚决维护群众利益，切实解决群众就业难、子女上学难、看病难、住房难等民生问题，提高人民生活水平。党中央为此强调，树立和落实科学发展观是加强和改善宏观调控的前提、基础和根本保证。"十一五"期间，我国经济将继续保持快速增长，工业化和城镇化进程将大大加快，能源、资源、环境、技术的瓶颈制约矛盾将更加突出。同时，农村大量富余劳动力向非农领域转移，区域发展不平衡、阶层贫富分化将加剧，国际贸易摩擦增多，我国经济对外依存度不断提高，世界经济对我国发展的影响将加深。所有这些都是我国经济社会发展将要面临的严峻挑战。应对这种挑战，我们必须切实增强忧患意识，切实增强贯彻落实科学发展观的紧迫感和责任感。只有把经济社会发展轨道真正转移到以人为本和全面、协调、可持续发展的科学发展轨道，实现经济增长方式由传统的粗放型向集约型的转变，自主创新能力大大提高，社会和谐发展，我们才能战胜挑战。

5. 对国际发展经验教训的合理借鉴

第二次世界大战结束后，发展几乎成为所有国家特别是发展中国家的共同任务。伴随着发展进程，发展观也几经变革，从50年代单纯追求经济增长，到60~70年代开始注重经济结构调整，推动经济增长，再到90年代联合国制定《里约宣言》和《21世纪议程》，提出可持续发展理论。发展观在人类思想史上主要经历了三大转变：一是从以工业化为目标的"增长第一"的经济发展导向，转到提倡社会的综合协调发展；二是从以物为中心的发展，转到突出以人为中心的发展；三是从不惜以破坏资源、环境、生态为代价追求经济的一时繁荣，转到主张可持续发展。发展中国家因为发展理念不同走出了不同发展路径，导致了不同结果。一种是以南美、非洲等地区为代表，这些国家只有明显生产的量的增长，而没有社会经济结构、社会状况、政治经济体制等明显进步和质的提高，结果出现了严重的贫富差距、社会腐败、政治动荡，即出现所谓“有增长而无发展”的结局；另一种是以东南亚部分发展中国家和地区通过赶超战略进入中等发达国家行列为代表，新加坡、韩国便是典型。这些国家通过进口替代和出口导向型战略，抓住经济全球化带来的发展机遇，注重经济社会全面协调发展，逐步完成了由农业国向工业国的转变，进而实现了现代化。国际发展正反两面经验给我国提供了有益借鉴，这就是增长不等于发展，经济发展不等于社会进步，发展必须遵循协调性、综合性和持续性，不能以牺牲生态环境为代价，对外开放要注意经济安全。进入21世纪，西方发达国家在发展理念、发展路径方面出现了一些新趋势，如大力发展循环经济，加快清洁能源，着手探索绿色GDP核算体系，使能源消耗基本保持20世纪90年代水平，实现了零增长或负增长。在国家发展战略方面，它们纷纷推出21世纪高科技发展战略，抢占发展制高点，为新一轮全球竞争打下坚实基础。在社会发展方面，它们重视缓和阶级关系、平衡利益分配、调和社会矛盾。这些思路和举措代表了国际主流发展趋势，对我国的发展有重要启迪。科学发展观的提出，从一定意义上说，也正是在吸收国际社会发展实践的经验教训上，适应世界发展趋势的一种必然选择。

二　科学发展观的理论基础

科学发展观的产生，有着深厚的理论基础。从根本上说，马克思主义辩证唯物主义和历史唯物主义的基本原理，是科学发展观最深刻的理论基础，而中国共产党对社会主义现代化建设规律的探索、中国历史上关于发展问题的合理观点和主张，以及当代西方关于发展理论的探索及其成果，也是科学发展观得以产生的重要理论来源。

（一）辩证唯物主义和历史唯物主义的基本原理，是科学发展观最深刻的理论基础

1. 社会基本矛盾理论揭示了人类社会纵向发展的矛盾、本质和规律，为科学认识人类社会历史提供了方法论原则

社会基本矛盾理论是历史唯物主义的核心内容。马克思恩格斯认为，生产活动是人类社会存在和发展的根本前提，首要和基本的形式是“物质活动，一切其他的活动，如精神活动、政治活动、宗教活动等取决于它”。[①] 人类借以向自然界谋取必要的生活资料的方式，就是生产方式。它包括生产力和生产关系两个方面，生产力是人们在生产过程中影响和改造自然界、获得物质资料的力量，代表的是物质生产中的人与自然界的关系。生产关系（马克思恩格斯早期著作中常常称为“交往关系”、“交往形式”等）是人们在生产过程中结成的经济关系。在生产力与生产关系的关系上，一方面生产力决定生产关系，生产关系受制于生产力，它在历史的每一阶段上都与同一时期的生产力相适应，同时伴随生产力的发展，它也就不断地转化为生产力的桎梏，束缚了生产力发展，这时就要求变革旧生产关系，建立新生产关系。因此“根据唯物史观，历史过程中的决定性因素归根到底是现实生活的生产和再生产”[②]，“人们所达到的生产力的总和决定着社会状况”，社会历史在本质上是以社会生产为基础的辩证发展过

---

① 《马克思恩格斯选集》第1卷，第123页。

② 《马克思恩格斯选集》第4卷，第695页。

程。另一方面，生产关系反作用于生产力。“政治、法、哲学、宗教、文学、艺术等等的发展是以经济发展为基础的。但是，它们又都互相作用并对经济基础发生作用。并非只有经济状况才是原因，才是积极的，其余一切都不过是消极的结果”①。生产关系和生产力之间这种由基本适应到基本不适应、再到新的基础上的基本适应的矛盾运动，是人类社会的基本矛盾，是人类历史发展的根本动因。科学发展观坚持历史唯物主义这一基本原理，针对我国正处于并将长期处于社会主义初级阶段，社会主要矛盾始终是人民日益增长的物质文化需要同落后的社会生产之间的矛盾，强调社会主义根本任务仍然是发展社会生产力，要以经济建设为中心，通过不断解放和发展生产力，为社会全面进步和人的全面发展提供物质基础。同时强调经济发展要有新思路，要坚持以人为本，在经济发展基础上不断提高人民群众的物质文化生活水平和科学文化素质，充分调动人民群众的积极性创造性，以及社会主义政治、文化、制度、精神等各方面因素的积极作用来促进生产力发展；要加快经济增长方式转变，走新型工业化道路，充分发挥科学技术作为第一生产力的作用来提高生产力发展的质量和效益。

2. 经济社会形态理论揭示了人类社会横向发展的矛盾、本质和规律，为坚持经济社会全面协调发展提供理论依据

马克思恩格斯认为，人们的生产实践活动有四个方面，即物质生活资料的生产及再生产、人类自身的生产、社会关系的生产。概括起来，就是人的物质生产、精神生产、生命生产。它们不是独立的三个阶段，而是社会有机体互相联动的三个方面。整个社会在结构上分为四个相互联系的层次，即生产力—生产关系（经济基础）—政治上层建筑—社会意识形态。建立在一定发展

① 《马克思恩格斯选集》第4卷，第732页。

阶段上的生产力之上的经济基础和上层建筑的统一，构成了一定经济社会形态。一定的经济社会形态表现为一定的经济生活、政治生活、文化生活的相互联系、相互作用的辩证统一的社会。社会历史的发展就是不同经济社会形态的更替。社会本身就是“一切关系同时存在而又互相依存的社会机体”①。人类社会的发展就是人和社会相互促进、共同发展的历史过程，是生产力和生产关系、经济基础和上层建筑构成的有机系统全面协调的整体发展，是政治、经济、文化、人自身等各方面的全面发展。唯物辩证法关于事物是普遍联系和永恒发展的原则，也要求人们用联系、发展、全面的观点认识社会。马克思在《共产党宣言》、《资本论》等著作中提出，未来共产主义社会的经济发展要根据整个社会的需要安排，满足全体社会成员的各方面需要，要造就全面自由发展的新人；共产主义社会既要继承并发展资本主义大工业创造的社会生产力的物质财富，又要克服、消除其社会道德沦丧、人与社会的分裂、贫富悬殊和经济畸形发展等一切消极现象。科学发展观把马克思主义的经济社会形态理论与中国特色社会主义的具体实践相结合，明确提出要实现经济社会协调发展，强调经济发展是社会发展的基础和根本保证，社会发展是经济发展的目的，也为经济发展提供精神动力、智力支持和必要条件，在大力推进经济发展的同时，更要注重加快社会发展，促进物质文明、政治文明、精神文明的协调发展。

3. 人的自由全面发展理论揭示了人类社会主体发展的矛盾、本质和规律，是科学发展观坚持以人为本的思想基础

马克思恩格斯认为，资本主义社会是造成人的片面、畸形发展的社会。随着生产资料的社会占有，通过社会生产，不仅可以保证一切社会成员有富足的和一天比一天充裕的物质生活，而且

① 《马克思恩格斯全集》第4卷，人民出版社，1958，第145页。

还可能保证他们的体力和智力获得充分的自由的发展和运用。社会主义本质是保证社会生产力与人的自由全面发展的统一。社会主义本身已经创造出一种新的经济制度的因素，它同时给社会劳动生产力和一切个体生产者的全面发展以极大的推动。未来社会应该是“以每个人全面而自由发展为基本原则的社会形式”，是“各尽所能，各取所需”的社会。为了实现所有人的全面发展，首先必须实现个人的全面发展。这就是：“人以一种全面的方式，也就是说，作为一个完整的人，占有自己的全面的本质”[①]。因为每个人的自由发展是社会自由发展的条件，“要不是每一个人都得到解放，社会本身也不能得到解放”[②]。人的自由全面发展主要是指人的能力、素质、个性、社会关系等诸多方面自由而充分地发展，是由自然和社会长期发展所赋予每个人的一切潜能的最充分、最自由、最全面的调动。科学发展观坚持历史唯物主义这一基本观点，强调以人为本是科学发展观的本质，要不断满足人民群众日益增长的物质文化需要，不断提高人的思想道德素质、科学文化素质和身体素质，促进人的全面发展；要尊重劳动、尊重知识、尊重人才、尊重创造，充分发挥人的积极性、主动性、创造性；要加大对人力资本的投入，努力为每个人都能成才创造平等机会，充分发挥人力资源的作用，推动经济社会发展。

4. 群众史观是科学发展观提出并形成的价值观根基

马克思恩格斯认为，人类社会历史首先是生产发展历史，当然也就是作为生产过程的基本物质力量——物质资料生产者本身的历史，以及代表生产力发展要求的各个阶级和阶层的最广大人民群众的历史。“历史上的活动和思想都是‘群众’的思想和活动”[③]。

---

① 《马克思恩格斯全集》第42卷，人民出版社，1979，第123页。

② 《马克思恩格斯全集》第20卷，第318页。

③ 《马克思恩格斯全集》第2卷，第103页。

至于历史活动能否取得成功，这取决于该历史活动的目的是否以及在多大程度上代表了人民群众的利益。总之，人民群众是社会物质财富和精神财富的创造者，是社会发展的主体，是推动社会发展和历史进步的决定力量，也是社会发展的根本目的。离开或忽视人民群众利益的“发展”是没有意义的。科学发展观坚持马克思主义的这一基本观点，强调以人为本是发展的目的，以经济建设为中心是达到这个目的的手段，必须从办得到的事情做起，把坚持以人为本体现到各项工作中，体现到我们党的执政理念、思想作风和工作作风中，体现到经济发展和各项社会事业中，让广大工人、农民、知识分子和其他群众能够越来越充分地享受经济和社会发展的成果。

（二）中国共产党对社会主义现代化建设规律的长期探索及其成果，是科学发展观的重要理论准备

中国共产党对社会主义现代化建设规律的认识，是随着实践的发展而不断深化的。新中国成立初期，以毛泽东为核心的中共第一代领导集体就提出探索社会主义建设规律问题。毛泽东的《论十大关系》、《关于正确处理人民内部矛盾的问题》和党的第八次代表大会，就集中代表了这一时期中国共产党人关于发展问题的正确观点和主张。主要有：（1）要把国内外一切积极因素调动起来，为社会主义事业服务；（2）正确认识和处理影响社会主义建设全局的十大关系，即重工业与轻工业、农业的关系；沿海工业与内地工业的关系；经济建设与国防建设的关系；国家、生产单位和生产者个人的关系；中央与地方的关系；汉族与少数民族的关系；党与非党的关系；革命与反革命的关系；是非关系；中国与外国的关系；（3）正确认识和处理社会主义社会存在着敌我矛盾和人民内部矛盾这两类性质根本不同的矛盾；（4）我国社会的主要矛盾是人民对于经济文化迅速发展的需要

同当前经济文化不能满足人民需要的状况之间的矛盾，要集中力量发展社会生产力，实现国家工业化；（5）为保证国民经济发展，必须坚持独立自主、自力更生，坚持以农业为基础，以工业为先导和按照农轻重的次序推动协调发展，坚持区域经济均衡发展的战略方针等。1978 年党的十一届三中全会以后，以邓小平为代表的中共第二代领导集体，在拨乱反正、正本清源的历史条件下，继续探索中国特色社会主义道路，形成了邓小平理论。邓小平理论包含着十分丰富和重要的发展思想，主要是：（1）制定党在社会主义初级阶段“一个中心、两个基本点”的发展路线，提出“富强、民主、文明”社会主义三位一体的发展目标；（2）社会主义根本任务是发展生产力，“发展才是硬道理”，提出并实施现代化建设“三步走”发展战略及一系列重大方针政策；（3）确立“两个大局”，一个发展大局是沿海地区先发展起来；一个发展大局是沿海地区发展起来后，拿出更多力量来帮助内地发展；（4）社会主义的本质是解放生产力、发展生产力、消灭剥削、消除两极分化，最终达到共同富裕；（5）改革是社会主义发展的动力，开放也是改革；（6）科学技术是第一生产力，经济发展必须依靠科技和教育；（7）坚持社会主义物质文明和精神文明“两手抓，两手都要硬”；（8）善于不失时机，把握机遇，利用机遇，掌握发展主动权来解决发展问题；（9）和平与发展是当今时代的两大主题，中国的发展离不开世界等。1989 年党的十三届四中全会后以江泽民为核心的中共第三代领导集体，立足于改革开放和现代化建设的新的实际，创造性地实践邓小平理论，对中国的发展问题提出了一系列主张和要求，特别是“三个代表”重要思想的提出，大大深化了人们对发展问题的认识。江泽民的发展思想主要是：（1）发展是党执政兴国的第一要务，发展必须集中力量把经济搞上去；（2）必须把坚持党的先进性和发挥社会主义制度优越性落实到发展先进生产力、发展先进文化、实现最广大人民的根本利益上来；（3）21世纪头20年是全面建设小康社会的发展阶段，是一个必须紧紧抓住并且可以大有作为的重要战略机遇期，全党要抓住经济全球化的机遇、政治多极化的机遇和新科技革命的机遇，实现全面建设小康社会和中华民族的伟大复兴；（4）提出全面建设小康社会的发展目标，制定和实施到2010年、2020年和2050年基本实现现代化新“三步走”发展战略；（5）发展必须相信群众和依靠群众，工人、农民、知识分子始终是推动我国先进生产力发展和社会进步的根本力量；（6）创新是一个民族进步的灵魂，是一个国家兴旺发达的不竭动力。创新包括理论创新、制度创新、科技创新、文化创新以及其他各方面的创新，其中理论创新是前提，是关键；（7）人才资源是第一资源，发展必须尊重劳动、尊重知识、尊重人才、尊重创造；（8）在社会主义市场经济条件下必须正确处理好现代化建设中的一系列重大关系，提出大力发展社会主义市场经济、科教兴国战略、可持续发展战略、西部大开发战略等重大战略；（9）走以信息化带动工业化、工业化促进信息化的新型工业化、现代化道路（10）发展是社会主义物质文明、政治文明、精神文明的协调发展，发展包括促进人的全面发展等。所有这些关于发展问题的正确思想，构成科学发展观直接理论来源。

（三）中外历史上关于发展问题的合理观点和主张，是科学发展观的重要思想资源

我国历史上关于发展问题的合理观点和主张，集中地表现为蕴含以人为本精神的民本思想和人与自然和谐相处的“天人合一”思想。中国传统民本思想主张“民贵君轻”、“君舟民水”、“民为邦本、本固邦宁”，要求封建统治者“爱民”、“重民”、“保民”。民本思想在封建社会没有实现条件，但它对中国的历

史发展还是起到一定的积极作用。它不仅哺育了一大批关心民众疾苦的思想家、政治家和文学家，而且在中国社会从传统走向现代的进程中发挥了积极作用。北宋范仲淹“先天下之忧而忧，后天下之乐而乐”的思想，影响了多少仁人志士。“天人合一”思想主张对自然资源合理而有计划地利用。庄子提出“道法自然，返朴归真”的自然主义和谐思想，孔孟提出“尽心知性”、“与天地参”的伦理主义和谐思想。在主张保护环境、永续利用的同时，我国古代还注意人口增长应与资源保持比例。民本思想和“天人合一”思想在中国传统文化中占有极重要地位。科学发展观关于以人为本和可持续的发展理念，与它们有本质区别，但中国传统民本思想和“天人合一”思想是科学发展观的重要思想资源之一。

1945 年“二战”结束以来，国际社会对发展问题的探索及其理论成果，也为科学发展观提供了有益内容。“二战”后，无论是发展中国家，还是发达国家都面临着如何发展的问题。国际社会对发展问题的探索经历了四个阶段。第一阶段：1949～1955 年以美国学者 W. 阿瑟·刘易斯出版《经济增长理论》等著作为标志，提出“发展 = 经济增长”的传统发展观，把工业化作为国家发展的主要任务，把国民生产总值和人均国民生产总值作为衡量经济增长的主要标志。第二阶段：以 1968 年瑞典学者冈纳·缪尔达尔出版《亚洲的戏剧——南亚国家贫困问题的研究》一书为标志，提出“发展 = 经济增长 + 社会进步”的发展观，主张发展是社会系统各个层面相应变化的过程，发展中国家应实行社会改革，从质和量上把握发展问题，消除贫困。第三阶段：以 1972 年罗马俱乐部发表研究报告《增长的极限》和美国学者巴巴拉·沃德和雷内·杜博斯主编的《只有一个地球》、1987 年联合国“世界环境与发展委员会”发表《我们共同的未来》等为标志，国际社会提出“可持续发展”的概念，主张社会经济发展要具有长时期持续发展能力，不仅要满足当代人生存和发展的需要，而且要考虑后代人生存和发展的需要；不仅要满足人们的物质生活需要，而且要使人们生活环境不断得到改善。第四阶段：以1983年法国学者佩鲁出版的著作《新发展观》为标志，提出以人为本的综合发展观，主张发展应以人的价值、需要和潜力的发挥为中心，满足人的基本需求，促进生活质量的提高和共同体成员的全面发展。依据这一理论，联合国开发计划署的《1994年人类发展报告》，对以人为本的综合发展观作出如下表述："人类带着潜在的能力来到这个世界上。发展的目的就在于创造出一种环境，在这一环境中，所有的人都能施展他们的能力，不仅为这一代，而且能为下一代提供发展机会。""人类选择会远远超越经济福利。"联合国还确立了包括寿命、知识和生活水平三项基本要素在内的一种新的度量发展的标准——人类发展指数（HDI）。以人为本的综合发展观代表了国际社会关于发展问题的最新历史成果，是人类社会共同的精神财富，对我们党科学发展观的形成有重要启迪作用。

三　树立和落实科学发展观是贯彻落实"三个代表"重要思想的具体体现

科学发展观是以胡锦涛为总书记的中共新领导集体，在邓小平理论和"三个代表"重要思想指导下，按照中共十六大精神，根据我国改革开放和社会主义现代化建设的新形势新任务，特别是2003年抗击非典的重要启示提出来的。树立和落实科学发展观，就是在新形势下贯彻"三个代表"重要思想的具体体现。

1. 树立和落实科学发展观，体现了"三个代表"重要思想关于"发展是党执政兴国第一要务"的科学论断

科学发展观对发展的意义有了更深刻的认识。"三个代表"

重要思想是以发展这一主题来贯穿的。江泽民继承了邓小平以经济建设为中心、“发展是硬道理”的思想，在此基础上进一步提出“发展是党执政兴国的第一要务”这一科学论断。“发展是硬道理”立足于生产力与生产关系的矛盾运动，强调发展生产力的决定性作用，生产关系必须要适应生产力的发展要求。“发展是党执政兴国的第一要务”，则立足于上层建筑与经济基础的矛盾运动，强调执政党作为政治上层建筑的重要组成部分，必须把来自经济基础的发展要求放在第一位，体现在执政党的理论、路线和方针政策上。新的历史条件下增强党的执政意识，就是要增强发展意识；提高党的执政本领，就是要提高发展本领。为了使全党同志尽快确立起“发展是党执政兴国的第一要务”，江泽民发表了许多重要论述，从多方面深刻阐明这一科学论断的极端重要性。主要是：（1）我国正面对着世界经济和科技前所未有的大发展，也面对着前所未有的激烈的国际竞争，在这场竞争中，就如同逆水行舟，不进则退。只有加快发展，增强经济实力，提高综合国力，才能在风云变幻的国际局势中处于主动地位，立于不败之地。（2）只有用发展的办法解决前进中的问题。坚持以发展为主题，用发展的眼光、发展的思路、发展的办法解决前进中的问题，才能把中国特色社会主义事业不断推向前进。（3）实现全面建设小康社会的宏伟目标，进一步提高人民群众的物质文化生活水平，要靠发展；增强综合国力，实现中华民族的伟大复兴，要靠发展；实现祖国完全统一，要靠发展；促进世界和平与发展的崇高事业，要靠发展；解决人们的思想认识问题，说服那些不相信社会主义的人，坚定对社会主义和祖国未来前途的信念和信心，最终也要靠发展。紧紧抓住发展这个执政兴国的第一要务，党才能实现新世纪的历史使命。科学发展观的本质是加快发展，是要实现又快又好地发展。它坚持邓小平关于“发展是硬道理”的思想和江泽民关于“发展是党执政兴国的第一要务”的科学论断，离开了发展，就根本谈不上发展观。在此基础上，科学发展观对发展的意义有了更深刻的认识。这就是它既强调离开发展就不是社会主义，发展不快不是社会主义；又强调发展不好也不是社会主义。实现比资本主义更快更好的发展，才是社会主义的本质要求，才是我们党执政兴国的第一要务。

科学发展观对发展的目的有了更清醒的把握。“始终代表最广大人民群众的根本利益”，是江泽民“三个代表”重要思想的重要内容，也是发展先进生产力和先进文化的根本出发点和落脚点。江泽民在纪念建党 80 周年大会上的讲话中指出：始终代表中国最广大人民的根本利益，就是党的理论、路线、纲领、方针、政策和各项工作，必须坚持把人民的根本利益作为出发点和归宿，充分发挥人民群众的积极性主动性创造性，在社会不断发展进步的基础上，使人民群众不断获得切实的经济、政治、文化利益。这一重要论述既是强调我们党执政为民的宗旨，也是强调中国特色社会主义事业发展的目的。江泽民的人民利益观，包含着深刻的思想内涵，主要是：（1）我们党作为执政党，必须高度关注人心向背问题。“人心向背，是决定一个政党、一个政权兴亡的根本性因素”①。“一个政权也好，一个政党也好，其前途与命运最终取决于人心向背，不能赢得最广大群众的支持，就必然垮台”②。（2）党的全部任务和责任，就是为实现人民群众的根本利益而奋斗。从根本上说，政治问题主要是对人民群众的态度问题、同人民群众的关系问题。（3）党除了最广大人民的利益，没有自己特殊的利益。党的一切工作，必须以最广大人民的根本利益为最高标准，任何时候都必须坚持尊重社会发展规律与

① 江泽民：《论党的建设》，第 473 页。

② 江泽民：《论“三个代表”》，中共中央出版社，2001，第 72 页。

尊重人民历史主体地位的一致性，坚持为崇高理想奋斗与为最广大人民谋利益的一致性，坚持完成党的各项工作与实现人民利益的一致性。(4) 最大多数人的利益是最紧要和最具有决定性的因素。人民群众的整体利益总是由各方面的具体利益构成的。我们所有的政策措施和工作，都应该正确反映并有利于妥善处理各种关系，都应认真考虑和兼顾不同阶层、不同方面群众的利益。但是，最重要的是必须首先考虑并满足最大多数人的利益要求，这始终关系党的执政的全局。(5) 要努力使工人、农民、知识分子和其他群众共同享受经济社会发展的成果。(6) 代表群众利益必须十分具体地落实到解决群众生产和生活的实际问题上。在发展经济的基础上，努力增加城乡居民的收入，不断改善群众的吃、穿、住、行、用的条件，完善社会保障体系，改进医疗卫生条件，提高生活质量。关心群众，特别是要关心困难群体的疾苦；为最广大人民谋利益，特别要为困难群体谋好利益。(7) 发展包括促进人的全面发展，既要着眼于人民现实的物质文化生活需要，又要着眼于促进人民素质的提高，也就是努力促进人的全面发展。科学发展观的本质和核心是坚持以人为本，这里的"人"就是江泽民强调的"最广大人民群众"；这里的"本"，就是江泽民强调的最广大人民群众的利益"根本"。在此基础上，科学发展观还针对新的历史条件下我国经济社会发展中出现的资源紧缺，社会事业滞后，城乡、地区、阶层之间收入差距扩大等新情况新问题，强调在现阶段抓好发展这个党执政兴国的第一要务，真正实现好维护好最广大人民群众的根本利益，必须把发展目的与发展手段统一起来、一致起来。具体地说，发展要满足人民群众的需要，人民群众的需要包括物质的需要、精神享受的需要、自身发展的需要，不能只见物不见人，甚至物的发展损害了人的利益。为此要十分注重经济社会的协调发展，不仅要实现物的现代化，更要实现人本身的发展和现代化；发展要体现公平性，让最广大人民群众都能享受经济发展、社会进步带来的成果，而不能仅仅停留在一部分地区和一部分人先富起来，提高效率不能以牺牲公平为代价。为此就要改变过去用不平衡发展思路推进发展的战略，更加注重发展平衡性，强调发展要体现城乡、区域和阶层之间的共同发展、共同富裕，强调发展的路径在于“统筹”和整合，最大限度地兼顾到各个方面利益，调动各个方面发展主体的积极性，加强各种发展要素的内在联系和有效整合，推进各方面的良性互动；发展要注重资源永续利用和循环利用，强调人口增长、生产扩大、消费升级都要适应资源和环境的承载力，满足一代人利益不以透支下一代人的资源为成本，发展的目的也包括为人民群众创造良好的自然生态环境。

科学发展观对发展的内涵有了更全面的概括。江泽民对发展的科学内涵有许多重要论述，概括起来主要是：发展必须集中力量把经济搞上去，落后就要挨打，财大才能气粗。集中力量把经济搞上去，实现中国的现代化，本身就是最大的政治；发展要善于抓住机遇，珍惜机遇，用好机遇，21 世纪头 20 年，对我国来说，是一个必须紧紧抓住并且可以大有作为的重要战略机遇期；发展是社会主义物质文明、政治文明和精神文明的协调发展。1997 年 9 月在中共十五大上，他不再沿用以往“两个文明”的理论构架，而是明确提出党在社会主义初级阶段的三大纲领，即建设中国特色社会主义的经济、政治、文化。2002 年在中共十六大上，他进一步提出“发展社会主义民主政治，建设社会主义政治文明”的重要目标。发展还包括促进人的全面发展。2001 年江泽民在“七一”讲话中指出：“我们建设有中国特色社会主义的各项事业，我们进行的一切工作，既要着眼于人民现实的物质文化生活需要，同时又要着眼于促进人民素质的提高，也就是要努力促进人的全面发展。这是马克思主义关于建设社会主义新社会的本质要求。"[①] 可见，江泽民认为发展本身包含着先进生产力、先进文化和人的发展要求三位一体的丰富内容。科学发展观坚持了江泽民全面发展的思想，并结合新的时代要求进一步创新发展内涵。科学发展观强调社会主义的发展是经济、政治、文化、社会的全面、协调发展，是人与自然的可持续发展，是物质文明、政治文明、精神文明和社会和谐"四位一体"的发展。

科学发展观对发展的方式有了更明确的规定。江泽民提出21世纪头20年是我国全面建设小康社会的阶段，深化了邓小平关于分阶段、有步骤地实现现代化的战略思想。他在十五大报告中初步勾画了实现邓小平确定的第三步战略目标的蓝图；在十六大上，他深刻阐述了全面建设小康社会的奋斗目标，并确定继续实施科教兴国、走新型工业化道路、加快建立和完善社会主义市场经济体制、进一步扩大对外开放、西部大开发、发展文化产业、推进依法治国等一系列重大战略。科学发展观坚持江泽民关于全面建设小康社会的战略目标和战略措施，针对现阶段我国经济社会发展中出现的突出矛盾，对如何抓好"发展"这个党执政兴国的第一要务的方式，作出更明确的规定。这就是在社会主义市场经济条件下，发挥社会主义制度的特点和优势，实施五个统筹，实现经济和人口、资源、环境相协调，坚持走生产发展、生活富裕、生态良好的文明发展道路，保证一代接一代地永续发展。十六届五中全会关于"十一五"发展规划建议，围绕推进全面建设小康社会的目标，明确提出一系列体现科学发展、和谐发展要求的关键性战略部署。如自主技术创新战略，强调"十一五"期间国民经济社会发展要依靠创新动力，特别是自主技术创新，包括自主基础科学理论创新、自主研发技术创新、自主

① 中共中央文献研究室编《十五大以来重要文献选编》，第1925页。

知识技术应用创新、引进消化吸收技术的再创新等；进一步转变经济增长方式的战略，坚决摒弃高投入、高消耗、低效益的粗放型增长方式，确立低投入、低消耗、资源综合循环永续利用、高效益的集约型增长方式，平衡我国发展需求量大与石油、水、土地和其他矿产资源供给有限的矛盾；推进城市化和区域协调发展战略；可持续发展，建设节约型社会战略；构建和谐社会战略；改革开放促进发展的战略等。

2. 树立和落实科学发展观体现了“三个代表”重要思想关于立党为公、执政为民的本质要求

江泽民在十六大报告中指出：“贯彻‘三个代表’重要思想，关键在坚持与时俱进，核心在坚持党的先进性，本质在坚持执政为民。全党同志要牢牢把握这个根本要求，不断增强贯彻‘三个代表’重要思想的自觉性和坚定性。”①

坚持与时俱进，就是党的全部理论和工作要体现时代性、把握规律性、富于创造性。科学发展观根据我国进入全面建设小康社会国内国际经济社会发展的新趋势，果断摒弃片面追求国民生产总值增长的传统发展观，旗帜鲜明地反对热衷于形象工程、政绩工程的不正确政绩观，要求树立全面、协调、可持续发展、以人为本等新的发展理念，运用统筹兼顾的机制来抓好发展要务。这本身就是与时俱进，是坚持与时俱进、勇于创新的结果。

坚持党的先进性，要看到党的先进性是具体的、历史的，必须放到推动当代中国先进生产力和先进文化的发展中去考察，放到维护和实现最广大人民根本利益的奋斗中去考察，归根到底要看党在推动历史前进中的作用。科学发展观要求以经济建设为中心，走新型工业化道路，优化经济结构，改善经济增长的质量和

① 中共中央文献研究室编《十六大以来重要文献选编》上，第9页。

效益，实现经济社会协调发展、城乡协调发展、区域协调发展、人与自然和谐发展，从而促进先进生产力发展；要求在经济发展的同时推动社会发展，提高人的思想道德素质和科学文化素质，从而促进先进文化的发展；要求落实以人为本，把促进人的全面发展作为一切工作的出发点和落脚点。因此科学发展观全面体现了保持党的先进性的要求。

坚持立党为公、执政为民，是“三个代表”重要思想的本质要求。科学发展观把以人为本作为其核心和本质。以人为本就是以最广大人民群众的利益为根本。以胡锦涛为总书记的党中央反复强调，树立和落实科学发展观要坚持正确的政绩观，各级干部特别是各级领导干部要自觉地做到权为民所用、情为民所系、利为民所谋，要实事求是，求真务实，按客观规律办事，讲真话、办实事、求实效，不盲目攀比，不搞花架子，不急功近利。所有这些，都是贯穿了“三个代表”关于立党为公、执政为民的本质要求，是执政为民的具体化。

四　构建社会主义和谐社会是贯彻科学发展观的内在要求

中共十六大和十六届三中、四中全会向全党提出树立和落实科学发展观，同时也提出了构建社会主义和谐社会的重大任务。十六大报告在阐述全面建设小康社会宏伟目标时强调，要建设包括“社会更加和谐”在内的更高水平的小康社会，还强调要努力形成全体人民各尽其能、各得其所而又和谐相处的局面，巩固和发展民主团结、生动活泼、安定和谐的政治局面。十六大把“社会更加和谐”作为党要为之奋斗的一个重要目标明确提出来，这在党的历次代表大会的报告中是第一次。十六届四中全会《关于加强党的执政能力建设的决定》进一步提出，不断提高构建社会主义和谐社会的能力是加强党执政能力建设的主要任务之一，形成全体人民各尽其能、各得其所而又和谐相处的社会，是巩固党执政的社会基础、实现党执政的历史任务的必然要求。我们党要适应我国社会的深刻变化，把和谐社会建设摆在重要位置。2005 年 2 月 19 ~ 25 日，中共中央在中央党校举办了省部级主要领导干部提高构建社会主义和谐社会的能力专题研讨班。2 月 19 日胡锦涛在研讨班开班式上作了重要讲话，深刻阐明了构建社会主义和谐社会的历史背景、重大意义、科学内涵、重要原则和主要任务，并就加强和改善党对构建社会主义和谐社会各项工作的领导提出了具体要求。胡锦涛的讲话，对于全党从理论与实践的结合上正确认识、把握和积极推进和谐社会建设指明了方向。

（一）科学发展观与构建社会主义和谐社会

人类社会是由经济、政治、文化等方面组成的共同体。作为描述、概括这一系统的“社会”范畴，有广义与狭义之分。广义的“社会”包含经济、政治、文化等各方面内容；狭义的“社会”，则与经济、政治、文化并列，特指社会关系、社会环境、社会管理等方面的状况。构建社会主义和谐社会所说的“社会”，是指狭义的社会，其“和谐”是指社会系统中的各个部分、各种要素处于一种相互协调的状态。在中国传统文化中，“和”被广泛应用于描述家庭、国家、天下等内部治理良好、上下协调一致的状态；“谐”，有协调、融洽的含义。在西方思想文化中，“和谐”被古希腊哲学家作为一个哲学范畴提出，如柏拉图的“公正即和谐”。空想社会主义者圣西门、傅立叶把他们设计的理想制度称为“和谐制度”。马克思、恩格斯以唯物史观和剩余价值学说为理论武器，深刻揭示资本主义生产方式内在的矛盾对立根源，设想未来新社会在消灭了私有制和剥削，消除阶级之间、城乡之间、脑力劳动和体力劳动之间的对立和差别，社会物质财富极大丰富的基础上，实现每个人自由而全面的发展，在人与人之间、人与自然之间都将形成和谐的关系。

坚持以人为本、全面协调可持续发展的科学发展观，是以胡锦涛为总书记的中共新领导集体，从新世纪新阶段党和国家事业发展全局出发提出的重大战略思想和指导方针，是统领我国经济社会发展全局的，也是统领我国社会主义和谐社会建设的。构建社会主义和谐社会，是党中央按照科学发展观要求，针对当前我国社会领域中突出存在的重大利益关系问题和结构性矛盾问题，把社会建设从以往经济、政治、文化三大方面的建设中单列出来，形成与经济、政治、文化四位一体总体布局，使中国特色社会主义建设更全面、更协调、更加均衡。这也表明党中央对中国特色社会主义建设规律的认识更加深刻。改革开放20多年来，我国社会生产力快速发展，社会活力被极大地释放，但伴随着工业化、城镇化、经济全球化进程的加快，我国出现了经济利益主体、社会组织形式、就业方式、生活方式、思想价值观念等一系列多样化的趋势，区域之间、城乡之间、社会阶层之间收入差距扩大。2003年我国基尼系数超过0.4的国际警戒标准。根据国际经验，我国已进入社会问题多发、社会结构最不稳定、社会矛盾比较尖锐的时期，具体表现为失业、“三农”、资源、能源、消耗、生态、安全、上访、低收入人群增多、社会刑事案件增多、贫富两极分化等大量困扰社会经济良性运行的问题。党中央突出地强调和谐社会建设，正是反映了当前我国经济社会发展的现实需要和广大人民群众的愿望，因而在全社会产生了极大共鸣。

构建社会主义和谐社会必须贯彻科学发展观的基本要求。社会和谐的基础是发展，贫穷不能产生真正的社会和谐。构建社会主义和谐社会，必须坚持科学发展观所要求的用全面、协调、可持续的发展思路实现经济社会又快又好的发展，为实现社会和谐提供强大物质基础。社会和谐的核心是保持社会公平与正义，富裕并不是和谐社会的充分条件，还要看财富如何分配、利益如何协调，归结起来就是处理好创造财富的效率、活力与分配财富的公平的关系。构建社会主义和谐社会，必须遵循科学发展观所要求的以人为本的原则，在处理人与社会的关系中，始终坚持人是社会的核心和主题，围绕人这一核心和主体协调好经济、政治、文化等各个方面关系，切实保障人的政治、经济、文化权利，为人的自由而全面发展创造良好社会环境；在处理社会各群体间利益关系中，始终坚持把维护和发展包括工人、农民、知识分子在内的社会最大多数和最基本的群众利益放在首位，既保护先富群体的创造活力、发展活力，又重点解决好地区、社会成员之间逐步扩大的贫富差距问题，保障比较困难的工农群众的基本生活，创造有利于他们平等竞争、全面发展的环境和条件。社会和谐的条件是协调，是社会各方面各子系统保持一种整体的发展平衡。科学发展观的基本要求就是统筹兼顾，统筹兼顾城乡发展、区域发展、经济社会发展、人与自然、国内发展和对外开放。构建社会主义和谐社会必须坚持统筹兼顾，重点是兼顾国家、集体与个人的利益，兼顾发展能力强的群体与发展能力弱的群体的利益，兼顾改革中受益较多的群体与受益较少的群体的利益，兼顾先富群体与后富群体的利益，兼顾不同行业群体之间的利益，来逐步克服目前我国城乡发展、东西部发展、经济社会发展、人与自然和社会发展等方面不平衡、不同社会阶层成员之间机会不均等现象，从而实现社会发展的和谐、人际关系的和谐、人与自然的和谐。总之，科学发展观从发展理念、发展思路等方面指导和促进社会发展、社会建设、社会治理，是从发展的角度求和谐；构建社会主义和谐社会则是从社会关系、社会状态方面反映和检验贯彻科学发展观的成效，是从和谐的角度促发展。

（二）社会主义和谐社会的基本特征

胡锦涛指出："根据马克思主义基本原理和我国社会主义建设的实践经验，根据新世纪新阶段我国经济社会发展的新要求和我国社会出现的新趋势新特点，我们所要建设的社会主义和谐社会，应该是民主法治、公平正义、诚信友爱、充满活力、安定有序、人与自然和谐相处的社会。民主法治，就是社会主义民主得到充分发扬，依法治国基本方略得到切实落实，各方面积极因素得到广泛调动；公平正义，就是社会各方面的利益关系得到妥善协调，人民内部矛盾和其他社会矛盾得到正确处理，社会公平和正义得到切实维护和实现；诚信友爱，就是全社会互帮互助、诚实守信，全体人民平等友爱、融洽相处；充满活力，就是能够使一切有利于社会进步的创造愿望得到尊重，创造活动得到支持，创造才能得到发挥，创造成果得到肯定；安定有序，就是社会组织机制健全，社会管理完善，社会秩序良好，人民群众安居乐业，社会保持安定团结；人与自然和谐相处，就是生产发展，生活富裕，生态良好。"① 这六个方面的基本特征表明，社会主义和谐社会是一种治国理想、治国结果。它既包括社会关系的和谐，也包括人与自然关系的和谐，体现了民主与法治的统一、公平与效率的统一、活力与秩序的统一、依法治国与以德治国的统一、人与自然的统一。作为治国理想，它同科学社会主义创始人提出的共产主义理想、同现阶段中国特色社会主义的共同理想是一致的，同发展社会主义市场经济、民主政治、先进文化是并列关系，同时又是包含关系。这六个方面的基本特征还表明，构建社会主义和谐社会也是一种治国方略、治国机制、治国过程。作为机制，它是既要讲物质利益原则，又要注重提高全民族精神素

① 中共中央文献研究室编《十六大以来重要文献选编》中，第706页。

质；作为过程，它是具体的、历史的、分阶段的，构建和谐社会不可能一蹴而就，不可能完全消除社会矛盾，旧的矛盾消除了，新的矛盾又产生了，正是在不断解决矛盾、化解冲突中保持和谐，促进发展。

（三）构建社会主义和谐社会的重要原则和主要任务

胡锦涛指出："构建社会主义和谐社会，必须坚持以邓小平理论和'三个代表'重要思想为指导，坚持社会主义的基本制度，坚持走中国特色社会主义道路；必须树立和落实科学发展观，坚持以经济建设为中心，坚持'五个统筹'，促进社会主义物质文明、政治文明、精神文明建设与和谐社会建设全面发展；必须坚持以人为本，始终把最广大人民的根本利益作为党和国家工作的根本出发点和落脚点，在经济发展的基础上不断满足人民群众日益增长的物质文化需要，促进人的全面发展；必须尊重人民群众的创造精神，通过深化改革、创新体制，调动一切积极因素，激发全社会的创造活力；必须注重社会公平，正确反映和兼顾不同方面群众的利益，正确处理人民内部矛盾和其他社会矛盾，妥善协调各方面的利益关系；必须正确处理改革发展稳定的关系，坚持把改革的力度、发展的速度和社会可以承受的程度统一起来，使改革发展稳定相互协调、相互促进，确保人民群众安居乐业，确保社会政治稳定和国家长治久安。"① 这"六个必须"就是构建社会主义和谐社会所要坚持的重要原则，它回答了社会主义和谐社会以什么指导思想来建、为谁建、靠谁建、如何建的问题。

胡锦涛还进一步指出当前促进社会主义和谐社会建设的主要任务，这就是：切实保持经济持续快速协调健康发展；切实发展

① 中共中央文献研究室编《十六大以来重要文献选编》中，第707页。

社会主义民主；切实落实依法治国的基本方略；切实加强思想道德建设；切实维护和实现社会公平和正义；切实增强全社会的创造活力；切实加强社会建设和管理；切实处理好新形势下的人民内部矛盾；切实加强生态环境建设和治理工作；切实做好保持社会稳定的工作。这十项主要任务，内容全面，要求具体，涵盖了社会主义和谐社会建设的各方面。其中，切实维护和实现社会公平和正义是贯穿这十个方面主要工作的核心。针对当前我国社会建设和管理中存在的突出矛盾和问题，胡锦涛强调，各级党委、政府和领导干部要不断提高六个本领，即提高激发社会创造活力的本领、管理社会事务的本领、协调利益关系的本领、处理人民内部矛盾的本领、开展群众工作的本领、维护社会稳定的本领。全面增强这六个本领，是提高构建社会主义和谐社会能力的必然要求，也是对新形势下党的执政能力的重要考验。

参考文献

《马克思恩格斯全集》第 1~50 卷，北京，人民出版社，1956~1985。

《列宁全集》第 1~60 卷，北京，人民出版社，1984~1990。

《马克思恩格斯选集》第 1~4 卷，北京，人民出版社，1995。

《列宁选集》第 1~4 卷，北京，人民出版社，1995。

中国社会科学院民主问题研究中心编《马克思恩格斯列宁毛泽东邓小平江泽民论民主》，北京，中国社会科学出版社，2002。

《列宁毛泽东邓小平论民主集中制》，北京，中国方正出版社，2003。

《马克思恩格斯列宁斯大林论研究历史》，北京，人民出版社，1975。

《布哈林文选》（上、下），北京，人民出版社，1981~1983。

《建国以来毛泽东文稿》第 1~13 册，北京，中央文献出版社，1987~1998。

《毛泽东选集》第 1~4 卷，北京，人民出版社，1991。

《毛泽东文集》第1~8卷，北京，人民出版社，1993~1999。

中共中央文献研究室编《毛泽东著作专题摘编》，北京，中央文献出版社，2003。

《邓小平文选》第1~2卷，北京，人民出版社，1994。

《邓小平文选》第3卷，北京，人民出版社，1993。

《陈云文选》第1~3卷，北京，人民出版社，1995。

江泽民：《论党的建设》，北京，中央文献出版社，2001。

江泽民：《论“三个代表”》，北京，中央文献出版社，2001。

江泽民：《论社会主义市场经济》，北京，中央文献出版社，2006。

《江泽民论有中国特色社会主义（专题摘编）》，北京，中央文献出版社，2002。

《江泽民论加强和改进执政党建设》（专题选编），北京，中央文献出版社，2005。

中共中央文献研究室编《三中全会以来重要文献选编》（上、下），北京，人民出版社，1982。

中共中央文献研究室编《十三大以来重要文献选编》（上、中、下），北京，人民出版社，1991~1993。

中共中央文献研究室编《十四大以来重要文献选编》（上、中、下），北京，人民出版社，1996~1999。

中共中央文献研究室编《十五大以来重要文献选编》（上、中、下），北京，人民出版社，2000~2003。

中共中央文献研究室编《十六大以来重要文献选编》（上），北京，中央文献出版社，2005。

〔美〕罗伯特·劳伦斯·库恩著，谈峥、于海江等译，陆谷孙校《他改变了中国：江泽民传》，世纪出版集团，上海，上海译文出版社，2005。

中共中央宣传部编《“三个代表”重要思想学习纲要》，北京，学习出版社，2003。

江泽民：《论科学技术》，北京，中央文献出版社，2001。

中共中央马克思、恩格斯、列宁、斯大林著作编译局编《列宁论新经济政策》，北京，人民出版社，2001。

汤在新：《从马克思到市场经济》，北京，经济科学出版社，2005。

杨玉生：《社会主义市场经济理论史》，济南，山东人民出版社，1999。

王丽华主编《历史性突破——俄罗斯学者论新经济政策》，北京，人民出版社，2005。

苏星：《新中国经济史》，北京，中共中央党校出版社，1999。

王敏主编《江泽民社会主义市场经济理论与实践研究》（上），济南，山东人民出版社，2003。

王敏主编《江泽民社会主义市场经济理论与实践研究》（下），济南，山东人民出版社，2003。

刘林元、姚润皋主编《“三个代表”思想论》，南京，南京大学出版社，2002。

薛暮桥：《中国社会主义经济问题研究》，广东，广东经济出版社，1998。

孙冶方：《社会主义经济论稿》，广东，广东经济出版社，1998。

卓炯：《论社会主义商品经济》，广东，广东经济出版社，1998。

刘国光主编《中国经济体制改革的模式研究》，广东，广东经济出版社，1998。

高尚全：《市场经济与中国改革》，广西，广西人民出版社，1999。

本书编写组：《完善社会主义市场经济体制》，北京，中央文献出版社，2003。

周罗庚、夏禹龙、谢维俭：《市场经济与当代中国社会结构》，上海，上海三联书店，2002。

周叔莲：《可持续的社会主义与中国经济》，北京，经济管理出版社，2000。

赵曦：《中国西部地区经济发展研究》，四川，四川人民出版社，1999。

张宗和：《中国现阶段非公有制经济研究》，北京，经济管理出版社，2000。

魏杰：《市场经济前沿问题——现代经济运行方式》，北京，中国发展出版社，2001。

刘国光主编《中国十个五年计划研究报告》，北京，人民出版社，2006。

陈吉元、彭坚强、周文斌：《21世纪中国农业与农村经济》，河南，河南人民出版社，2000。

中共中央文献研究室、国务院发展研究中心编《新时期农业和农村工作重要文献选编》，北京，中央文献出版社，1992。

张厚义、侯光明、明立志、梁传运主编《中国私营企业发展报告》，北京，社会科学文献出版社，2005。

黄孟复主编《中国民营经济发展报告 No.1 (2003)》，北京，社会科学文献出版社，2004。

陈耀：《国家中西部发展政策研究》，北京，经济管理出版社，2000。

郝晓辉：《中西部地区可持续发展研究》，北京，经济管理出版社，2000。

国家计委国土开发与地区经济研究所课题组杜平、肖金成、王青云等：《西部开发论》，重庆，重庆出版社，2000。

周曰礼:《农村改革理论与实践》,北京,中共党史出版社,1998。

靳辉明主编《社会主义的历史·理论·前景》(下),北京,社会科学文献出版社,2004。

〔美〕保罗·斯威齐著,陈观烈、秦亚男译《资本主义发展论》,北京,商务出版社,2000。

〔美〕威廉·格雷德著,张定淮、周新琦、夏家驷译《资本主义全球化的疯狂逻辑》,北京,社会科学文献出版社,2003。

徐艳玲:《全球化、反全球化思潮与社会主义》,济南,山东人民出版社,2005。

〔美〕W.E.哈拉尔著,冯韵文、黄育馥等译《新资本主义》,北京,社会科学文献出版社,1999。

沙健孙主编《中国共产党和资本主义、资产阶级》(上),济南,山东人民出版社,2005。

沙健孙主编《中国共产党和资本主义、资产阶级》(下),济南,山东人民出版社,2005。

关海庭:《中俄体制转型模式的比较》,北京,北京大学出版社,2003。

徐崇温:《当代资本主义新变化》,重庆,重庆出版社,2005。

王瑞璞等主编《共和国经济大决策》,北京,中国经济出版社,1999。

胡鞍钢:《中国:新发展观》,杭州,浙江人民出版社,2004。

胡希宁、张锦铨主编《二十世纪中国经济思想简史》,北京,中共中央党校出版社,1999。

刘福垣:《新发展观宣言——破除政治经济学 ABC 的迷雾》,北京,新华出版社,2004。

庞元正主编《当代中国科学发展观》，北京，中共中央党校出版社，2004。

周安伯等：《发展理论与中国现代化》，北京，国家行政学院出版社，1998。

后 记

本书作为教育部重点人文社科基地项目“党的第三代领导集体对邓小平经济理论的继承与发展”的最终成果，是课题组成员发挥团队力量，共同完成的。党的第三代领导集体执政13年，理论创新成果丰硕，而其中最突出的贡献就是创立了社会主义市场经济理论，为马克思主义经济理论写下了辉煌的一章。学界对党的第三代领导集体经济思想的研究，论文较多，论著较少，而从马克思主义经济理论发展史角度切入进行研究的尤不多见，本书作为对这一问题研究的初创性成果，希望能起到抛砖引玉的作用。

本书由刘诚教授提出总体写作提纲，具体分工如下：引论，刘诚；第一章，刘诚；第二章，林祖华；第三章，徐之顺；第四章，张树新；第五、六章，叶美兰；第七章，张树新；第八章，林祖华；第九章，徐之顺。全书由刘诚统稿定稿。

本书在写作过程中得到了北京大学邓小平理论研究中心赵存生教授、阎志民教授、夏文斌教授的精心指导和热情帮助，在此表示衷心的感谢。“扬泰文库”总负责人姚文放教授对本项目的研究给予了大力支持；社会科学文献出版社的谢寿光社长、王绯主任、责任编辑徐辉琪先生对本书的出版给予了热心帮助，在此一并表示衷心的谢忱！

本书在写作过程中，还参考了国内外许多专家学者的相关研究成果，由于参考文献及资料较多，未能全部列出，特在此予以说明并致谢忱。因为水平所限，书中定有不少疏漏之处，望学界同仁及读者朋友批评指正。

刘　诚

2006年10月于扬州

相关链接

更多信息请查询：www.ssap.com.cn

科学社会主义经济理论的发展与创新

于金富　剧义文　著

2007 年 6 月出版　28.00 元

ISBN 978-7-80230-691-2/F·151

本书系统地研究了科学社会主义经济理论发展的三大历史形态，明确地提出了社会主义经济理论创新的基本观点。在当代中国，我们应当在马克思主义基本原理的指导下，根据我国实际国情和时代特征进行理论创新，努力构造现代社会主义经济理论。即构造公民本位的现代社会主义模式理论；坚持公有制为主体的多种所有制结构、广泛发展劳动者股份制的现代社会主义所有制理论；坚持在国家宏观调控下使市场对资源配置发挥基础性作用的社会主义市场经济理论；全面确立按生产要素分配的现代社会主义分配理论。

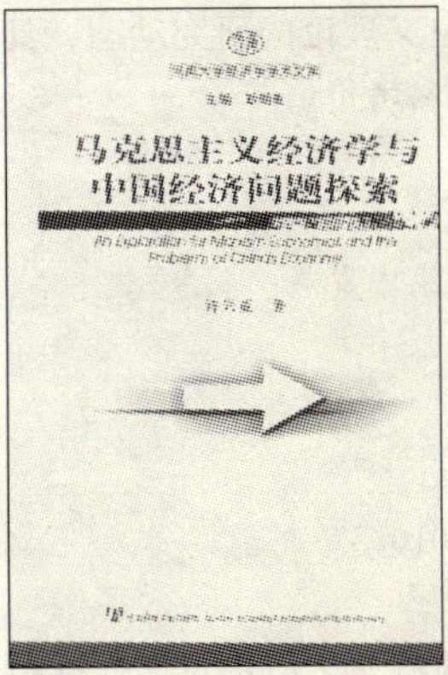

马克思主义经济学与中国经济问题探索

许兴亚　著

2005 年 7 月出版　35.00 元

ISBN 7-80190-633-0/F·195

本书选编了作者 25 年来发表的部分经济学论文，力求突出马克思主义的科学和创新精神。内容涉及：对政治经济学研究对象、范畴和理论体系的新阐释，及对繁荣发展理论经济学的建议；对经济发展、结构调整和再生产问题的科学论证；以及围绕社会主义商品、价值、所有制、产权和改革等问题的论争。作者认为，中国的经济改革必须以马克思主义为指导，必须坚持社会主义的方向和道路，必须保证工人阶级的主人公地位。市场经济和股份制都有姓社姓资的区分。社会主义股份制应是对资本主义股份制的扬弃。作者并对如何以社会的公有资本为纽带、以劳动者集体的人均资金占有量为基准、以国家和社会对企业带劳动力注资入股的方式，克服财富作为社会财富和作为个人财富之间的对立，构建真正中国特色社会主义的现代企业制度，从而构建统一的社会主义市场经济的公有制基础，提出了大胆的设想、建议和对策。

相关链接

更多信息请查询：www.ssap.com.cn

马克思主义中国化与全面建设小康社会

李慎明　主编

2005 年 2 月出版　33.00 元

ISBN 7-80190-455-9/D·137

本书择优收录了中国社科院专家学者撰写的 42 篇相关理论文章和研究报告（包括部分约稿），按专题编纂，内容涵盖面较广，是中国社科院学习贯彻党的十六大和十六届四中全会精神、继续把学习贯彻“三个代表”重要思想引向深入的一个总结性成果，并从一个侧面反映了 2004 年度国内重大理论活动的脉络和中国特色社会主义理论的研究动态，具有较高的学术性、理论性和参考价值。

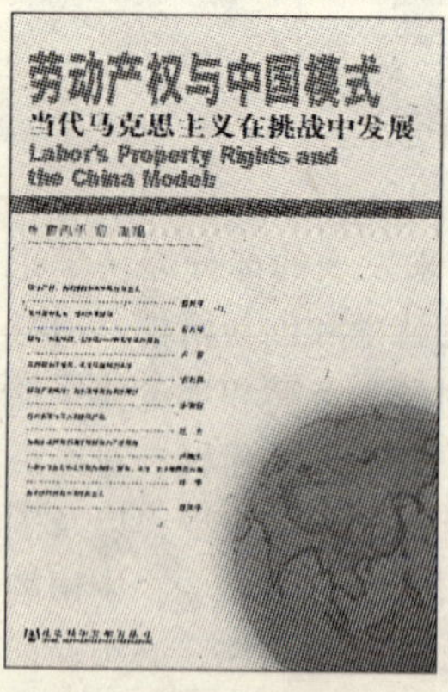

劳动产权与中国模式

——当代马克思主义在挑战中发展

曹天予　主编

2006 年 6 月出版　25.00 元

ISBN 7-80230-112-2/F·010

劳动产权不是一个新的概念，但是对如何维护社会公正来说却非常重要。如何从理论上确切而清楚地阐明这一概念在各个层面上的含义，特别是阐明它与当代马克思主义所面临的挑战以及可能发展的关系，它与中国经济改革的内容性质和未来走向，它与经济社会发展的中国模式的特征界定间的关系，这些就是本书要讨论的话题。劳动产权论实际上否定了所有制决定论。本书的重要性在于：我们是在不放弃社会主义原则基础上发展起来的市场经济，这在讨论当代中国问题是非常关键的一点。

·扬泰文库·社会文化系列·

百年理论难题的破解与完善

著　　者／刘　诚　徐之顺 等

出 版 人／谢寿光
出 版 者／社会科学文献出版社
地　　址／北京市东城区先晓胡同 10 号
邮政编码／100005
网　　址／http：//www. ssap. com. cn
网站支持／（010）65269967
责任部门／社会科学图书事业部（010）65595789
电子信箱／shekebu@ ssap. cn
项目经理／王　绯
责任编辑／徐辉琪
责任校对／曲青芳　王志勇
责任印制／盖永东

总 经 销／社会科学文献出版社发行部
　　　　　（010）65139961　65139963
经　　销／各地书店
读者服务／市场部（010）65285539
排　　版／北京中文天地文化艺术有限公司
印　　刷／北京智力达印刷有限公司

开　　本／889×1194 毫米　1/32
印　　张／11.75
字　　数／289 千字
版　　次／2007 年 10 月第 1 版
印　　次／2007 年 10 月第 1 次印刷

书　　号／ISBN 978-7-80230-847-3/D·263
定　　价／28.00 元